新时代教育科学研究书系

学习为本评估论

XUEXI WEI BEN PINGGULUN

曾文婕 ◎ 著

中国教育出版传媒集团

人民教育出版社

·北京·

图书在版编目（CIP）数据

学习为本评估论 / 曾文婕著 . — 北京 : 人民教育出版社，2023.12
（新时代教育科学研究书系）
ISBN 978-7-107-37640-5

Ⅰ . ①学… Ⅱ . ①曾… Ⅲ . ①教育评估—研究 Ⅳ . ① G40-058.1

中国国家版本馆 CIP 数据核字（2023）第 241453 号

新时代教育科学研究书系　　学习为本评估论

出版发行　人民教育出版社
（北京市海淀区中关村南大街 17 号院 1 号楼　邮编：100081）
网　　址　http://www.pep.com.cn
经　　销　全国新华书店
印　　刷　唐山玺诚印务有限公司
版　　次　2023 年 12 月第 1 版
印　　次　2023 年 12 月第 1 次印刷
开　　本　787 毫米 ×1 092 毫米　1/16
印　　张　16.75
字　　数　232 千字
定　　价　40.00 元

新时代教育科学研究书系（部分书目）

现代德育原理

教育现代化国际比较

深度教学理论

教学的道理与样态

研学旅行课程论

学习为本评估论

新时代教育科学研究书系

中国教育学会教育学分会　组编

丛书责编　韩华球

本书责编　张茹丹

本书为
国家社会科学基金“十三五”规划教育学一般课题
“以学习为中心的评估理论建构研究”（BHA180125）
之成果

“新时代教育科学研究书系”前言

加快推进教育现代化、建设教育强国、办好人民满意的教育，需要教育科学提供有力的智力支持和知识贡献。为了深入贯彻习近平新时代中国特色社会主义思想，特别是习近平总书记关于教育的重要论述，全面落实党的二十大精神，在人民教育出版社的大力支持下，中国教育学会教育学分会策划了十卷本“新时代教育科学研究书系”。

“新时代教育科学研究书系”是中国教育学会教育学分会“十四五”规划的重点项目，也是中国教育学会教育学分会“十三五”期间策划的“教育科学新探索书系”的延续和深化。本书系坚持以马克思主义为指导，力求贯彻历史与现实相结合、理论与实践相结合、科学性与可读性相结合、知识性与实用性相结合的原则，聚焦落实立德树人根本任务的一些重要理论和实践问题，为丰富完善中国特色社会主义教育理论体系，筑牢社会主义教育强国建设的理论基石，构建中国特色教育科学学科体系、学术体系、话语体系服务，为当今乃至未来的中国教育教学改革发展提供参考和借鉴。

组织编写本书系是我们进一步推动教育学理论创新的一种尝试。欢迎广大读者对本书系的编写出版工作提出宝贵意见和建议。

中国教育学会教育学分会

2023年9月10日

本书前言

近年来，在我国课程与教学改革进程中，“以学习为中心”的取向与理路已经愈发鲜明。对“为什么要为学而教”“为学而教什么”“为学而如何教”，学界已经做出较好的回答。鉴于此，本书继续追问应以什么样的评估改革来支持为学而教，进而支持基础教育课程与教学的整体变革。

放眼当下，在一些地方，流行于学校中的评价体系尚未真正建立不断促进学生学习的机制。而且，评价过于功利化、重考试分数、以“育分”僭越“育人”等问题仍然存在。针对这些问题，中共中央、国务院印发的《国家中长期教育改革和发展规划纲要（2010—2020年）》明确提出要“改进教育教学评价”，在这样的背景下，我申报的“以学习为中心的评估理论建构研究”获准立项为“国家社会科学基金‘十三五’规划教育学一般课题”（课题批准号：BHA180125）。本书是该课题的主要研究成果之一。2020年出台的《深化新时代教育评价改革总体方案》要求“系统推进教育评价改革”。2023年，教育部办公厅印发《基础教育课程教学改革深化行动方案》，提出“教学评价牵引行动”，强调“以评促教、以评促学”。本书因应这些迫切需求，期望能够在一定程度上推动我国教育教学评价实现转型性变革。

本书以“评估何以促进学生学习”为主线，将学习哲学作为理论基础。虽然学习哲学的形态多样，但通过深入挖掘与剖析，其方法论特征仍清晰可辨，主要体现为“价值考量—活动建构—方法创新”的逻辑。[①]故本书以此作为分析框架。在漫长的学习历程中，作为主体的人的自觉和自为意识逐渐得以成长。主体性的凸显，促使人走出自在的状态，进而思考“为什么评估”“评估何为”等一系列价值问题。只有深入考量评估价值问题，才可能让各种具体的活动与方法进入价值性的语境中，让操作策略层面的问题得到内蕴价值情怀的深刻解答。价值维度的凸显，让人们开始考虑“如何开展相应的评估活动”来实现所产生的学习价值期望。这样，静态的价值目标就转变为动态的价值实现过程，预设的价值理想就过渡为生成的价值创造活动。由此，“价值考量”深化为“活动建构”，需要思考评估主体如何定位、评估内容涵盖哪些方面以及评估媒介发挥什么样的作用等问题。然而，如何在评估活动中创造学习价值，如何更有效地开展活动以更好地创造学习价值，则涉及方法问题。这就要求我们从“活动建构”走向“方法创新”，思考在评估活动中开发与运用哪些评估方式与策略才能更好地创造学习价值等问题。

基于以上逻辑，本书分为九章。第一章“学习为本评估的概念论”。梳理评估范式的演变，区分“评估”与“评价”、“学习为本”与“分数为本”等概念，进而厘清学习为本评估的含义。第二章“学习为本评估的价值论”，确立“将评估作为一种特殊的促进学生学习的价值活动”加以观照的理论思维，将“促进学生学习”作为评估领域核心的价值取向和主导的实践诉求。第三章“学习为本评估的主体论”，建构“善评者善教”和“善评者善学”的学习为本评估主体观。第四章“学习为本评估

① 曾文婕.学习哲学论：学习型社会建设的深化路径研究［M］.北京：人民教育出版社，2017：12-14；曾文婕.关于学习哲学的方法论思考［J］.中国教育科学，2018(1)：35-42.

的内容论”，基于整体主义学习观提出涵盖认知、情意、社会互动和自我调节四维度的评估内容。第五章“学习为本评估的媒介论”，探明符号媒介的心智形塑原理和交互连接原理、社会媒介的经验融合原理以及技术媒介的历史发展与智能化趋势。第六、七、八章为“学习为本评估的方式论”，分别阐述学习段评估、学习性评估和学习化评估这三大评估方式。第九章“学习为本评估的策略论”，在辨明学习段评估、学习性评估和学习化评估三大方式的定位、特点和适用范围的基础上，基于目标共建、标准共通和证据共享策略将三大方式加以平衡和整合以形成一种整体结构形态，进而探讨学习为本评估融入教学的策略、基于学习为本评估的师生教学创新策略以及推动育人方式改革的学习为本评估策略。

学习为本评估并不是一味否定或排斥已有的评估理论与实践，而是立足于学习为本理念，对已有的评估理论与实践进行涵括性超越，旨在为评估及其理论发展提供新视野、新思路和新生长点。比如，就评估方式而言，学习为本评估会考察与明辨已有的哪些评估方式能够有效促进学生学习，哪些评估方式经过改进可以克服自身局限以便促进学生学习，对前者加以吸收，对后者予以革新；同时，学习为本评估试图创生出一系列新的有效促学的评估方式。

本书力争形成评估、课程、教学、学习心理交融的研究视野，从多视角、多维度、多层面探讨评估问题。同时，在理论研究的过程中，我依托所指导的博士生和硕士生以及广东省名师工作室主持人辅以必要的行动研究，努力达到“逻辑自洽与经验证实”的理论标准。基于此，本书力求做到集国外经验、中国实践、体系建构和行动检视为一体。

本书的完成也得益于课题组师生学研共同体长期的深入研

讨。我指导的博士生周子仪组织共同体成员校核了全书。本书的写作还得到华南师范大学德育神经科学与人工智能实验室、社会科学处、教育科学学院有关领导和同仁的关心，得到人民教育出版社有关领导和同志的支持。特别是张茹丹编辑为本书付梓付出了很多心力。在此一并致以最诚挚的感谢！也恳请各位方家就本书的不足之处提出宝贵建议。

曾文婕

2023年8月

目 录

第一章　学习为本评估的概念论

概念是反映事物本质属性的思维形式，是人们在理性认识阶段的产物，是理性思维的一种基本形式。[①]在通俗意义上，概念是人对其身心所感知的事物特性的语言表达。这里面包含“人”“身心”“感知”“事物特性”“语言”“表达”等内涵。人的年龄和素养有差别，人的身心、事物的特征和人的身心感知到的事物特征也有不同，人们形成的概念就有所不同。而且，人的语言表达各异，人所感知到的事物与表达出来的事物也就有了区分。所以，概念具有动态性，总是不断发展变化的。研究学习为本评估，厘清一些基本概念尤为重要。事物的起源往往包含其后续发展变化的根本依据，分析学习为本评估的概念缘起，有利于透过表层现象，探视其深层规定性，进而提炼和建构概念的实质。

第一节　学习为本评估的概念缘起

分析文化现象的历史发展，不仅是对过去的一种扬弃，也是对过去的一种新理解，“对过去的新的理解同时也就给予我们对未来的新的展望，而这种展望反过来成了推动理智生活和社会生活的一种动力”[②]。学习为本评估的概念，是在因应评估范式演进趋势、回应我国教育改革需求和顺应国际教育发展方向的过程中诞生的。

一、因应评估范式演进趋势

每个现时的存在，都是向过去和未来两个方向无限延伸的持续体。生命

① 冯契.哲学大辞典：上［M］.修订本.上海：上海辞书出版社，2001：406.

② 卡西尔.人论：人类文化哲学导引［M］.甘阳，译.上海：上海译文出版社，2013：305.

的当下并不是孤立地出现，而是由过去汇成现在，由现在流向未来。卡西尔（Cassirer, E.）倡导“把所有单纯的事实都归溯到它们的生成，把所有的结果都归溯到过程，把所有静态的事物或制度都归溯到它们的创造性活力”[①]，以此作为解释文化现象的思维进路，因为“与自然现象相比，文化现象更为明显地受到生成的制约。它们无论何时都不可能游离于过程的溪流”[②]。一个多世纪以来，对于学习的评估历经测量、反思和探究三种范式，正在发展为整合范式。学习为本评估这一概念，在评估范式发展过程中逐渐生成，并在生成的过程中获得与确证了自身存在的合法性与合理性。

（一）测量范式：测量学生所获学习结果

评估，往往与测验和考试相联系。在20世纪初兴起的教育测量运动的推动下，“评估即测量”的影响极为深远。学习评估的测量范式主要受“知识获得”学习观的影响，依据预定目标与标准，依赖大规模、标准化的高风险测验技术来检测和判断学生学业成就。该范式存在以下问题：（1）评估与学习分离。评估在学生学习活动结束之后发生，用于鉴别学生学业成就以确认其实现目标的程度。（2）助长测验驱动式学习的不正之风。教师通常用他人编制的考题组织测验，学生被动接受测验。师生都将大量时间用于准备大规模纸笔测验，过分强调学业成就和竞争，忽略了对更值得追求的学习价值和学习目标的挖掘和重视，导致了学习价值失落的危机。（3）主要着眼点是“学生不会什么”，而不是“学生能学什么”。这折射出一种消极的评估价值取向，在一定程度上阻碍着学生的学习与成长。

（二）反思范式：师生参与反思评估活动

20世纪中后期，受终身学习思潮、反思性实践思想和“情境参与”学习观的影响，学习评估的反思范式出现了。该范式认为，评估即提出假设、确立预期目标、研制具体标准、系统收集证据并进行反思与校正，从而诊断现状及提出改进对策。教师作为反思性实践者，随时通过课堂考查、提问、学

① 卡西尔.人论：人类文化哲学导引［M］.甘阳，译.上海：上海译文出版社，2013：318.

② 卡西尔.人文科学的逻辑［M］.沉晖，海平，叶舟，译.北京：中国人民大学出版社，2004：172.

生自评和同伴互评等了解学生学习活动中知识、技能、情感及态度的变化，反思判断学生学得怎样、需要何种脚手架予以帮助，推进教、学、评一体化。学生则反思审视自己的学习活动与结果，使元认知得以发展。在这里，学习活动与反思评估是同时进行的。这样的反思，不仅分析事实，还内蕴价值考量。教师从思考“教了什么、教得怎样”扩展到“还应教什么、怎样教得更好”，学生从思考“学了什么、学得怎样”扩展到“想学什么、还能学会什么、怎样学得更好”。由此，学习评估就从回顾既有学习结果发展至有助于下一阶段的学习进而惠及终身学习。

（三）探究范式：师生共同创造评估价值

20世纪与21世纪之交，由于一些评估项目被降格为“走流程”，“评估即探究”的理念应运而生。①学习评估的探究范式深受“知识创造”学习观的影响，将“学了什么”的事实描述与“如何学得更好”的价值考量深度融合，重点探讨评估意味着什么，深化对要向何处去、为什么要去及为什么要达到这些学习目标或学习这些内容等的思考。这就赋予师生在评估中认同、理解和创造学习价值的使命。学习评估从描述、反思是否达到已有标准升华为探究与创造评估标准及方式方法，由对学生是否达到预设标准的考查拓展为丰富假设、推理论证、收集证据、验证信念及优化行动的价值探究。探究范式改变了评估者和被评估者之间的权力等级关系，教师提供评估任务与标准，学生则思考、理解甚至与教师和同伴一起重构评估任务与标准，并将其转化为学习任务与标准，从而成为反思和调节自身学习活动的动态识知者（knower）和价值创造者。

（四）整合范式：以学习为本的评估革新

学习评估的测量范式推崇“知识获得”的学习观，以标准化测验为主；反思范式彰显“情境参与”的学习观，强调融入课堂考查和提问等反思性实践；探究范式秉持“知识创造”的学习观，从描述当前学习深化为促进未来

---

① DELANDSHERE G. Assessment as inquiry [J]. Teachers college record, 2002, 104 (7):1461-1484.

学习。这三大范式在特定的历史背景下，分别针对不同的问题提出独特的理论观点和策略体系。从尊重多样性，强调整体性、开放性和动态平衡性的角度看，学习活动具有复杂性和情境性，学习评估范式的革新需要尊重差异，让测量、反思和探究范式之间的分歧成为学习评估范式更加系统化的创新动力。以上三大范式的共存共生、互补互融，促成了整合型学习评估范式的产生。四类学习评估范式的比较见表1-1。

表1-1 四类学习评估范式比较

学习评估范式	学习观	评估方式
测量范式	知识获得	标准化、高风险测验
反思范式	情境参与	课堂考查、提问、学生自评、同伴互评等
探究范式	知识创造	概念化、引导、判断、验证、回应式观察等
整合范式	整体主义	为了促进学生学习而整合多种评估

学习评估的整合范式基于“整体主义”学习观，不仅关注检测知识与技能，也看重元认知发展和关键能力提升等学生学习生命存在的复杂性及其优化诉求，将回顾型评估方式和前瞻型评估方式交融渗透，进一步推动评估从测量学习的旁观者评定走向研究学习的行动者参与。整合，并非混合或拼盘。学习评估的整合范式，力求整合发挥已有评估优势，必须回答“以什么为中心加以整合”的问题。学生的发展是在学习中实现的，有效的学习促成有效的发展，可持续的学习促成可持续的发展。正是在学习活动之中，学生实现着、促进着、确证着自身的发展。学习评估的整合范式，着力于让学生的学习在评估中得以优化与发展而不是被局限或压制，意在通过整体的、和谐的、富有生命力的评估促进学生学习的可持续发展。从根本上说，学习评估的整合范式是以学习为中心的评估范式，要求建构学习中心评估或称学习为本评估，即以学习为中心来包容已有学习评估范式的同与异，不断挖掘和彰显已有学习评估范式在促进学生学习方面的独特价值，进而实现对已有学习评估范式的涵括性超越与创新。学习为本评估作为一种以学习为中心、以学习为重的评估，对学习的重视和理解是学习评估变革的根本出发点，由此，促进

学生学习成为学习评估领域核心的价值取向。

二、回应我国教育改革需求

践行国家关于教育教学评价改革的要求，建构学习为本评估，有利于纠正“学—评”关系的错位，充分释放评估促进学生学习与终身发展的作用，支持学习为本教学，进而重构学习生态，促进我国基础教育课程改革的全面深化。

（一）纠正“学—评”关系的错位

从本真意义上说，评估是为了促进学生学习而存在的，“学—评”关系应是为学而评。但是，多年来“学—评”关系已经在一定程度上发生了错位，扭曲成了为评而学。

随着评估活动经常沦为围绕考试进行的各种高风险测验，一些地方和学校学生学习的中心地位开始被考试僭越。有些人表现出对考试的迷恋，依赖标准化测验来获知学生学得好不好、学校的教育质量好不好。曾几何时，有些教育领导者，常常以本科上线比例数、考进重点学校人数或均分排列位次等考试结果来评判教学质量，并以此为依据来评判学校和教师。[①]这样，评估被等同于考试、分数和名次，考试分数成为判断学生知识掌握情况、评定其学业成就的主要标杆，导致教师为考试而教，学生为分数而学，学生成了主动应试、被动学习的机械学习者，学习生态逐渐恶化。

作为高风险测验的考试，对学生的学和教师的教都产生了巨大冲击。其一，影响学生学习动机，使低成就的学生自尊心受挫；其二，影响教师的教学方式，使教师花费大量的时间和精力向学生传授应试技巧，造成学生在并不具备测验所需的高层次思维能力时参与测验；其三，影响学校的课程设置，容易让学校只重视考试科目和重要考点，忽视学生的创造性培养等；其四，影响学校教育的功能取向，当测验成绩影响学校的社会地位时，学校便优先

① 杨启亮.为教学的评价与为评价的教学［J］.教育研究，2012（7）：98-103.

选择知识传递教育模式，使善于死记硬背的学生受益，那些喜欢创造性学习的学生却被淘汰。简言之，为评而学导致学生学会了如何通过考试，却不具有一些必备的深度学习能力。

为了突破“以评僭学”的误区，需要启动深层的评估文化自觉，建构学习为本评估，进而引发持续的反思，澄清习惯的错解，深入检视评估是否漠视、放逐、贬抑、异化了学生的学习，以便还原“以评促学”的本真价值，纠正错位的“学—评”关系，使之复归“为学而评”，让评估以学生学习为中心，让评估成为调节、激励、促进学生学习的活动。这样，评估目标确立、评估指标研制、评估内容规划、评估过程安排、评估方法选用、评估技术开发及评估结果运用等都围绕学生学习而展开并为促进学生学习而改进。不然，对学生学习的评估就陷入舍本逐末或本末倒置的误区。

（二）支持以学习为中心的教学

当下，以学习为中心、以学定教和为学而教等取向与理路已经愈发鲜明，对为什么要为学而教、为学而教什么及为学而如何教有了基本共识。[①]而且，以学习为中心的教学已经开始推行。可是，在现有教育背景下，“推进学习中心教学必然会遭遇多种困难和挑战”，“如何理性地认识并有效地突破这些困难或挑战，自然成为学习中心教学要面对的首要课题”。[②]“教学评价是引导课堂教学变革顺利、有效推进的指挥棒和方向标，对于课堂教学变革的方向和过程有重要的影响。”[③]因此，为了支持以学习为中心的教学实施以及相应的课堂变革，迫切需要探究要以什么样的评估改革来支持为学而教。

近年来，我国倡导发展性评价，教学评价确立了促进学生素养发展的导向。无论学生过去和现在的学习状况如何，促进学生发展这一理念对唤起教师教学改革的自觉意识、责任意识和危机意识具有重要意义。然而，要真正落实发展导向，还需避免两个偏向。第一个偏向是，在突出发展的同时，使发展陷入过于抽象化的偏向。一味强调学生的发展，容易将真正实现发展的

---

① 曾文婕.教学改革的中国逻辑［J］.全球教育展望，2018（8）：3-8.

②③ 陈佑清.学习中心教学论［M］.北京：教育科学出版社，2019：219，240.

活动，变为非本体的、从属的边缘性事物，甚至变为还有待去发现的、被遮蔽的不在场事物。这样，强调发展，反而导致对真正实现发展的现实根基的悬置，其极端的结果就是让发展沦为虚无。第二个偏向是，在突出发展的同时，使发展陷入过于主观化的偏向。学生的发展并不是靠主观期望就能直接实现的，而必须依靠促进发展的客观存在的现实活动。主观化偏向如果再进一步，就会成为没有边界的理想主义。

皮亚杰（Piaget, J.）认为，排除生理成熟的影响，“个体的发展实际上就是练习、经验、对环境的作用等意义上的大量活动的产物”①。换言之，虽然生物因素特别是机体成熟对发展具有重要意义，是发展的必要条件。但是学习才是发展的充要条件，是发展的决定力量。有教师或他人指导的学习，能够使学生从现有的发展水平提升到一种新的可能的发展水平。学生的学习活动，乃是实现其发展的客观存在的现实根基。据此，发展导向的教学评价可以进一步深化为以学习为本的评估，既观照到实现发展的客观根基，也内蕴着追求发展的主观期望，进而促使教学活动的具体操作与教师的理想追求实现现实性的交会，找到寓理想和现实于一体的改革之路。

评估的变革过程是艰难的，但其承载的责任也是重大的。以学习为本的教学，需要以学习为本的评估加以支持。建构以学习为本的评估，使得以学习为本的教学得以可行。

三、顺应国际教育发展方向

放眼世界，在国际教育改革与研究领域，一种较为鲜明的倾向已经展露出来，即以学习来揭示当代教育的实质、凝聚教育活动的要素、引领教育发展的诉求、表达优质教育的价值，可将其视为“学习为本”研究的新动

① 皮亚杰.心理学与认识论：一种关于知识的理论［M］.袁晖，郑卫民，译.北京：求实出版社，1988：44.

向。[1]1996年，国际21世纪教育委员会向联合国教科文组织提交报告《学习：财富蕴藏其中》(*Learning: The Treasure Within*，亦称《德洛尔报告》)。[2]该报告的影响力堪比"白皮书"，[3]它不是教育改革的蓝图，却已成为制定政策时反思与争论的基础。[4]报告独具匠心的命名，凸显了学习为本的理念，警醒着人们：我们每一个人都拥有宝贵的财富，学习活动本身就是财富，只是有待我们去开启并明智地加以使用。教育者要帮助学生去发现内在于自身的财富，帮助学生学会学习，成为自我管理和自我激励的学习者。《德洛尔报告》重视评估的重要性，指出评估具有指导意义，应鼓励其革新并加以传播，凸显成功的革新行动，阐释其成功的机制。[5]在这样的背景下，许多国家纷纷开始反思测试主义，强调学习导向，开展促进学生学习的课堂评估和动态评估等研究与改革。

---

① 曾文婕，黄甫全.课程改革与研究的新动向：彰显学习为本［J].课程·教材·教法，2013(7)：3-10.

② 1993年，时任联合国教科文组织总干事的马约尔(Mayor, F.)提出，汇聚当代教育思想，集萃关于我们在21世纪应如何看待教育的观点，正当其时。由此，他倡建了国际21世纪教育委员会(International Commission on Education for the 21st Century)，由欧洲委员会前主席德洛尔(Delors, J.)任主席，并在全球范围内遴选了15位不同背景的专家。《德洛尔报告》是这一独立委员会专门为联合国教科文组织研制的报告。该报告与1972年的《学会成人》(*Learning to Be*，亦称《富尔报告》)一道，被誉为两份里程碑式的文献，影响了许多国家和地区的教育政策制定和实践改革探索。《德洛尔报告》已经被翻译成30多种语言，引发了至少50个国家采取相应的专项行动，许多学校和地区将"四大支柱"作为观照教育目的的视角和评估课程质量的标准。截至2008年，该报告成为全球约50个重要政策会议的核心议题、12个国家立法报告的依据。至今，它仍是学术或其他出版物中持续讨论的主题，是联合国教科文组织和世界银行等发布的文件中被不断引用的文献，有力地推动了目的、内容和评价层面的一系列教育政策改革创新。(资料来源：CARNEIRO R，DRAXLER A. Education for the 21st century: lessons and challenges[J]. European journal of education, 2008, 43(2):149-160; DRAXLER A. The Delors Commission and report[J]. Norrag news, 2010, 25(2):32-35; UNESCO Secretariat. Rethinking education in a changing world[R]. Paris: Meeting of the Senior Experts' Group, 2013.)

③ CARNEIRO R, DRAXLER A. Education for the 21st century: lessons and challenges[J]. European journal of education, 2008, 43(2):149-160.

④ POWER C N. Learning: a means or an end? a look at the Delors Report and its implications for educational renewal[J]. Prospects, 1997, 27(2):186-199.

⑤ International Commission on Education for the 21st Century. Learning: the treasure within[R]. Paris: UNESCO Publishing, 1996:158.

（一）反思测试主义，凸显课堂评估

测试是必需的，但将评估等同于测试，走向测试主义，就将评估狭隘化了，这必然导致一系列恶果。对此，许多研究者进行了深刻反思。有研究者批判了美国标准为本的动向，即对外部强加的标准和“为考而教”寄予厚望，认为标准为本已经在很大程度上沦为严厉的奖惩制度，而违背了提升教师专业能力的初心。①标准为本通过考试带给教师压力，使其在学生的备考上用功，却悬置了课堂教学水平的实质性提高。英国学者哈伦（Harlen, W.）指出，大量证据表明，反复测试会对学生、教学及课程产生破坏性影响。②而且，与苏格兰相比，英格兰的考试压力更大。苏格兰的政策制定者已经认识到，教师正在为考试而教，尽管学生的成绩似乎正在提高，但这很可能是因为教师更加擅长帮助孩子们备考了。③在这样的背景下，课堂评估的重要性得以凸显。课堂评估不再是为了迎合取得高分和绩效考核的要求，而是让评估走进真实的课堂，以便切实、有效地服务于支持和改进教师教学与学生学习。简言之，这种改革的目标是消除那些必须完成的测验带来的负面影响，同时开发出可靠的课堂评估活动，以促进学生学习。④

课堂评估的凸显，有利于适当减少给教师与学生带来高压力的考试，而且有助于评估考试检测不出的一些能力。比如，外语课堂评估能够检测出学生在纸笔考试中反映不出来的口语能力和沟通能力等。而且，不同于考试的统一性，课堂评估标准的确定是以学生的学习为导向的，这就意味着课堂评估的内容和任务等在很大程度上是个性化的，因为不同的学生具备不同的学习基础和学习目标。对口语水平不高的学生，教师让其读一则简单的故事，

---

①④ SHEPARD L A. The role of assessment in a learning culture［J］. Educational researcher, 2000, 29（7）:4-14.

② HARLEN W. Teachers' summative practices and assessment for learning-tensions and synergies［J］. The curriculum journal, 2005, 16（2）:207-223.

③ MANSELL W, JAMES M, The Assessment Reform Group. Assessment in schools. Fit for purpose? a commentary by the teaching and learning research programme［Z］. London：Economic and Social Research Council, Teaching and Learning Research Programme, 2009:6.

再加以复述，进而了解其口语能力。对口语水平较高的学生，教师则提供更复杂的评估任务以便了解其相应能力。尽管与考试相比，课堂评估是相对个性化的，但课堂评估力争更完整地收集学生学习发生的证据，并据以改进师生的教与学，实质上指向帮助每一个学生在已有水平之上经过努力达到高一级的水平，进而达成自己的学习目标。

为了更好地收集师生教与学的信息，有学者提出课堂评估要将评估嵌入（embed）课堂之中，[①]即在教学过程中教师对学生的课堂表现、作业、练习和测试等加以分析，进而对学生的学习进行评估。这样的评估，有利于教师及时了解学生的学习情况，并据此及时调整教学活动以促进学生的学习。也就是说，评估嵌入课堂教学过程之中，与教学同步开展，能够更好地发挥评估的诊断、导向和改进等功能。但是，课堂嵌入式评估，不能理解为在课堂上频繁进行小测试。如果将课堂嵌入式评估简单等同于将多个测试嵌入课堂教学过程之中，这就违背了课堂评估的初衷。教师进行观察、学生撰写日志以及自我评估与同伴评估等，都是课堂评估的方法。

（二）强调学习导向，重视动态评估

如果说课堂评估主要是倡导评估由外在于学校课堂走向融入学校课堂，通过融入课堂使评估与教学发生更多关联，进而优化师生的教与学活动，那么，动态评估就是直接凸显评估的学习导向，指向于超越“评”与“学”的二元分立状态，构建“评”与“学”之间的新型关系，明确地将评估导向于学生的学习改进。

动态评估（dynamic assessment）是相对于静态评估（static assessment）而言的。静态评估主要包括传统的智力测量及标准化考试，提供学生在单一时间点的测验结果、表现或成就。动态评估，则要跨越多个时间点，而且强调评估者与学生之间的互动，要对学生在他人指导下的认知结构和学习能力等改变状况进行评估。概括起来，两者主要有三方面的区别：（1）比较对象

---

① WILSON M, SLOANE K. From principles to practice: an embedded assessment system［J］. Applied measurement in education, 2000, 13（2）:181-208.

不同。动态评估是学生自己同自己比，即对不同阶段的自己进行比较，以便了解自己经过指导与训练之后是否有进步；静态评估是将学生个体同他人比，以便了解与同类人群相比，自己的水平如何，处于什么位置。（2）关注重心不同。动态评估关注学生在有经验的他人帮助下是如何学习的，怎样能提高学生的学习能力，学生需克服哪些学习障碍，克服障碍后学生能达到何种水平；静态评估则主要关注学生个体在独立活动时所达到的水平。（3）评估者角色不同。动态评估的评估者给出问题，判断学生存在哪些困难，会在必要情况下教给学生元认知策略等，积极帮助学生取得进步；静态评估的评估者始终保持中立立场，给出问题并记录学生的反应，不对学生进行指导。①

动态评估在发展过程中，形成了干预型（interventionist）②和互动型（interactionist）两种不同的取向。在干预型动态评估过程中，评估者对学生学习的指导是标准化的，关注学生学习速度以及学生迅速有效地达成预期学习目标所需的“指导量”等指标；而互动型动态评估则强调，评估者对学生的帮助是个性化的，相应的指导出现在评估者与学生的互动过程之中。打一个通俗的比方：干预型动态评估感兴趣的主要是学生的学习速度与效率，看重的是列车如何沿着预设轨道快速驶向终点；互动型动态评估重视评估者如何帮助学生铺设新的适合自己的列车轨道，以便通向一个个事先规划好的车站，而不仅仅是看重列车沿着预设轨道行驶的速度。

---

① HAYWOOD H C, LIDZ C S. Dynamic assessment in practice: clinical and educational applications［M］. Cambridge, UK: Cambridge University Press, 2007:6.

② 具体而言，干预型动态评估又发展出“三明治”（sandwich format）与“蛋糕层”（cake format）两种模式。将指导放在前后测之间，形成“前测—指导—后测”这种评估程序，称为三明治模式。评估者根据前测结果指导学生，并通过后测了解经由指导学生取得了何种进步。“蛋糕层”模式，指评估者在测验过程中对学生在每一测验项目上的反应，逐项予以指导，这就如同在蛋糕（测验项目）上涂抹一层奶油（指导）。评估者向学生逐一呈现测验项目，如学生能作答，就可呈现下一个项目，如学生不能回答或解决该问题，就按计划为学生提供一系列指导，直到其能正确作答或放弃为止，接着再呈现下一个项目。评估者要结合提示次数及所花时间给出分数，同时记录学生所犯错误及给予了哪些类型的帮助。（资料来源：STERNBERG R J, GRIGORENKO E L. Dynamic testing: the nature and measurement of learning potential［M］. Cambridge, UK: Cambridge University Press, 2002:28.）

从发展源流来说，动态评估发端于对传统智力测验的挑战，并得到维列鲁学派的滋养，在后续发展中被运用于教育学、心理学和医学等领域。传统的智力测验，基本不考虑受测个体所处的社会文化环境。如果每一个受测个体的学习经历和学习环境相同，其测验结果是可信且有效的。然而，受测个体的生活环境是不同的，知识背景也有差异。且环境文化刺激的不足以及生活经验的贫乏等原因，经常导致来自非主流文化或贫困家庭的受测者得分较低，其智力水平被低估，甚至造成种族歧视。鉴于此，越来越多的研究者提出，智力测验要针对个体获得某种能力的能力或个体进行学习的能力进行测量，从而启动了对智力的历时研究，即除了评估个体现有智力水平，还给予个体相应的指导和训练，再进行复测。通过初测与复测的比较，才能得到更有价值的评估结果。比如，初测时智力得分低的学生，如果指导之后进行复测，得分有了显著提高，他就并不是真正的智力落后学生。在这种背景下诞生的动态评估，充分关注测验题目所负载的文化价值观与规则等，考虑到由于受测者所处文化差异而带来的文化剥夺等问题，专门设置了“指导与训练”环节以便平衡受测者之间的知识背景差异，这就关照到了弱势群体，体现了评估的公平性。而且，在专门设置的“指导与训练”环节，由评估者适时给予受测者正面反馈、有效指导，实质上就是为受测者提供了一种有他人指导的学习机会与经历，使受测者获得持续成长的满足感，避免传统测验中的紧张和焦虑。

在互动型动态评估看来，应该改变传统测验中测验者和被测验者的关系，而以师生关系代之。师生相互合作，在教师、学生与学习任务三者不断互动的过程中，使学生增长经验，改善自己的认知结构，形成解决问题的能力并加以迁移。[①]如果说传统的心理测验与考试等静态评估，给个体贴上一个智力或分数的标签，未能对改进师生的教与学提供更多有价值的信息，也未能让学生在评估过程中获得学习机会并提升自己。那么，动态评估尤其是互动型

① FEUERSTEIN R, RAND Y, RYNDERS J E. Don’t accept me as I am: helping “retarded” people to excel [M]. New York: Plenum, 1988:56.

动态评估，就在很大程度上对“评估”概念进行了重构。评估，已不仅仅是测量的过程，更成为由教学目标与学习目标引领的师生交往互动的过程，评估的目标直接指向促进学生的学习，评估的过程包含了对学生的指导。而且，评估所获得的信息让教师能有针对性地了解学生个体认知机能方面的不足、认知过程中元认知策略的缺失以及理解与解决问题所需技能的短板所在。这些信息能为教师后续进行课程与教学的设计和实施提供依据，以便更有效地创建师生社会互动的情境，丰富学生的学习经验、改进学生的学习策略、完善学生的认知结构，进而提升学生的学习能力。

动态评估不仅能够提供学生成败的信息，而且能够探明学生成败的原因，还可以为学生提供补救的机会与措施。这与“形成性前测—补救教学—形成性后测”的形成性评估程序似有相同之处。对此，需要细加分辨。形成性评估程序主要局限于促使学生能够完成学习任务，指向完成既定的学习任务，属于任务导向或表现导向；而动态评估指向学习能力的提升与相应心智的发展并重视其在今后的迁移运用，属于学习导向。动态评估的前后测设计以及补救教学的实施，均有较复杂的专业要求，难度较大，这也是动态评估未能在中小学推广的原因之一。近年来，动态评估的理念在第二语言教学等领域受到推崇，人们在秉承其评估旨趣的前提下对一些操作策略进行了改造，降低了技术难度，使动态评估在中小学得到了更大范围的研究与实践。

总体来看，不同国家评估改革的具体做法虽然有所不同，但是赋予教师更多权利，让评估融入课堂和发挥学习导向功能，强调通过评估促进学生学习，已是共同的努力方向。

第二节　学习为本评估的概念解读

对学习为本评估的概念缘起予以分析，有利于探索和梳理其生成逻辑中蕴含的根本规定性，进而在与相关概念进行比较的基础上明确学习为本评估的实质，启迪以评估促进学习的自觉行动智慧，推进当前及未来的行动步伐。

一、相关概念的辨析

将学习为本评估与一些相关概念进行辨析，有利于从学习为本评估“所不是”的角度进一步解读学习为本评估的含义。分析出学习为本评估不是什么，学习为本评估是什么就能够更加清晰地呈现出来。

（一）“评估”与“评价”的辨析

评估具有与人的活动过程相融汇的取向，与评价密切联系又相互区别。评估与评价主要可从两方面加以辨析。其一，词源辨析。评价（evaluation）的词根为“value”，本义是价值，前缀“e”有显现和引出之意，故评价指让某事物的价值得以显现和引出，对应的是基于事实的价值评判活动。评估（assessment）则源于“ad sedere”，意为坐到旁边，[①]故评估指通过师生之间和生生之间的互动来获取、分享和解释评估信息，从而达到相互促进、共同提高的目标。简言之，评价是为了做出判断，而评估是为了改进表现。[②]其二，指向辨析。有学者认为，评价主要指向非人格实体存在物的运作，如课程、计划、干预、教学法、组织因素等；而评估则主要指向人并强调对学生整个学习过程的改进。[③]也有学者认为，评价是指为了对一门或多门具体课程做出判断而收集和解释数据的更广泛的过程，评估是指对学习者的技能与知识水平做出判断的一系列过程。[④]概言之，评价突出指称在学校情境中对非人格实

---

① PETERSON P, BAKER E, McGAW B. International encyclopedia of education [M]. 3rd ed. Oxford: Academic Press, 2010:161.

② BAEHR M. Distinctions between assessment and evaluation [M]// BEYERLEIN S W, HOLMES C, APPLE D K. Faculty guidebook: a comprehensive tool for improving faculty performance. 4th ed. Lisle: Pacific Crest, 2007:441-444.

③ HUSÉN T, POSTLETHWAITE T N. The international encyclopedia of education [M]. 2nd ed. Oxford: Pergamon, 1994:363-364.

④ RICHARDS J C, NUNAN D. Second language teacher education [M]. Cambridge, UK: Cambridge University Press, 1990:62.

体存在物的价值判断过程，评估则突出指称在学校情境中收集学生学习和教师教学的信息，并进行价值判断和采取改进措施的过程。

学习为本评估中的“评估”具有认识学习和改进学习双重意涵。(1) 评估即认识。评估不只是价值判断，还是对学生学习需要、目标、过程、结果及改进路径等的探究性认识。这种探究性认识，是以合乎学习为本评估的促学价值原则而开展的活动。评估要能促进学生学习，必须让自身成为一种探究活动。[①]师生在其中都是研究者，经由评估探究出适宜促进个体发展的教与学的路径。[②]学习为本评估不仅仅是判断学生的学习结果并对其定等分级，还重在探究出改进学生下一阶段学习的策略。(2) 评估即改进。学习为本评估不仅是去认识学生的学习活动，更是力争经由认识去改进学生学习以使之更为有效。经由认识，可以获得大量信息，但是这些信息本身不能促进学生学习，除非师生接受、理解它们并据此改进教与学的活动。学习为本评估关注到了这一点，强调评估即改进。评估要转变已有的教与学状态，使之优化生成至更佳水平。

(二)“学习为本评估”与“分数为本评估”的辨析

多年来，我国一直在改进中小学评估，取得了一定的成效。然而，中小学评估范式还未发生根本变革，没有实现整体转型。2018年教师节当天，习近平总书记在全国教育大会上指出：“要深化教育体制改革，健全立德树人落实机制，扭转不科学的教育评价导向，坚决克服唯分数、唯升学、唯文凭、唯论文、唯帽子的顽瘴痼疾，从根本上解决教育评价指挥棒问题。”[③]概括而言，当下我国中小学评估在很大程度上仍将重心置于学生的考试分数上，而不是放在学生的学习上。学习为本评估旨在推动中小学评估实现转型，进而

---

① HARGREAVES E. Assessment for learning? thinking outside the (black) box [J]. Cambridge journal of education, 2005, 35 (2):213-224.

② DANN R. Promoting assessment as learning: improving the learning process [M]. London: Routledge Falmer, 2002:36-37.

③ 习近平在全国教育大会上强调 坚持中国特色社会主义教育发展道路 培养德智体美劳全面发展的社会主义建设者和接班人 [N].人民日报，2018-09-11 (1).

真正走出分数为本的评估的困局。辨析学习为本评估与分数为本评估，有利于进一步把握学习为本评估的实质。

分数为本评估仅仅关注学生学业成绩提升等当下需要，学习为本评估则关注到评估对学生学习影响的长期效应。二者可从以下两方面加以具体区分：（1）评估所指向的学习内容不同。学校中有两类学习内容：一类是较为显眼的内容，包括成绩单上的一系列课程及从这些课程中学到的知识与技能；另一类是不太显眼的内容，包括学生学习第一类内容时发展起来的技能和胜任力，如领导、规划、公共演讲、解决问题、与他人相处和学会学习的能力等。分数为本评估常用考试的形式来评测学生学习第一类内容的成效，注重该类内容的学生可以获得名列前茅的成绩。然而，能够锻造学生终身学习能力的第二类内容的学习成效，是考试难以评测的。对此类学习内容，学习为本评估会加以重视。（2）评估所鼓励的学习目标不同。学生的学习目标也可分为两类：一类是表现目标，另一类是掌握目标。分数为本评估引导学生追求表现目标，学习为本评估引导学生重视掌握目标。如果学生将表现目标放在主导位置，往往看重考试的成功表现即获得较高分数，其学习过程常常在完成考试任务后终止，缺乏持续探究的兴趣和动力。如果学生将掌握目标放在主导位置，会重视对知识与技能特别是高阶能力与思维方式的掌握，具有较高的自我效能感，面对困难能够坚持不懈，敢于接受挑战并使用有效的行动策略。在常规教学和考试结束后，掌握目标取向的学生仍能对学习保持兴趣并付出持久努力。

布卢姆（Bloom, B. S.）曾发问，教育的功能是挑选还是发展，[①]评估同样面临价值抉择：强调效率还是追求发展？分数为本评估属于前者即功利价值取向，以特定时段的投入与产出比率来判定价值，将评估视为督促学生快速产出学习成果的工具，强调的是上述第一类学习内容和表现目标的达成，强化的是表层的短期效应的学习。而学习为本评估属于后者即理性价值取向，

---

① 布卢姆，等.教育评价［M］.邱渊，王钢，夏孝川，等译.上海：华东师范大学出版社，1987：1.

看重可持续性、可拓展性，强调评估促进学生长远发展的功能。学习为本评估引领和帮助学生在兼顾第一类学习内容的同时，重视第二类内容的学习并建立掌握目标主导的取向。在这个意义上，学习为本评估体现出对学生可持续学习的重视，拓展了评估和学生学习的未来向度，进而在兼顾未来的可能状态的视野下做出评估什么和如何评估等当下抉择。

近年来，我国基础教育课程改革强调在终结性评价之外重视和开展形成性评估，而且写入了各学科的课程标准之中。但是，如果形成性评估仍是以分数为本，就不能切中评估改革的根本问题。无论终结性评价还是形成性评估，摆脱以分数为本的窠臼，走向以学习为本的形态，发展为促进学习的终结性评价和形成性评估，才能真正实现评估的深层次转型。

二、学习为本评估的实质

学习为本评估是一种新型的整体性评估形态，开辟善评者善教和善评者善学的路径，综合运用学习段、学习性和学习化评估方式，优化师生的评估理解、体验和实践，最终改进教师的教与学生的学。为了更清楚地阐释学习为本评估的实质，需要进一步解读“以学习为本”和“整体性评估形态”的意涵。

（一）以学习为本的评估

学习为本评估着力突破“以考僭学”或“悬置学习”等局限，建构和发展以学习为中心、以学习为重的评估形态。在历史发展过程中，本体这一概念主要包容了始基、本原、基础、普遍本质及逻辑出发点等含义。[①]概括而言，“‘本体’既是事物的原由，又是它的基本构成性要素，同时又是贯通于这个事物中的最高制约性”[②]。就学习为本评估而言，学习作为评估的本体主要有三层意涵。

---

① 刘远传.社会本体论［M］.武汉：武汉大学出版社，1999：3.

② 李鹏程.当代文化哲学沉思［M］.北京：人民出版社，1994：48.

1. 学习作为学习为本评估存在的本原基础

"'本'是与'末'相对待的。'物有本末，事有始终'。'本'为事物的根源或根基。因此，人们在思想和行为中总是喜欢'追本溯源'，……总是具有为自己的思想和行为寻找最终根据的含义。"①尽管评估领域错综复杂，但只要坚持以学习为本，就不会陷入本末倒置或舍本逐末的误区。②然而，受多种因素的影响，教育领域的许多评估活动正对学生学习造成危害，这些评估活动就不是学习为本评估。学习为本评估要求理论研究和实践创新都围绕促进学生学习而开展，为优化学生学习而不断加以改进。

2. 学习作为统整学习为本评估系统的中介

经过多年的发展，当代评估系统拥有了主体、内容、媒介和方式等多种要素，为了整体性地发挥育人功能，这些要素之间需要相互作用。但缺失中介的相互作用，只能成为抽象的非现实关系。以学生学习作为统整评估系统各要素统整的中介，有利于消解其各自为政的割裂状况，避免由于"悬置学习"而造成的难以形成合力促进学生学习的困局。

3. 学习作为制约学习为本评估成效的关键因素

评估的成效主要取决于是否促进了学生学习不断推进至更高水平。这可以从多方面加以分析，比如，评估是否及在多大程度上促进了教师的教学改进，包括教师是否会根据评估所获信息调整当前或下一步的教学以提高教学效率等；评估是否及在多大程度上促进了学生的学习优化，包括学生是否能根据相应的评估信息调整自己的学习策略等；评估是否及在多大程度上促进了课堂教学氛围转变，包括课堂是否从强调分等和分数为主的氛围转变为以促进学习为主的氛围；评估是否及在多大程度上促进了教师专业发展和学生学习共同体建设以便进一步提升师生教与学的质量。

促进学生学习状况的不同，就带来评估成效的差异。促进学生学习状况

① 孙正聿.哲学导论［M］.北京：中国人民大学出版社，2000：87.

② 曾文婕，黄甫全，余璐.评估促进学习何以可能——论新兴学本评估的价值论原理［J］.教育研究，2015(12)：79-88.

的改善，就带来评估成效的提升，这使得学习成为制约评估成效的关键因素。由此，学习为本为衡量评估质量提供了学习维度的标尺。激活、释放与发展学生学习潜能，引导、满足与完善学生学习需要，锻炼、丰富与增强学生学习能力，保障、提升与优化学生学习效果的评估，就是学习为本的评估；反之，则不是学习为本的评估。

（二）整体性的评估形态

以学习为本，正是为了突出评估的学习取向和促学意蕴，强调以评估“抚育”学习，这使得评估系统的各要素获得了存在的同一性基础，同时获得了明确的价值引领。立足于学习为本来观照为何评、谁来评、评什么、如何评、何时评、评得如何及未来如何等评估领域的基本问题，[①]可以明确学习为本评估的目的、主体、内容、方法、时间、质量和未来发展趋势，更为清晰地勾勒出学习为本评估作为整体性评估形态的基本构成。

1. 全局观照的评估目的

从目的上来说，学习为本评估不能仅关注学生的分数，而应将促进所有学生的学习作为根本目的。首先，要破除以分数为本的评估观念，使评估成为经由促进学习而优化学生的生命存在，让学生获得全面发展与可持续发展。其次，要改变为少数优秀学生服务的评估现状，使评估面向人人，促进全体学生的学习与发展。最后，要摒弃聚焦于评判学生已有学习结果的做法，全面观照学生学习的过去、现在和未来，既鉴别学生的已有学业成就，也优化学生的当下学习，更培育学生的终身学习素养。

2. 全员参与的评估主体

学习为本评估要改变“评估是教师的事”的观念和局面，让教师和学生共同参与到评估活动中，强化评估的民主性。全员参与评估至少要把握三个关键点：其一，主动参与。学生秉持为自身学习负责的信念，教师和其他相关人员秉持促进学生学习与发展的信念，积极主动地参与到制订评估标准和

① FALCHIKOV N. Improving assessment through student involvement: practical solutions for aiding learning in higher and further education [M]. Abingdon: Routledge Falmer, 2005:1-31.

收集、分析学习证据等活动之中。其二，有序参与。教师和学生要按照一定的规则开展评估活动，如通过了解基本评估规则、明确具体评估任务和开展评估培训等，使全员参与的评估活动更为有效，而非众人喧闹。其三，互动参与。所有参与者在评估过程中要协同落实评估任务，相互校准评估结果，保证评估的质量。

3. 全域覆盖的评估内容

分数为本评估将学习狭隘化了，主要关注对基本知识与技能的评估，这不利于培养全面发展的人，是不合理的。学习为本评估强调促进学生在认知、情意、社会互动和自我调节等维度的整体优化，评估内容覆盖以下四个维度。（1）认知维度。通过评估促进学生知识的增长、探究能力的提升、审辨与创造思维的发展并能综合运用多种方法解决复杂问题等。（2）情意维度。通过评估激发学生内在学习动机、提升学生学习的自信心和专注力，进而使其能够抵制分心，在处理与学习相关的挫折时表现出较高的情感容忍度，不会在学习过程中轻言放弃。（3）社会互动维度。通过评估引导学生与他人有效协作，在学习过程中学会换位思考，以愉悦的、负责任的方式建立学习伙伴关系并平衡好作为学习共同体成员和个体学习者的关系。（4）自我调节维度。通过评估推动学生不断自我反思与调节，自觉制订学习计划、描述学习经历、监控学习过程并加以灵活调整，力争使自己成为更好的学习者。

4. 全息整合的评估方法

学习为本评估打破主要采用测验和考试的方法对学生学习结果打分赋等的习惯，综合运用问卷、观察、作业、访谈、测验、考试、表现性任务等各种评估方法，及时、全面、深层次地把握学生的学习过程与结果。学习为本评估要求评估者判断自己所使用的评估方法是否促进了学生学习，鼓励评估者创新性地运用已有评估方法并创造新的评估方法。学习为本评估作为一种整体性的评估形态，并不否定或排斥已有的评估方法，而是立足于“学习为本”，考察与明辨哪些评估方法能够有效促进学生学习，哪些评估方法经过改进可以克服自身局限以便促进学生学习。在此基础上，对前者加以吸收，对后者予以革新，力争创生出一些新的促学性的评估方法。

5. 全程贯穿的评估时间

学习为本评估不只发生在某一学习阶段结束之后，而且强调评估要贯穿教与学活动的始终，融入教与学的各个环节。作为主要评估者的教师和学生一定要改变教完再评、学完再评的习惯，教师随时以课堂提问、学生自评和互评等方式，了解学生知识、技能、情感及态度的变化，反思判断学生学得怎样，需何种帮助，学生则随时监控、审视、反思和调节自己的学习活动。由此，师生在整个教与学过程中，能够及时把握教与学的成效并调整具体的教与学活动以便达成目标，不至于偏离方向。

6. 全面保障的评估质量

学习为本评估重视如何保障评估的质量，让评估活动更可取、更可信、更有效。为了保障评估质量，需要从多方面入手：一是精心规划评估目标、内容和策略等，并制订清晰明确的评估标准；二是通过多种渠道，运用多种方法，随时收集学生的学习证据，了解学生的学习表现；三是深入挖掘数据背后的信息，对学生的学习表现特别是反映出来的学习问题进行深层次分析；四是重视评估结果的应用，从中找到改进教与学的有效措施与路径。

7. 全方位发展的未来趋势

随着学习型社会的发展和终身学习体系的完善，面向未来的评估需从以分数为本走向以学习为本。学习为本评估正在发展出三种相对独立又互补互促的方式。其中，学习段评估（assessment of learning）倡导将一个学习阶段结束时评估所得的丰富信息进行深度分析，既用于鉴定这一终结性目的，又用于改进教与学这一形成性目的；学习性评估（assessment for learning）重在精确辨识学生现有学习水平与预期学习目标的差距并加以跨越；学习化评估（assessment as learning）强调通过精心设计评估活动，在教学中促使学习和评估一体化，让学生学会自评，促使学生成长为自主评估者和终身学习者。在学习为本评估深化发展的进程中，学习化评估将逐渐占据基础地位，让评估活动成为学习活动，真正推动教、学、评一体化，实现以评促教和以评促学。

正如黑格尔（Hegel, G. W. F.）所言："真正的思想和科学的洞见，只有通过概念所作的劳动才能获得。"[1]以上概念分析中所提及的学习为本与整体性评估形态等，勾勒出对学习为本评估的基本认识。学习为本评估这一概念是不断发展的，需要积聚更多的力量、凝聚更多的智慧，在持续探索之中不断加以改进、重铸和完善，以便所见日广、所识渐多、所成愈丰。

① 黑格尔.精神现象学：上卷［M］.贺麟，王玖兴，译.北京：商务印书馆，1979：48.

第二章　学习为本评估的价值论

“有种评估让人痛心疾首，学生这次的分数很低，其实上次他们的得分也不高，然而下次情况可能还是这样！”[①]布莱克（Black, P.）与威廉（Wiliam, D.）的警醒引人深思。许多评估活动，已经陷入如此恶性循环的怪圈尚不自察。本是为了促进学生学习而产生的评估活动，却在实际操作中放逐、脱离、阻碍了学生学习，甚至将学与评的关系异化成“为评而学”。鉴于此，迫切需要还原评估促进学生学习的本真价值。评估不能只是一种判断学生是否达到教育标准的手段，而应该反过来去适应学生需要，促使学生的学习成功最大化。[②]学生学习若经常遭遇失败，会使其产生习得性无助，回避、拒绝甚至厌弃学习，而学生享有的学习成功会使其有基础、有兴趣、有能力继续学习。学习为本评估从整体视野出发，超越学与评错位的文化，在判断过去学习和优化当下学习的基础上促进未来向度的终身学习，让评估复归为学习而存在的价值定位，进而创造能够给予学生学习成功希望的评估文化。

第一节　学习为本评估的价值取向

在评估发展的过程中，显露出重视方式或技术而忽略价值向度等问题。为了填补评估领域价值向度的缺失，学习为本评估致力于建构评估的核心价值取向，即以学习为本，让学生的学习在评估中得以优化与发展，而不是被局限或压制。

---

① BLACK P, WILIAM D. Inside the black box：raising standards through classroom assessment[J]. Phi Delta Kappan, 1998, 80(2):144.

② DOCHY F J R C, McDOWELL L. Assessment as a tool for learning[J]. Studies in educational evaluation, 1997, 23(4):279-298.

一、评估价值向度的缺失与省觉

受多种因素的影响，评估领域一定程度上缺失价值向度。学习为本评估的提出与发展，有利于价值向度的省觉。

（一）评估领域的价值向度缺失

从文化发展的历史脉络来看，文艺复兴之后，人类经受了现代性的强力冲击，深刻地改变了基本的精神趋向。在“拒斥形而上学”的召唤下，作为手段的技术不断僭越，工具理性强势侵入价值领域，造成科学和人文、事实和价值的二元分裂与相互对立，超越性的价值逐渐从公共生活中隐退，价值理性不断缺失。由此，引发了目的和手段倒置的恶果。技术化催生了管理科学的兴起，伴随着工具理性的“殖民”，评估领域走上实证科学的轨道，在很大程度上把价值向度排除到视野之外，评估的策略技术与评估的目的性价值割裂了。在这个意义上说，评估本身被技术化了，一味地按照技术的逻辑来行动，在很大程度上放逐了意义与价值。

（二）评估领域的价值向度省觉

由于缺失了对价值向度的深刻省觉，评估看重的是形而下的效用，褪去了价值秉性而变成规则与技术，推崇的是效率、理性、可测量的客观性指标。方法向度的评估，主要侧重于改进目标体系、作用领域、推进策略、技术平台和运作环境等方面，将评估局限于技术与机制层面。突破这样的局限，将方法、技术、手段、目标与价值相整合，重塑评估与价值的辩证关系，凸显价值理性，纳工具理性于意义之维，以价值理性消解工具理性的强势，使价值理性与工具理性和谐共存，恢复人的理性之完整，才能使评估真正摆脱价值贫困和形式主义进而富有生机和活力。针对评估领域已暴露出的重视方式或技术层面探索，忽略价值向度等让人忧虑的问题，迫切需要凸显评估的价值省觉，对评估的价值论原理予以探讨和建构。

二、以学习为重的评估价值取向

学习为本评估内涵价值取向，饱含价值情怀。价值观照是学习为本评估的底色。面对现实中的价值贫困、价值迷茫或价值冲突，以学习为重的价值取向能够谋划和建构学习评估和学习生态更美好的未来，这是学习为本评估不可替代的独特意义。

（一）学习为本评估的价值考量

“价值的本质是现实的人同满足其某种需要的客体的属性之间的一种关系”，“价值是人的某种需要同满足这种需要的客体属性的特定方面的交接点”。[①]从价值向度考察评估活动，就不仅涉及校长、教师、学生、家长及其他利益相关者等评估参与者的不同层次的多样需要，而且涵盖评估活动的各种要素的丰富属性，还内蕴评估主体需要同评估活动要素属性之间的复杂关系网络。这一特殊而庞大的价值复合系统，存在大量的甚至数不胜数的评估主体需要与评估活动要素属性之间的交会点。价值考量，实质上是分析与把握评估主体的需要与满足这些需要的评估活动要素属性之间的关系。价值考量的结果，体现为人们自觉或不自觉地选择、确定和秉持的主体需要与活动要素属性之间的交会点，即最终形成的价值取向。

在现实中，价值冲突渗透在个人和学校生活的方方面面。不同的人、不同的地区和时代，基于不同的立场可能会做出不同的价值选择。人们做出的各种评估价值选择，其基本价值是向善还是为恶，是维护公正还是践踏正义，是给学校和师生带来福祉还是造成伤害，必须不断经受集体和个人的研判。唯有所做出的决策充分体现人性之善，弘扬社会正义，才能避免学校沦为作恶的工具，才能使学校共同体成员的权利得到最基本的尊重和保证。在这个意义上，评估不仅关注做什么和怎么做，而且注重应该做什么和怎么做，其根本还是关于正当性的问题。一项评估举措，无论方法多么完美，效率如何高，如果缺失了“向善”的基本价值取向，最终都会远离正义。一项评估技术，无论结构多么严谨、功能多么强大，如果不是建基于正义之上，如果不是指向师生的幸福，都不值得赞赏。评估主体有不同的需要，所以为了有利

---

① 冯契.哲学大辞典：上［M］.修订本.上海：上海辞书出版社，2001：621.

于各主体能在价值迷茫与价值冲突之中做出正当的价值选择，就需要关注和重视评估活动的核心价值取向确立及相应的认识、体验、认同和践行等问题。

学习为本评估从“学习为本”的立场出发，确立以学习为重的价值取向，体现了学校向善的基本旨趣，体现了评估活动的美好追求，折射出育人者所应该念兹在兹的价值良知，保证着评估活动的价值尺度。以学习为重的评估价值取向，对师生的内心世界和真实需要有着善意的感受，对学生学习、教师教学和学校发展有着深沉的体悟，既承认评估过程中多元主体的自由与平等，关心各主体的命运和遭遇，又对相关的评估策略与方式等抱持着价值上的理想，融汇了评估的现实境遇与价值理想，让评估成为面向学校现实的价值性介入与价值性践履。这样，评估活动就成为归属于价值范畴的实践行为。

放眼当下，评估领域有教师、学生、校长、家长、教育行政部门、专家学者、教辅图书出版单位及社会组织等参与者。目前存在的严重问题是，这些参与者并没有达成促进学生学习的一致目标。群体之间相互争夺利益，往往忽视了学生最根本的学习利益。[①]比如，教育行政部门将学生考试成绩用于考核学校的表现，这就导致一些学校为考试而教，因此损害了学生的学习。这样的评估，是以择优筛选、分数等级为重，鼓励应试取向的学习而不是对每个学生的学习负责。评估本是促进学生学习与发展的有效方式，但在很多时候被误用、滥用，没有体现出促进、帮助和改进的伦理关怀。

在这样的背景下，很有必要用以学习为重价值取向引领评估范式的发展和学习生态的重构。用这一价值取向引领的“以评促学”信念与行动，不是外在权威所强加的，也不似精致利己主义者那般经理性计算后的权衡，而是基于善念和良知，自愿追求这一价值，自觉履行义务并主动承担责任。以人的良善德性为基础确立的以学习为重的核心价值取向，有利于创建美好的学习生态局面，侧重追问、反思和探究“我应当成为怎样的人”“我在以评促学的过程中如何做得更好”。

---

① 黄慧，阚阅.全球教育面临的“学习危机”与主要战略——基于《2018年世界发展报告：学习以实现教育的承诺》[J].世界教育信息，2018(14)：12-15.

（二）学习为本评估的三大目的

学习为本评估以学习为重的价值取向，不是仅仅聚焦于评判学生已有学习结果的价值有无与高低并为其打分或赋等，而是包括鉴别已有学习成就、优化当下学习与助力终身学习三大目的。

第一，鉴别学习成就。重视对学生已有学习成就的鉴别，着眼于评估学生学习是否达到了相应课程标准所要求的目标，主要是判断已有学习活动的价值。这可以供家长和教育行政部门了解学生学习效果和学校教学质量，也可以为家长、用人单位提供反映学生学业成就的证书或证明。教师需做好分数的处理、分析、解释和反馈等工作，这样就可以将鉴别学生既有学习成就和帮助学生当下学习的价值整合起来，发挥协同效应。

第二，优化当下学习。评估能够帮助学生清晰、具体、及时地把握评估标准和评估结果，根据评估标准完成学习活动，在判断既有学习成就的基础上明确现在与下一步需再做什么、怎么做。这有利于激发学生的学习动机，使学生相信自己通过努力能取得学习上的进步。

第三，助力终身学习。学习为本评估强调评估要助益于学生的未来学习，重视将学生培养为优秀的自我评估者，不仅能优化当下学习，更能应对未来的挑战，从而支持自己的终身学习。这可以避免“花盆效应”（又称“局部生境效应”），即在教师呵护下，学生似乎能健康成长，但离开了学校和教师，学生的发展就会出现诸多问题。提升终身学习能力，就是让学生离开教师精心设计的环境之后仍能可持续地有效学习与发展。

“我们关于过去的意识当然不应该削弱我们的行动能力。如果以正确的方法加以使用的话，它会使我们更从容地审视现在，并加强我们对未来的责任心。人如果不意识到他现在的状况和他过去的局限，他就不可能塑造未来的形式。”[①]学习为本评估的三大目的，观照学生学习的过去、现在和未来，这三者相互交融与补足，在一定张力状态中达至平衡，引领师生更加从容地审视

---

① 卡西尔.人论：人类文化哲学导引［M］.甘阳，译.上海：上海译文出版社，2013：307.

现在，以更强的责任心规划和创造未来。

第二节 学习为本评估的价值诉求

学习为本评估以学习为重的评估价值取向，主要包括以下价值诉求：一是推动评估功能的发展，从判断工具升华为改进手段，评估不在于造成威胁，更注重给予希望；二是通过评估促进所有学生的学习，既观照学生学习的差异，又规避学生为本的陷阱；三是帮助评估活动从证明学生学习的已有价值走向创造学习价值，在自觉确立价值命题、做出价值选择、进行价值判断的基础上实现价值创造。

一、推动评估功能的发展

在过去几十年里，评估研究虽然取得了诸多成果，但并没有多少确凿证据能够证明评估带来了学习成效的提高。[①]学习为本评估致力于推动评估功能的发展，从判断作用中升华并凸显出改进功能。

（一）评估作为判断工具

当评估扮演判断工具时，就成为定期的干扰，就像税收时期的算账来访，也被戏谑为“讨厌的远房亲戚，经常到访，走了之后还会再来”。学校花费大量精力收集的数据只是服务于绩效评估的目的，只是沦落为堆积起来的存档资料，并没有产生促进学生学习的实质性作用。学校这一“海洋”的表面看似波涛汹涌，而位于海底的教与学仍然一成不变。究其根本，评估发生了异化。异化的评估，在定位上就远离了教与学领域，进入了行政和认证领域，这与科学管理等取向密不可分。例行公事的评估，让人们表达出对其的服从，但未能挖掘与彰显出对推动教与学发生深层次改变的重要意义。

---

① ANGELO T A. Doing assessment as if learning matters most［J］. AAHE bulletin, 1999, 51（9）:3-6.

进一步分析，作为判断工具的评估主要在于“清算过去”和“造成威胁”。面对评估，真是几家欢喜几家愁，大多数学生对评估都存在某种程度的恐惧心理。而对被升学指标压得喘不过气来的教师而言，考试则是他们用来迫使学生好好学习的法宝。这样的评估范式可称为“缺陷范式”，着眼于发现学生在哪些方面没有达标并对其进行清算，评估视野是面向过去的，在内容设计、标准制订、结果运用和教师角色等方面都体现出消极特征。其一，评估的内容设计是鉴定学生的知识与技能水平，主要考查学生不会什么而不是学生能学什么。其二，评估标准主要由外部专家和教育管理部门制订，常模参照占主导地位。[①]常模参照是一种集体标准或称公共标准，将学生测验分数与已有的某种标准化分布比较后得出测验分数的位置和意义，这指向学生在同伴和群体之中的成绩地位，而非描绘清晰的学习标准，并不能告诉我们学生真正学会了什么。其三，评估结果用于鉴别、筛选、选拔、汇报和问责等目的，与改进教学、促进学生未来学习的关联不大。其四，教师更多思考学生出了什么问题，而不是重点考虑自己的教学出了什么问题及应当如何改进，教师甚至有将达不到要求的学生赶出课堂的潜在倾向。

究其根本，缺陷范式有一个根深蒂固的假设前提：学生学习效果的最大化，有赖于学生对学习担忧的最大化，而评估就是他们最大的“威胁”。学生想得到高分数和高等级的压力，将激励他们付出努力。固定的期末考试和突然的临时测试以及分数所带来的威胁，就能够激发学生学习动机，使之不断投入学习。然而，这种假设带给学生的高风险和高压力已经造成了许多严重后果，特别是让成绩欠佳的学生感到自己能力缺乏、成功无望、总会成为失败者，这给评估增添了浓重的消极性、破坏性色彩。如果说缺陷范式的评估是一种消极的价值哲学，纠缠于学生过去的不足，伴随着不间断的威胁，那么，学习为本评估则秉持一种积极的价值哲学，给予学生希望及创造未来的可能。

---

① BOUD D，FALCHIKOV N. Aligning assessment with long-term learning [J]. Assessment & evaluation in higher education, 2006, 31 (4):399-413.

（二）评估成为改进手段

学习为本评估针对评估仅发挥判断作用的局限，致力于将评估同教与学加以整合，建设既基于绩效判断又发挥改进教与学作用及支持学生终身学习的评估文化，推动评估由判断工具发展为改进手段，让评估成为启发教与学的宝贵资源，成为改进教与学的基本途径。具体而言，学习为本评估将绩效判断与改进教与学结合起来，教师一方面诊断学生的学习表现和结果，另一方面则真正使用评估数据来促进自身教学与学生学习的改善，即在知道学生学得怎么样，做得怎么样的基础上确定相应的改进方案，促使教学和学习发生深层次的改变。

过去，教、学、评三者通常是割裂的。学习为本评估极力扭转这种局面，重在弥合三者之间存在的缺口，重建三者的关系，实现教、学、评一体化。学习为本评估反对以考代评，倡导和践行以评促教和以评促学。而且，学习为本评估力争将评估活动完全融入教与学的活动之中。比如，提问和回答这种教学策略，能够诊断和缩小学生现有水平与预期目标之间的差距，就可以成为学习为本评估的一种方法。这样，评即是学，学即是评，评即是教，教即是评。

而且，一个真正优秀的学习者，必然是一个优秀的自我评估者。比如，一个优秀的阅读者会自然地进行“这本书是否值得一读”“读书之后我的变化是什么”以及“我遇到阅读障碍时如何应对”等自我评估活动。当下，评估能力已被视为终身学习能力体系中的一项重要指标，学会学习的一个关键就是学会评估。[①]只有当学生成为自己学习活动的优秀评估者，才有可能成长为真正独立和成功的终身学习者。而优秀的自我评估者，要在自己开展学习活动的过程中，在自己不断调用元认知监控和调节学习活动的过程中，才能真正培养出来。在这个意义上，学习为本评估力争让学生成为自主的评估者，经由元认知驱动的自我评估不断调整和优化自己的学习活动。在这样的背景

① JOUGHIN G. Assessment, learning and judgement in higher education[M]. Berlin: Springer, 2009:6.

下，学生最在意的不是揭晓评估结果的时刻，而是基于评估结果及相应评估信息拟定出适宜的改进学习的策略。

不同于缺陷范式将学生看作“已成之人”（people as such），学习为本评估视学生为“行动之人”（people in action）。行动，意味着持续的变化。变化，意味着不能给学生贴上固定的标签。行动可以是成功的，也可以是失败的，但不能用这些词来形容行动者。对学生来说，即使以前失败过，但所有的选择机会仍是开放的，今天以这种方式行动，明天也能以不同的方式行动。学习为本评估不再仅仅就学生过去的学习做出判断，更是面朝未来的，是对过去学习更深刻、更积极的反思，对未来学习更高远、更切实的筹划。由此，学习为本评估营造出新型的、充满积极意义的评估价值，不再聚焦缺陷，不再停留于判断学生的学习存在什么问题，而是聚焦策略，尽可能铺设学生走向成功的路径。

学习为本评估倡导创建促进学生学习的价值文化，主要体现在以下两方面。其一，提升学生自我效能感的评估文化。学生获得的评估结果应该有助于提高其积极性和信心而不是相反，这样学生才能够并有意愿开展下一阶段的学习。学习信心，主要来自对自己成功和进步的体验，而不是与成功的同伴相比带来的失败和打击。[①]评估者要成为学习的促进者，从根本上说不能依靠外在的奖励、惩罚或威胁，也不能靠几句鼓励的话语，而是要帮助学生切实提高自己的学习胜任力。其二，不断搭建学习脚手架的评估文化。通过元分析我们发现，反馈对学生学习至关重要，是有利于学生在下一阶段学习之中取得实质性成功的脚手架。[②]优质的反馈，被誉为教师给予学生的最佳礼物。遗憾的是，限于精力或经验，许多教师给出的反馈不能很好地服务于学生学习。学习为本评估强调，反馈要及时，要认可学生的所有努力，要让学

① Rethinking classroom assessment with purpose in mind: assessment for learning, assessment as learning, assessment of learning [R]. Winnipeg: Manitoba Education, Citizenship and Youth, 2006:4.

② CARLESS D. Differing perceptions in the feedback process [J]. Studies in higher education, 2006, 31 (2):219-233.

生看得明白，要为学生描述改进学习的具体建议并让学生感到自己有能力予以落实，要能够激发学生的自信心和热情，这些都在很大程度上影响着评估功能的发挥。比如，教师不能仅给出评价性（evaluative）反馈，而要尽可能提供描述性（descriptive）反馈。①前者仅以分数或等级的形式对学生学习进行价值判断；后者则针对不同水平学生的学习状况提出相应策略，使学生知道接下来努力的方向和方式，对领悟能力及基础较好的学生，只需稍加提示即可，对其他学生的反馈则要描述得更为具体一些，甚至要亲自示范或呈现样例供其模仿。教师还可以通过一些有效途径将相应信息反馈给家长、同事和其他相关者，激发他们作为教学协助者、学生学习动机强化者、学生学习辅导者和学生学习机会创设者的作用，以便共同支持和促进学生学习。

二、促进所有学生的学习

学习为本评估以学习为重的价值取向，内含以所有学生学习为重，观照所有学生学习需要之义。学习为本评估的价值诉求不是筛选出好的学生并排除较差的学生，而是帮助每个学生从自身基础和特点出发，释放学习潜能、提升学习能力。在这个意义上，学习为本评估既兼顾民主参与又体现追求卓越的价值情怀。民主参与，即满足所有学生的学习需要，每个学生都能参与学习与评估活动，不会受排斥或被放弃；追求卓越，即力求为每个学生创设高水准的学习机会，提供高品质的评估体验，最大限度地保证学生取得学习成功。

（一）观照学生学习的差异

如果教师能够正视、明辨和把握每个学生的特点，设计出观照所有学生个别差异的评估，确实是理想的状态，但这是不太现实的，因为一名教师需要面对多个学生，加之教育教学事务繁杂而教师精力有限。考虑到具体的实际情况，学生类型分析是一种替代性选择。教师尽可能从多维度分析学生，

① Rethinking classroom assessment with purpose in mind: assessment for learning, assessment as learning, assessment of learning［R］. Winnipeg: Manitoba Education, Citizenship and Youth, 2006:33.

在明确学生个别差异的前提下将学生归为若干类型，从而依据学生类型来确定设计与实施评估的思路。

类型分析，不只是把握所有学生或不同类型学生的共有特点或倾向，其着眼点重在探析学生的具体特点或特殊倾向。而且，类型分析不能偏激地理解为给学生贴上标签，或将学生归为高能力、一般生和落后者。如果这样，就陷入了固定思维模式。即使是容易灰心丧气的暂时落后学生，其实也有多种类型，常见的至少有四类。第一类是能力有限，较难跟上他人学习进度，导致长期低期望并对失败产生麻木心理；第二类是失败归因方式及自我能力判断有误，产生严重习得性无助感；第三类是过度自我保护，只注重分数、成绩等绩效目标而不注重学习目标；第四类是逃避责任，未发挥出真实水平。

学习为本评估不是把学生的以上这些差异视为不可改变的，而是将其视为评估的起点，尽力回应学生学习需求，让补救弱势与发展潜能并进。从深层次上说，这关乎一种对差异的信念，这使得学习为本评估不只关涉开发层面的技术革新，更关涉评估价值哲学层面的深化和发展。经由认识学生个别差异而开展相应的评估活动以便提升学生学习成效，让每一个学生均能从评估中受益，任重道远。

有学者在对学生学习过程进行长时间、近距离观察的过程中，从许多节课上一个个学生的具体表现入手，并结合对学生个人生活史的考察，发现几乎所有学困生都经历了这样的历程：投入学习—遇到困难—发求救信号—无回应—未能完成学习任务—受到负面评价—失去兴趣—放弃。研究发现，学困生很难依靠自身的力量走出这样的困局，教师也很难发现学生所发出的求救信号。而且，每节课都有学生完不成的一些新任务积压下来，学生越来越感到无能为力，越来越害怕上课、害怕学习。日积月累，低年级遗留下来的学习困难一直得不到解决，导致学生到高年级时越来越跟不上，隐性的学困生就转化为显性的学困生。[①]学习为本评估要求教师随时考察与反思“自己教

① 陈静静，谈杨.课堂的困境与变革：从浅表学习到深度学习——基于对中小学生真实学习历程的长期考察［J].教育发展研究，2018(15/16)：90-96.

了，学生就学了吗”“学生学了，学生就学会了吗”，随时关注和把握学生现在在哪里、学生应该去哪里、如何更好地帮助学生去那里，这样，教师就可以充分观照学生学习的差异，提供更有效的支持和帮助。这也就体现出运用评估调节课堂教学实践对于提升学生学习质量所具有的重要意义。而且，学习为本评估重视为学生创造评估机会，让学生清楚地了解自己的学习状况，自我监控并调整自己的学习活动而不感到焦虑或受到责难。

（二）规避学生为本的陷阱

学习为本评估以学习为重的评估价值取向，是与以学生为本的取向相区分的。以学生为本，虽然在很大程度上可以说是解放了学生、高扬了人性，但并不是学生的一切潜能与需要都是值得尊重与关注的。学习为本评估正是要避免以尊重学生的潜能与需要等本性为原则来决策和行动，而暗含对一切潜能和需要不加区分的倾向，从而在一定程度上规避常见的以学生为本的陷阱。

在历史上，长期存在着“性善论”和“性恶论”这两种对立的人性论，形成了人性的善和恶相分离的传统思维和行为方式。到了当代，以历史上各种试图将人性善恶相统一的努力为基础，“整合人性论”得以建构。“当我们看到并肯定人有善恶两种潜能时，人生从摇篮到坟墓的旅程表现为一种热情，一种挑战，一种吸引”，“正是这一两极化，这一辩证的相互作用，这一积极与消极之间的摇摆，给予人的生活以动力和深度”。[①]这就是说，人的本性既有善的方面，也有恶的方面，善和恶在具体的个人和整体的人类身上都是客观存在的。包括评估在内的各种人类活动的人性意义和价值，就是尽可能地张扬人性中善的方面，抑制人性中恶的方面，而不是不加选择地一味尊重人的潜能与需要等本性。

谢弗勒（Scheffler, I.）从教育哲学的角度，对人类潜能的概念进行了专门的批判性分析。他指出，教育理论与实践中存在着有关潜能概念的三种神

① 梅.关于恶的问题：给卡尔·罗杰斯的一封公开信［M］//马斯洛，等.人的潜能和价值.林方，等编译.北京：华夏出版社，1987：455.

话。一是稳定性神话，即宣称潜能是人类本身所固有的，并且是永远不变的；二是和谐性神话，即断言不同的潜能之间是没有冲突的，是可以共同实现的；三是价值性神话，即坚信所有潜能都有价值，所有潜能的实现都会产生好的结果。[①]“这些神话已经在社会和教育实践中产生了数不胜数的危害”[②]，因为“这三个神话的存在自然排除了教育者在选择需要开发的儿童潜能时进行价值判断的责任。如果教育者信奉这些神话的话，就会对自己的责任产生错误的认识。他会觉得自己的任务仅是发现儿童的潜能并实现它们。他会忽视潜能随着时间变化而发生变化的特性；忽视不同潜能之间的相互冲突；忽视不同潜能的不同道德趋向这样一个显而易见的事实，即有的潜能趋向于善，有的趋向于恶，有的潜能既不趋向于善，也不趋向于恶”[③]。可见，不能盲目尊重学生的所有潜能，教育者和评估者必须形成在开发学生潜能方面进行价值判断的能力并肩负起责任，选择和决定对哪些潜能大力培养、对哪些潜能有所忽视以及对哪些潜能加以抑制与排斥。

需要与潜能具有一致性。潜能是需要的基础，不同的潜能导致不同的需要。需要会随着时间变化而发生变化，不同需要之间存在着冲突，并不是所有需要都有价值，并不是所有需要的实现都会产生好的结果，有的需要趋向于善，有的需要趋向于恶，有的需要既不趋向于善也不趋向于恶。学习为本评估不是迎合学生的一切潜能与需要，而是以学习为重，开发学生正向的学习潜能、满足学生积极的学习需要。

人与动物一样，都具有自然本性。这是一种“初阶欲望”，张扬生命天然的本能与动机，导向生命原始的任意与放纵。但是，人又不同于动物，人能够在初阶欲望的基础上逐渐发展起“二阶欲望”和“二阶意志”。[④]二阶欲望，是对初阶欲望的欲望，贯穿其中的是反思初阶欲望的能力，通过这种反思，初阶欲望就有了可欲和不可欲之分。二阶意志，是根据二阶欲望的反思，主

---

①②③ 谢弗勒.人类的潜能：一项教育哲学的研究［M］.石中英，涂元玲，译.上海：华东师范大学出版社，2006：11-16，前言1，中文版前言1-2.

④ 应奇.论第三种自由概念［J］.哲学研究，2004（5）：52-57.

动选择一种或一些初阶欲望并否弃另一种或另一些初阶欲望的意志力量。学习为本评估看到了潜能的价值性区分，重视二阶欲望和二阶意志的作用，主张促进所有学生的学习并不意味着要满足所有学生的所有学习需要，而且不能一味地放任学生。学生的学习活动总是也应该在一定的限制之下展开，学生学习的目标、内容、方式和评估等总是也必须有明确而合理的规定。

这里的“限制”，既包括他人的外在限制，也包括自我的内在限制。随着个体的发展和完善，自我内在限制会逐渐取代他人的外在限制而占据主导地位。首先，以外在限制超越学生个体本身的局限。对二阶欲望和二阶意志尚未发展成熟的学生而言，如果断然解除对其学习的干预，一味张扬他们的潜能，那么，他们将没有力量或没有足够的力量去反思、选择否弃初阶欲望，从而沦为初阶欲望的奴隶。因此，以教师的要求、评估的标准等外在限制来超越学生自身二阶欲望和二阶意志不成熟的局限，就显得尤为重要。其次，以内在限制超越外在限制。在学习过程中，学生可以不断发展二阶欲望和二阶意志，逐渐形成选择较有价值的学习内容、确立适宜的学习目标以及开展有效的自我评估等能力。二阶欲望与二阶意志能够日益发挥出限制非理性的冲动、追求即时快乐的激情等作用，使个体从汹涌的初阶欲望的冲击与约束之中解放出来。

三、开展创造价值的评估

证明价值与创造价值相对。证明价值是证明已有学习活动的价值有无与高低，证明价值评估使得评估理论与实践聚焦于确定已有学习结果的价值有无与高低。而创造价值是通过判断指导行动，通过行动最终创造价值。创造价值的核心在于，价值不是已然的存在，不是静观的对象，而是需要通过智慧指导行动以将其创造出来，使之成为存在的对象，价值是创造活动的结果。由此，评估不能只是一种判断学生学习活动是否达到主流标准的手段，而应该调整次序，即评估要适应学生的学习需要，尽可能地促进学生学习。这样的评估，其重心不是判断学习的价值，而是创造学习的价值。师生不再是置身事外等待评估结果之人，而是主动的行动者。通过在自觉确立价值命题、做出价值选择、进行价值判断的基础上实现价值创造。师生行动着，也实现着预期的学习价值追求。

（一）自觉确立价值命题

“评估促进学习”这一价值命题，需要首先确立起来。学习为本评估的旨趣，不仅仅是测量学习活动状况，不仅仅是描述事实，更是有效指导师生的教与学，为师生的行动提供智慧，指引师生通过行动实现可能（desirable）达成的价值理想。这样，事实的描述和价值的行动得以统一。学习为本评估为学习价值实现的可能性开拓了空间，让师生不再是只服从于外界评估决策的被动群体，而成为积极参与和运用评估来优化教与学的行动者。

（二）自觉做出价值选择

如果说价值命题的确立，是师生树立了通过行动实现以评促学的价值理想，那么，做出价值选择，就是进一步确认什么样的学习目标是值得通过行动加以实现的，即以评促学价值理想的具体化。

价值选择，需要从所欲（desired）的目标中选择出宜欲的目标，据此研制出具体的学习目标及相应的评估标准。这里就关涉人们对目标的两种认识：一种观点将目标等同于人们希望达成的理想和愿望；另一种观点将目标看作人们充分考虑可实现条件后，对所欲的筛选和调适。区分所欲目标和宜欲目标的重要方法，就是考量实现目标的可能性和可行性。开展评估时，往往面临所欲与宜欲的困惑，如果直接将所欲目标作为学习目标并细化为评估标准，就会冲淡乃至失去评估促进学习的价值，因为实现这些目标的现实条件并不具备，而考察目标所需的各种手段之后选择出的宜欲目标才是值得追求的。学习为本评估既放弃了“自在”目标的观点，也摒弃了目标决定手段的思维方式，认为目标和手段的选择是彼此纠正的，正是各种价值需要、情感愿望、偏好兴趣与条件、手段和方法之间的相互关系，制约着学习目标及评估指标的形成和修正。作为自觉主体的学习为本评估者，针对不同情境、不同时间和不同学生，需要选择不同的宜欲目标作为学习目标及评估标准，才能激发学生从现有学习状态向更高学习水平发展的期望性行动。

（三）自觉进行价值判断

价值哲学的难题不在于宣称价值如何重要，而在于如何通过判断去创造目标、通过判断指导行动来实现所期待的目标，也就是如何创造价值、实现目标。[①]支持目标实现的，不是原初的愿望或目标，而是目标与行动之间的动态交互，是在交互过程中权衡实现目标所需的手段及应该采取的行动。并不是对某些学习目标有坚定的愿望就能得到所欲求的结果，也不是只要目标确定之后，手段和方法就都容易找到。在学习为本评估这里，师生自觉分析和发现各种评估信息背后的深层次意义及关系，明确当前在哪里，未来要到哪里，需要哪些方法、工具、手段、途径和资源才能去那里，都是价值判断的题中之义。而且，师生要尽可能地创造一些以前没有的方法或条件来达成宜欲目标。由此，经由判断而得到的具有探究性和创造性的教学方法与手段，就搭建起由实际学习状况通达未来学习可能的路径。

（四）自觉实现价值创造

价值选择、价值判断和价值创造，将师生的目光投向知与行的融合之处，使师生都可能经由评估来认识和指导教学行动并获得成功。以往的评价经常是回溯性的，即判断过去学得如何，这在一定程度上无情地剥夺了人们改进学习活动的理想。学习为本评估开启了多层面的目标和功能，试图在分析和超越面向过去的价值判断的基础上，建构一种复合型的价值判断，形成一种基于过去、观照现在、面向未来的逻辑思路。经由评估，不仅可以回顾过去学得如何，而且可以推动师生借助具体的方法与手段，从当下朝向未来，即依靠行动，创造出心中所期待的学习价值理想并加以实现。

应该看到，师生在成为自觉评估主体的过程中发展水平会有不同。根据

---

① 杜威.评价理论［M］.冯平，余泽娜，等译.上海：上海译文出版社，2007：译者序16.

主体的自觉程度，可以大致将其分为三类：一是技术型学习为本评估者，只是根据他人的建议来开展学习为本评估，侧重反思如何将这些建议落实得更好；二是探究型学习为本评估者，在前一水平之上开始反思如何丰富评估的方法及创造更好的评估、教学或学习策略以促进学习；三是解放型学习为本评估者，不仅对评估实践情境保持深度理解，而且更侧重于批判性地思考评估、教学或学习活动，力求通过创造性地改进这些活动以解放自己的潜力，使其得到最大限度的展现。这样的评估者，怀有不断突破的意识和勇气，能够尽可能地为自己赋权增能，让自己获得更多的自尊和自信。从技术型到探究型再到解放型评估者，是学习为本评估深化发展的期许。

第三章　学习为本评估的主体论

受测量范式影响，追求技术性与客观性的标准化测验在学习评估领域长期占据主导地位。人们认为测验是一种科学工具，能够客观准确地测量和反映学生掌握的知识与技能。因此，开展学习评估只是评估专家的事情，与教师关系不大，学生更不是评估主体。与之不同，学习为本评估认为评估主体不是被动之物，而是能动之人，师生不再是评估的机械执行者，而是主动的行动者。学习为本评估主张教师应像关注上课一样关注评估，充分意识到自己应承担的评估责任，深刻体会到自己开展的评估活动对课堂教学质量提升和学生学习具有的重要意义；同时，重视学生主体性的发挥，引导其参与评估活动，与教师一道成为评估主体，进而逐渐成长为优秀的自我评估者和自主的终身学习者。简言之，学习为本评估致力于建立“善评者善教”和“善评者善学”的评估主体观。在这个意义上，学习为本评估不仅是对评估的再概念化，而且是对教师信念、课程、教学和学习的再概念化。教师要相信自己，通过提升知识和能力，能够找到促进所有学生学习的途径。评估应该和课程与教学融为一体，成为课程与教学设计的有机组成部分。教师要放弃以往教学中的强力控制方式，以更艺术的方式教会学生自我评估及改进自己的学习。学生也将感受到学习不是竞争，而是一系列应对挑战、逐渐取得成功并获得意义感的过程。

第一节　教师的评估素养

教师的评估素养，直接影响着教师对学习为本评估的认识、设计与实施。在分析和借鉴教师评估素养已有研究的基础上，支持学习为本评估的整体性教师评估素养框架得以建构，相应素养的发展方向得以明确。

一、教师评估素养的构成

教师评估素养的构成较为丰富。分析相应研究脉络可见，围绕“教师需要怎样的评估素养”这一核心问题，主要形成了清单式评估素养、情境化评估素养和动态型评估素养三类观点。

（一）清单式评估素养

20世纪90年代，许多教育组织与协会认识到评估对教育的潜在价值，并强调对学生学习的评估是教学活动的关键环节，如果没有恰当的评估，也就不会有好的教学。① 当时，人们对教师进行评估的目的达成了基本共识，主要包括获取与学生学习相关的信息、为学生提供反馈、判断教学的有效性和课程的适切性等。相应的，教师的评估素养就是教师作为评估者要达成以上目的应具备的关键知识和技能。从“教师在评估知识与技能方面应该达到哪些要求”出发，一系列教师评估素养的清单被列出来，较有代表性的有三类（见表3-1）。

表3-1　清单式评估素养

类型	提出者	条目
七能力（1990年）	美国教师联合会、全美教育测量委员会、全美教育协会	• 选择适合教学决策的评估方法的能力； • 自行开发和创新适合教学决策的评估方法的能力； • 管理、评分和解释外部评估和教师评估结果的能力； • 运用评估结果做出个别教育、教学设计、课程开发和学校改进决策的能力； • 开发可靠评定程序的能力； • 与学生、家长、其他非专业人士和其他教育者交流评估结果的能力； • 辨别不合伦理的、不合法的、不适当的评估方法和评估信息运用的能力

① American Federation of Teachers, National Council on Measurement in Education, National Education Association. Standards for teacher competence in educational assessment of students［J］. Educational measurement: issues and practice, 1990, 9（4）:30-32.

续表

类型	提出者	条目
八领域（1991年）	谢弗（Schafer, W. D.）	• 评估的基本概念与术语； • 评估的使用方式； • 评估的规划与开发； • 评估的解释； • 评估结果的描述； • 对评估的评估与改进； • 与评估目标匹配的反馈和评分； • 评估的伦理
七要素（1999年）	斯蒂金斯（Stiggins, R. J.）	• 将评估与清晰的目标联结； • 明确成就期望； • 运用适当的评估方法； • 开发高质量的评估练习与评分标准以恰当地评估学生的成就； • 避免评估中的偏见； • 有效地交流学生的学习成就； • 利用教学过程中的评估促进学生学习

资料来源：①American Federation of Teachers, National Council on Measurement in Education, National Education Association. Standards for teacher competence in educational assessment of students[J]. Educational measurement: issues and practice, 1990, 9(4):30-32.
② SCHAFER W D. Essential assessment skills in professional education of teachers[J]. Educational measurement: issues and practice, 1991, 10(1):3-6.
③STIGGINS R J. Evaluating classroom assessment training in teacher education programs[J]. Educational measurement: issues and practice, 1999, 18(1):23-27.

其中，美国教师联合会（American Federation of Teachers）、全美教育测量委员会（National Council on Measurement in Education）和全美教育协会（National Education Association）于1990年提出教师应具备的七项评估能力。这些组织的成员大多是来自教学、教师教育和学生评估领域的专家，为了提出具有信服力的教师评估素养，他们通过文献综述分析教师已达到的评估水平以及为完成教学工作迫切需要提升的教师评估素养等，在此基础上结合个人与集体经验，从专业视角出发讨论评估素养的构成要素，经过多轮修订之后，正式向社会发布。谢弗分析了已有的教师教育在提升教师评估水平方面表现出不足的原因，于1991年提出教师评估技能应涵盖八大领域，并列举出每个领域应包括的具体技能及其缘由。斯蒂金斯基于多年的课堂评估研究在1999年提出了教师评估素养的七要素，以帮助新手教师更好地应对每天的课堂评估挑战。

评估素养清单具有较为明确的指引性，但未充分考虑各种素养之间的关系。事实上，评估素养并非各技能、各要素的简单相加，而是各技能、各要素相互作用、相互影响而形成的综合性素养。从根本上说，清单式评估素养是将素养理解为静态的条目。

（二）情境化评估素养

持情境化评估素养观的研究者认为，评估是一种社会性实践活动，影响着各方利益相关者的情感体验。相应的，教师评估素养被理解为一种适应能力，即教师能够在不同教育情境中灵活地、创新性地、有针对性地应用评估知识与技能，开展有效而富有深度的评估。基于以上认识，研究者在国际上选取了60位教育评估领域和教师教育领域的知名专家，通过德尔菲法确定教师评估素养的主要构成，包含概念、行动和社会—情感三个相互关联的维度（如图3-1所示）。[1]

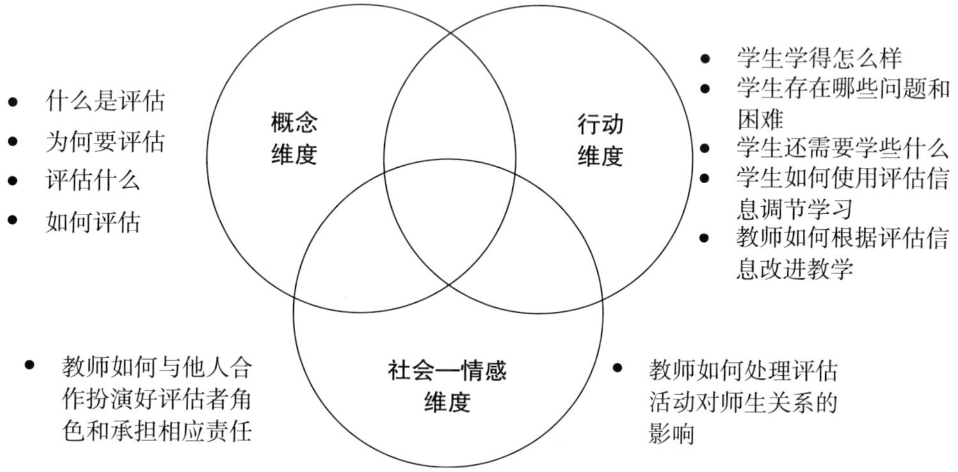

图3-1　情境化评估素养的三个维度

① PASTORE S, ANDRADE H L. Teacher assessment literacy: a three-dimensional model［J］. Teaching and teacher education, 2019, 84（1）:128-138.

其一，概念维度，主要涉及教师要掌握的关于评估的基础知识。具体而言，教师要能够回答“什么是评估”“为何要评估”“评估什么”和“如何评估”等问题，熟悉评估的定义和理论，了解不同的评估模式、策略、方法和工具，进而形成自己对评估的理解，不断建构和完善自己的评估概念。

其二，行动维度，主要涉及教师在教学过程中应用评估的实践体验。评估不仅具有鉴别、认证、报告和问责等功能，更要发挥促进教与学的作用。教师要能够使用多种评估工具和策略收集学生学习证据，通过分析和解释这些证据来判断学生“学得怎么样”“存在哪些问题和困难”和“还需要学些什么”，并据此改进教学。同时，教师要能够在课堂上组织学生自主开展评估活动，教会学生开展评估并使用评估信息调节自己的学习。

其三，社会—情感维度，主要涉及教师灵活处理与评估活动相关的社会—情感问题的能力。例如，教师要意识到自己作为评估者的角色和承担的责任等，并与同事、家长和其他利益相关者开展合作，还要关注评估活动对师生关系产生的影响。

情境化评估素养观强调评估素养的情境适应性，即评估素养并非一成不变，各维度中的要素会随着教育政策、课堂环境及教师个人专业知识与专业实践的变化而呈现出差异。

（三）动态型评估素养

持动态型评估素养观的研究者认为，教师的评估素养能够随着情境的丰富而动态发展，将教师的认知倾向、决策过程与评估中的表现相互联系起来，期望能够描述、解释、预测和促进教师的评估活动。[①]

该素养观主要有三大特点。第一，不仅关注教师采取的评估行动，更重视教师决定采取某种评估行动的决策过程，并将相应过程以流程图的形式加以分析和呈现（如下页图3-2所示）。下面以两种决策模式为例说明：一种是

① HERPPICH S, PRAETORIUS A, FÖRSTER N, et al. Teachers’ assessment competence: integrating knowledge-, process-, and product-oriented approaches into a competence-oriented conceptual model [J]. Teaching and teacher education, 2018, 76(1):181-193.

1—2—3—9，另一种是1—2—3—4—5—6—7—8—2—3—9。第一种模式相对简单，教师考虑的因素较少，付出的认知努力相应较少。该模式在某些情况下能够获得较为准确的结果，但易受主观性和偏见影响。比如，班级迎来一名新生，教师需要评估该生能否较好地适应班级学习进度。教师可以从同事那里了解该生以前的学习成绩和行为习惯等信息，除此以外不再需要其他信息便可以直接做出判断，如该生过去表现较好，能够轻松地适应新班级的学习。第二种模式相对复杂，需要投入更多认知努力。当教师认识到自己的判断会对学生产生较为深远的影响时，该模式就会启动，教师将执行迭代、循环的评估过程。比如，教师要分析学生各学科学习表现、学习潜力和学习行为，但这些信息还不充足，教师还要针对一些尚未评估的指标提出一定的假设并采取合适方法开展多轮评估，进而收集、分析和解释评估数据以推翻、验证或修正假设。

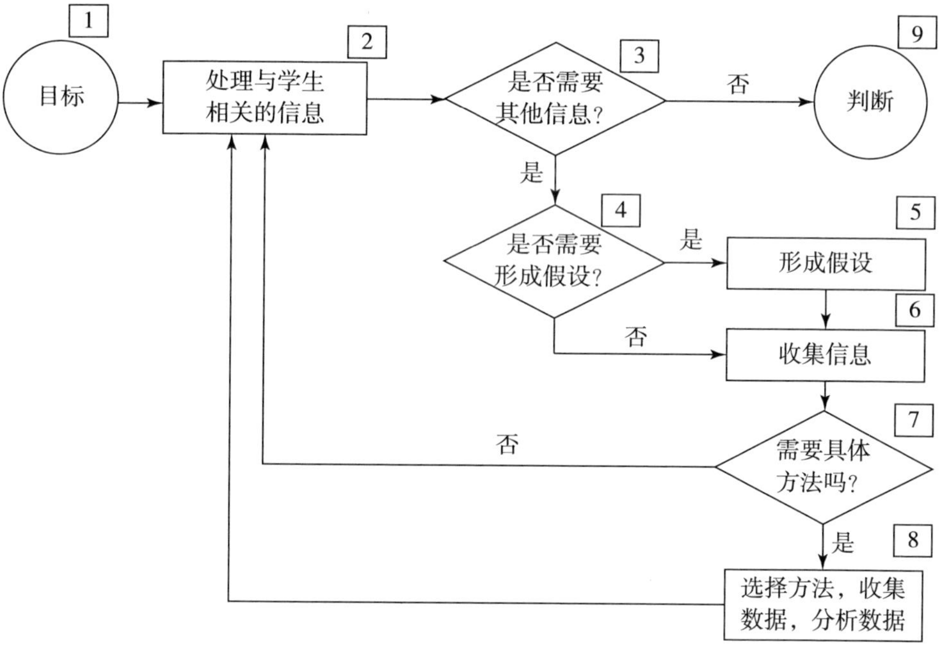

图3-2 动态型评估过程示意图

资料来源：①HERPPICH S, PRAETORIUS A, FÖRSTER N, et al. Teachers' assessment competence: integrating knowledge-, process-, and product-oriented approaches into a competence-oriented conceptual model[J]. Teaching and teacher education, 2018, 76(1):181-193.

第二，重视教师的认知倾向与评估行动之间的关系。教师的认知倾向受其拥有的课目知识（content knowledge）、教学知识（pedagogical knowledge）和课目教学知识（pedagogical content knowledge）[①]等影响。教师的教学知识包含对终结性评价和形成性评估目的的认识，这种认识会影响教师对评估方法的选择。比如，数学教师的课目教学知识中包含对学生出现的典型数学错误概念及其具体表现形式的认识，这种认识会影响教师对学生的评估。

第三，不仅关注教师应具备哪些与评估相关的知识，还关注教师的信念和动机等特质。比如，如果教师认为基于直觉的教学决策比基于评估数据的教学决策更有效，那么他们即使具备处理评估数据的能力也不会选择并付诸系统收集、分析和解释数据的行动。

二、整体性教师评估素养的建构

在综合吸收已有教师评估素养研究的基础上，一种整体性的教师评估素养框架得以建构。该框架不再局限于关注教师应该具备哪些静态的、彼此独立的评估素养，不再止步于描述出这些素养，不再认为拥有这些素养的教师就能有效地开展评估；而是从整体视角出发，注意到评估素养各要素之间的相互影响以及各要素与宏观、中观、微观环境之间的相互作用，以开放的眼光看待教师评估素养的动态发展过程。

（一）整体性教师评估素养的提出

综合分析已有教师评估素养研究可见两大走势。一是从外部标准拟定走向自主建构素养。清单式的评估素养研究主要从外在的角度描述教师应该拥有怎样的评估知识与技能，在一定程度上将教师视为局外人。情境化和动态型的评估素养研究，看到素养的情境适应性和动态发展性，重视教师对评估

---

① 国内多称其为“学科教学知识”或“科目教学知识”。译作“课目教学知识”，主要理由是：在英美教育领域，“content”除了泛指所有教育内容，主要指称学校里各门课程的具体内容，即课程细目，简称“课目”，而“学科”一词仅凸显了数学、物理和生物等科目，不能涵盖整合课程和德育活动等非学科或非科目的课程内容。

素养的自主建构。这样，教师评估素养的发展过程，就不单单是将外部标准灌输给教师的过程，而是深层次地涉及教师的信念、态度和习惯等的改变过程。二是从仅重视评估知识与技能走向全面重视评估涉及的知识、技能、情感与行动。教师评估素养不仅包含教师的评估知识与技能，还包含教师的评估观念、经验、感受和偏好等更深层次的要素。顺应这些走势，吸收已有教师评估素养研究的成果，整体性的教师评估素养得以建构。

整体性教师评估素养具有五大特点。其一，综合考虑教师评估素养包含的陈述性知识和程序性知识、教师评估观念的过滤和筛选作用以及社会文化及工作场所环境下教师评估素养发展的情境性与动态性等。其二，突出教师的能动作用，重视教师的学习能力和身份认同与重构。其三，较为系统、全面地呈现教师评估素养的各要素，重视要素之间的相互作用。其四，视教师评估素养为可以逐步提高的连续体，不采取二分法，认为教师有评估素养或没有评估素养。其五，将所建构的整体性教师评估素养框架视为一个描述、解释和发展教师评估素养的框架，这不是结果导向的封闭式框架，而是过程—结果整合的开放式框架。

（二）整体性教师评估素养的维度

整体性教师评估素养包含五个维度，即评估知识、评估观念、学习能力、评估行动和身份认同与重构。

其一，评估知识。这是教师评估素养的必备基础，主要包括为何要评估、谁来评估、评估什么、用什么方法评估、何时开展评估、如何保障评估质量以及评估未来往何处发展等方面的陈述性知识与程序性知识。

其二，评估观念。对观念一词，《辞海》的解释是：（1）思想，思维活动的结果；（2）通常指思想，有时亦指表象或客观事物在人脑中留下的概括的形象，它在西方各派哲学中有不同的含义。[①]《现代汉语词典》的解释是：（1）思想意识；（2）客观事物在人脑里留下的概括的形象（有时指表象）。[②]

① 辞海编辑委员会.辞海［M］.6版.彩图本.上海：上海辞书出版社，2009：763.

② 中国社会科学院语言研究所词典编辑室.现代汉语词典［M］.7版.北京：商务印书馆，2016：479.

有学者指出，观念在本质上是人脑的一种机能，是客体在主体头脑中的反映，是经验和理论在人们头脑中的积淀，是知情意的结合与交融，是一种特殊的思维形式；观念具有能动性，对实践主体具有指导性，对实践活动具有定向性。① 上述表述中较为一致的是：观念是人们对事物的认识和看法。基于此，评估观念是人们对评估的认识和看法。具体而言：从生成特性看，它是关于评估的经验和理论等在人们头脑中的积淀；从存在形态看，它是人们把握评估目的、内容和方法等的一种思维形式；从功能表现看，它始终影响着评估的发展，指导着评估的理路、范式和具体行动。教师会根据自己的评估观念来选择学习哪些评估知识并采取哪些评估行动。换言之，评估观念是一种筛选机制，决定着教师会过滤或忽略哪些评估思想、原则与方法。

其三，学习能力。教师具有的主动学习的愿望和动力，如果得到一定条件和制度支持，他们就能够成为主动学习的专业工作者。② 教师需要在各种情境中灵活、有效地开展评估，需要持续更新评估知识与评估观念，这些都对教师的学习能力提出了要求。教师的学习能力，是教师不断建构和完善自己评估素养的动力。

其四，评估行动。行动维度是教师评估素养不可或缺的组成部分。教师的评估行动受环境的制约，环境在很大程度上划定了教师评估行动的边界，规定着教师能做什么、不能做什么。评估素养高的教师在复杂环境中能够较好地解决问题，并通过优质的行动来适当拓展边界。

其五，身份认同与重构。教师要能够与他人合作，扮演好评估者角色、认同相应身份并承担应有的责任。身份是一个较为综合的概念，从个人角度而言，它主要回应“我是谁”的问题，关涉价值观、目标和相应的行为实践。从个人与社会关系角度而言，涉及社会对个人的角色期望和个人对这种角色期望的理解、诠释与实践。根据上述理解，至少可以从“期望—实践”和

---

① 李君如.观念更新论［M］.沈阳：辽宁教育出版社，1988：2-10.

② 陈向明.从教师“专业发展”到教师“专业学习”［J］.教育发展研究，2013(8)：1-7.

“社会—个人”两个维度解读身份。[①]具体到评估领域，可以将教师身份归纳为四类：（1）社会期望的评估者身份，指社会通过舆论、理论和制度等期望教师所具有的评估者身份；（2）社会实践塑造的评估者身份，指社会环境和制度等实际塑造出来的教师的评估者身份；（3）教师自身认定的评估者身份，指教师发自内心地对“教师作为评估者”的价值、权利、义务的诠释、认可和忠诚度；（4）教师自身实践的评估者身份，指教师在工作中实际扮演的评估角色。当教师深度认同自己肩负的问责和促学等责任，能够不断自我赋权增能，有效承担和履行评估者的使命，就标志着教师评估素养发展成熟。

总体而言，整体性教师评估素养框架的各维度具有交互作用。一方面，教师拥有的评估知识、持有的评估观念和具备的学习能力，能够不断支持和改进评估行动，促进教师作为评估者的身份认同与重构。另一方面，教师自我重构的评估者身份和不断提升的学习能力，能够带来评估知识的更新、评估观念的重塑和评估行动的改进。

三、整体性教师评估素养的发展

教师评估素养的发展，可以从丰富评估知识、革新评估观念、发展学习能力、改进评估行动和增强身份认同等五个维度入手。

（一）丰富评估知识，打牢必备基础

为教师提供一些评估课程，有利于丰富其评估知识。评估课程的内容至少包含以下七项：（1）评估目的的相关知识，帮助教师了解“为何要评估”；（2）评估主体的相关知识，帮助教师了解“谁来评估”；（3）评估内容的相关知识，帮助教师了解“评估什么”；（4）评估方法的相关知识，帮助教师了解“用什么方法评估”；（5）评估时间的相关知识，帮助教师了解“何时开展评估”；（6）评估质量的相关知识，帮助教师了解“如何保障评估质量”；（7）评估未来发展趋势的相关知识，帮助教师了解“评估未来往何处发展”。

---

① 赵明仁.教师教育者的身份内涵、困境与建构路径［J］.教育研究，2017(6)：95-100.

评估课程应具有可持续、个性化和信息化的特征。其中，“可持续”有利于教师投入具有一定复杂性的学习过程之中；“个性化”关注了教师的不同需求以提升教师参与课程的热情；“信息化”支持教师线上学习，能在一定程度上减少时空因素带来的限制。

（二）革新评估观念，优化筛选机制

教师的评估观念在很大程度上起着筛选的作用，体现为教师接受或拒绝一些关于评估的看法和做法。作为学习为本评估的主体，教师确立以学生学习为本的评估观念，有利于创建促进学生学习的评估文化。教师相信自己能够通过知识与技能的提升，找到促进所有学生学习的路径，意识到评估不是为了给学生造成威胁，而是为了给予学生希望，并尝试引导学生学会自评和改进自己的学习。有研究指出，教师的评估观念在教师作为学习者时就已经被塑造。①还有研究指出，教师已有的评估观念受自己以往被评估经历的影响，而且这种影响是比较深刻和固着的，很难通过传授评估知识或政策要求来加以改变。②因此，让教师拥有学习为本评估的经历并深刻体验其价值尤为重要。

（三）发展学习能力，提供动力保障

教师评估素养的提升，离不开教师的自主发展，而自主发展有赖于持续的学习。鉴于教师专业具有在场性、不确定性和价值性等特征，教师评估素养提升适合以建构主义的方式进行。③具体来说，可以从以下四方面切入。第一，培养教师自我超越的意识和勇气。即使受到诸多限制，也要尽可能发挥教师在评估活动中的自主性，鼓励其创新评估理论与实践。第二，创设重视教师理解与反思的培训环境。在开展教师培训时，要避免使用说教或单向传

① VOGT K, TSAGARI D. Assessment literacy of foreign language teachers: findings of a European study［J］. Language assessment quarterly, 2014, 11（4）:374-402.

② LOONEY A, CUMMING J, VAN DER KLEIJ F, et al. Reconceptualising the role of teachers as assessors: teacher assessment identity［J］. Assessment in education: principles, policy & practice, 2018, 25（5）:442-467.

③ 赵明仁，黄显华.建构主义视野中教师学习解析［J］.教育研究，2011（2）：83-86.

授知识的方式，而应尊重教师的需求，关心教师是否真正理解培训内容，加强理论与实践的联系以促进反思性学习。第三，组建乐于争辩与探究的教师团队。如果团队能在和谐氛围之中鼓励新、老教师自由地提出不同观点，产生有效的认知冲突，激发争辩与探究，那么这便有利于教师形成对评估更为深刻的理解。第四，为教师提供更多的专业发展机会并赋予教师更大的评估改革自主权。这将有助于提升教师的专业自主意识和洞察力，促使教师积极主动地参与专业学习。

有研究者指出，教师发展包含三种不同的价值取向。其一，知识与技能增长取向的教师发展，强调教师不断获取和发展知识与技能。其二，自我理解取向的教师发展，强调教师通过反思发现个人意义。其三，生态转变取向的教师发展，强调教师成为行动者，致力于彰显教育生态环境的合作性、自主性与统整性等。①基于建构主义提出的教师学习能力发展策略，能较好地回应这三种价值取向，既关注教师知识与技能的提升和反思能力的发展，也重视其协作沟通与行动实践意识的涵养。如果教师学习能力欠缺，在教学实践中不思考如何更好地定位和运用评估，就很难平衡评估知识、评估观念和评估环境之间的张力，也很难促进学生学习。而且，教师在实践中会产生很多与评估相关的疑问，这些疑问都需要教师通过不断学习来加以解答。

（四）改进评估行动，注重边界调适

边界是人类生活中的一种普遍性存在，它划定了不同的实践场域并规定场域内规则的适用范围，即规则的适用限度。②教师所处的评估环境制约着评估实践，规定着教师能做什么和不能做什么。教师需要学习国家政策文件，明确评估的硬性边界，还需要通过调查、访谈和观察等形式，了解家长和学生等利益相关者的需求，感受相对隐性的评估边界。

迄今为止，人类一直在不断地适度突破边界开展活动。边界并非完全恒

---

① 黄显涵，李子建.从评价改革及范式审视教师发展的实践困境［J］.全球教育展望，2011（1）：84-88.

② 吴黛舒.何以为限：关于“教育边界”的思考［J］.教育发展研究，2020（8）：7-13.

定，且能够发生变化。教师要激发自身潜力，通过不断学习，改进评估行动，创造获得他人认可的新价值。例如，教师向家长和学生等利益相关者传播和解释评估改革的重要意义，使他们更愿意接受教师采取的革新行动并看到行动的成效，这就是在尝试调适评估的边界。在这个过程中，边界发生渐进式的自然的拓展，评估的生态相应得以改善，教师也就获得更大的评估改革空间。

（五）增强身份认同，持续重构身份

如前文所述，教师作为评估者的身份可以划分为四类，即社会期望的评估者身份、社会实践塑造的评估者身份、教师自身认定的评估者身份和教师自身实践的评估者身份。为了增强教师的身份认同，可以从以下四方面入手。（1）就社会期望层面而言，国家出台政策文件，明确教师作为评估者的素养标准，将教师评估素养考核纳入教师资格准入体系，还可以考虑制定有关课程评估的标准文件，规范相应课程的设计与实施工作。（2）就社会实践塑造层面而言，要改进社会环境和制度，以便教师获得更适宜的评估行动空间和较好的评估工作体验。（3）就自身认定层面而言，教师需要将外在的评估素养标准加以内化，并通过共同体讨论等方式加强自我理解，对自己作为评估者的身份有较为清晰的认识。（4）就自身实践层面而言，教师要有意识地化解自身评估观念与微观、中观及宏观评估环境之间的冲突，适当补充缺失的评估知识，发展评估观念，提升学习能力，改进评估行动，让自己所拥有的评估知识、所持有的评估观念、所付诸的评估行动与所处的环境之间相互协调以实现动态平衡。而且，教师要追求从心灵、观念到外在行动的统整，使自己能够遵从内心对学习为本评估理想状态的追求，尝试克服现实中存在的一些阻碍，将自我心志锚定在通过评估促进所有学生的学习从而让每位学生获得更好发展的目标上，并将其转化为现实的评估实践。

学习为本评估以学习为重的取向，促进所有学生学习的诉求，饱含着强烈的价值情怀。如果仅仅从方法向度加以把握，必将让学习为本评估走上形式化道路，成为一种权宜之计而难以为继，最终难以真正提升教师的积极性及参与水平，难以改进教学实践进而增进学生福祉。鉴于此，学习为本评估强调教师作为评估主体，应成长为价值主体并不断提升和发挥相应的价值领导力，进而成长为价值领导者。

价值主体，是指具备价值选择与判断能力的人，能够明善恶，可以辨是非，其所秉持的正当的价值标准不是外在权威强加的，也非精致利己主义者那般经理性计算后的权衡，而是基于善念和良知而自愿服从相关的价值要求，自觉履行义务并主动承担责任。价值领导力，是区别于行政领导力（运用行政手段）和经济领导力（运用经济手段）的一种新型领导能力，它包括价值识别、选择、辩护、商谈、反思及实践能力。成长为价值主体的教师，在决定评估的原则与策略之时，能够规避功利逻辑，选择德性逻辑并据其开展行动。功利逻辑讲求功利上的有用性，如看重分数而忽略对学生自主学习能力等的培养，又如以传授能获高分的表层学习技巧代替学生的深度学习。德性逻辑则遵从良知的呼唤，强调人之为人的认知、情意、社会互动与自我调节等多维度的培育，关注自主学习、深度学习与可持续学习能力的发展。

不得不承认的是，受市场经济观念的影响，部分家长将自己与基础教育的关系简单看作“需”与“供”的关系，要求学校提供自己心目中的优质服务，而很少思考自身应承担的责任。这样的社会生态如不加以改善，势必会让教育与社会的关系呈现恶性循环状态，导致基础教育改革与发展更为艰难。①甚至，一些家长仅看重分数和升学率，一些教育行政人员将分数作为考核学校的唯一指标，加上一些媒体为吸引眼球而胡乱解读评估结果，导致人们对为什么评、评什么、如何评和如何使用评估结果等认识不清甚至发生错位。虽然有益学习为本评估发展的社会生态环境有待创建和优化，但在这样的现实背景下，作为价值主体的学习为本评估者，也应考虑各方的诉求以寻求各方都可以接受的合理主张，进而适当平衡以上两种逻辑，不至于让功利

① 叶澜.深化基础教育改革三题［N］.人民日报，2016-05-03（7）.

逻辑僭越德性逻辑。要做到这一点，其基础就是价值主体所拥有的两种特质：正义感（sense of justice），理解和践行（不是仅服从）正义的原则；善观念（conception of the good），能够修正和合理追求良善观念。①

进一步说，成长为价值领导者的教师，身处于复杂情境之中亦能找准最佳立足点，不断寻求发展机遇，开拓发展空间，描绘课堂、班级和学校的评估愿景并善于探索相应的实施路径。就学习为本评估主体而言，衡量其是否成为价值领导者的尺度，在于是否具有明确的、有驱动力的促进学生学习的价值观，是否把相应的价值观内化于心、外化于行，并与其他主体的价值观和情感产生共鸣，是否能帮助学校培育以学生学习为重的价值观并以此激励各方人士完成工作、奋发向上、提升实效。

第二节　学生作为评估者

在传统的教育教学活动中，学生往往被视为评估的对象，学生也习惯于扮演被评估的角色。但是，学生要善于学习、自主学习，就意味着学生理应为自己的学习承担评估责任并逐渐成长为学习的主人，时刻检测和评估自己的学习进展应该是学生学习过程中不可缺少的一部分。如果忽视了这一点，学生作为评估者的角色就得不到关注，学生的评估能力就得不到培养，学生的可持续学习与发展将难以为继。

一、学生作为评估者的类型

学生作为评估者，意味着学生要开展自我评估（也称“学生自评”），参与到对自己学习活动的判断、监控和改进之中。这既是学生对自己每一个学习环节的全过程评估，也是学生对自己深层、内隐学习变化的全面性评估。

① 罗尔斯.作为公平的正义：正义新论［M］.姚大志，译.上海：上海三联书店，2002：31.

分类是人们认识事物、区分事物和组织事物的一种基本逻辑方法，[①]有助于更加深入、全面地理解事物。概括而言，学生自评主要有三种类型，即认知兴趣分类视野下的学生自评、权力关系分类视野下的学生自评和评估标准分类视野下的学生自评。

（一）认知兴趣分类视野下的学生自评

德国当代哲学家哈贝马斯（Habermas, J.）在其《知识与人类兴趣》（*Knowledge and Human Interests*）一书中区分了人类的三种基本认知兴趣：技术兴趣（technical interest）、实践兴趣（practical interest）和解放兴趣（emancipatory interest）。哈贝马斯认为，知识是由人类的需要和欲望塑造的，不同种类的知识表达了不同的认知兴趣。[②]不同的学习和评估任务服务于不同的认知兴趣，[③]由此，可区分出基于技术兴趣、基于实践兴趣和基于解放兴趣的学生自评（见表3-2）。

表3-2　认知兴趣分类视野下学生自评类型比较

类型	要点	特征
基于技术兴趣的学生自评	对照既定标准检查知识和技能是否已被习得与理解及其所达到的水平	客观性评估标准 静态性评估过程
基于实践兴趣的学生自评	通过与教师或同伴交流讨论，学生形成自己对于评估任务的个性化理解并建构起自己的评估标准	建构性评估标准 动态性评估过程
基于解放兴趣的学生自评	学生不仅建构个性化理解和个人评估标准，而且对这一建构过程本身进行反思，自主地开展自评活动	批判性评估标准 自主性评估过程

1. 基于技术兴趣的学生自评

技术兴趣，是指通过合乎规律的行动来控制环境的人类基本兴趣，其核

① 周继良.图书分类学［M］.修订本.武汉：武汉大学出版社，1992：15-16.

② HABERMAS J. Knowledge and human interests［M］. Boston: Beacon Press, 1972:297.

③ BOUD D, BREW A. Developing a typology for learner self-assessment practices［J］. Research and development in higher education, 1995, 18（1）:130-135.

心是控制，指向外在的目标，是结果取向的。[①]科学知识的建立，是因为人类试图通过将世界看作可以观察、测量和预测的客观化独立物体来控制世界。在哈贝马斯看来，这种知识具有一种技术兴趣，即对客观化过程的技术控制的兴趣。[②]而这种兴趣并不局限于科学，只要存在客观化的特征，都可以视为服务于技术兴趣。[③]基于技术兴趣的学生自评，是指学生根据既定的客观性标准鉴别当前学业成就，并为自身学习评分赋等，旨在测量学生知识与技能的掌握程度。具体而言，这样的学生自评有两个显著特征：其一，评估标准是预设的、不容改变的；其二，学生在自评过程中无须与教师和同伴交流，只需对照标准评定分数或等级。基于技术兴趣的学生自评，易于操作，效率较高，却让学生自评沦为形式化和流程化的活动，使学生成为被控制的对象，不利于发挥学生的主体作用和促进学生学习。

2. 基于实践兴趣的学生自评

实践兴趣，建基于对意义的一致性解释，是通过与环境相互作用而理解环境的人类基本兴趣，其核心是理解，指向内在的目标，是过程取向的。[④]人们在思考“知识如何产生”时发现，知识有时是解释性的，是在相互协商和交流的过程中建构起来的，是以行动为导向的。[⑤]基于实践兴趣的学生自评，是指学生开展自评活动时，通过与教师和同伴的交流而形成自己对评估任务的理解，旨在建构学生与评估活动之间的意义和关联。学生与教师或同伴讨论时会形成自己对于评估任务的个性化理解并建构起自己的评估标准。较之于技术兴趣的学生自评，这一形态的学生自评具有建构性的评估标准和动态性的评估过程，有利于唤醒学生的参与意识与热情，从而释放学生自评的促学作用。

---

①④　张华，石伟平，马庆发.课程流派研究［M］.济南：山东教育出版社，2000：76.

②⑤　HABERMAS J. Knowledge and human interests［M］. Boston: Beacon Press, 1972:309, 310.

③　BOUD D, BREW A. Developing a typology for learner self-assessment practices［J］. Research and development in higher education, 1995, 18（1）:130-135.

3. 基于解放兴趣的学生自评

解放兴趣，指的是人类对“解放”和“赋权增能”的基本兴趣，这种兴趣使人类通过对社会结构的批判性洞察而产生自主行为，其核心在于通过自我反思而成就独立、自主的状态。①在形成个性化理解和建构个人评估标准之时，学生逐渐超越任务理解和标准建立本身，启动了反思活动，产生了解放兴趣。基于解放兴趣的学生自评，是指学生对自身学习和评估任务进行批判性思考，自主开展自评活动，旨在达到自由掌控和调节自身思维与行为方式的状态。这是高层级的认知兴趣，一方面，学生意识到自己是学习和评估活动的主人，自主地监控和调节自身学习；另一方面，学生不囿于预设的评估标准和当前的学习水平，致力于在反思中生成批判性评估标准，不断优化和提升学习水平。

（二）权力关系分类视野下的学生自评

很多时候，学生自评被孤立起来，教师反馈和同伴反馈的作用未能充分发挥出来。事实上，学生作为评估者，需要处理好自评与教师反馈和同伴反馈的关系。这样，评估领域师生之间的权力问题就产生了。权力的必备条件之一是资源。②学生要与教师共享评估权力，就需要获得与评估任务相关的资源，如评估标准和评估技能等。而且，课堂上的权力支配与控制主要通过话语发挥作用。③因此，学生自评中师生之间的权力共享，核心在于有效的讨论和对话，其关键是产生及时、全面、优质的反馈。换言之，评估中的权力共享，是指学生、教师及同伴都拥有相应的评估资源，能充分参与到评估过程中，就评估标准和评估方式等提出自己的看法和意见。依据师生之间权力共享程度的由低到高，可以将学生自评分为较低、中等和较高三个水平，具体包括标准模式、学习契约设计模式、自我评分模式、健全标准模式与整合模

---

① 张华，石伟平，马庆发.课程流派研究［M］.济南：山东教育出版社，2000：76.

② 伯恩斯.领袖论［M］.刘李胜，等译.北京：中国社会科学出版社，1996：12.

③ 安桂清.话语分析视角的课堂研究：脉络与展望［J］.全球教育展望，2013(11)：21-28.

式（见表3-3）。[①]

表3-3　权力关系分类视野下学生自评类型比较

类型	要点	权力共享程度
标准模式	学生先参照标准对自己的作业进行评分并给出反馈（反馈需要说明作业的优点和不足），再将作业和自评结果提交教师	较低
学习契约设计模式	学生与同伴共同制订学习契约并按照契约开展学习活动和自评活动，再将学习结果和自评结果提交教师	
自我评分模式	学生先学习带有标准答案的模型框架（教师需向学生讲解）并对照这一框架进行评分	中等
健全标准模式	教师提供一个中等水平的标准，并给学生两份学习范例（一份略高于标准，另一份略低于标准），学生讨论后参照标准和范例进行自评	
整合模式	学生先吸收教师反馈（不含分数）和同伴反馈，再进行自评	较高

1. 较低程度的权力共享：标准模式与学习契约设计模式

标准模式，要求学生在将作业提交给教师之前，先参照标准对自己的作业进行评分并说明作业的优点和不足，以便教师做出判断。通过这种方式，教师在收到学生的作业后，不仅可对学生的作业提出反馈，也可针对学生自评进行反馈。[②]

学习契约设计模式伴随着20世纪80年代中期自主学习的兴起而产生。该模式的具体步骤为，首先，学生自主选择学习目标、内容和方式等，并与同伴共同制订学习契约（即自主学习计划，但因需与同伴讨论和商议方可确定，故称为“学习契约”）；其次，学生按照学习契约正式开展自主学习，在此过程中，可以从教师和同伴那里获得支持和反馈；最后，学生按照学习契约评估自己的学习，并将学习结果和自评结果提交教师。

① TARAS M. Situating power potentials and dynamics of learners and tutors within self-assessment models [J]. Journal of further and higher education, 2016, 40(6):846-863.

② TARAS M. Student self-assessment: processes and consequences [J]. Teaching in higher education, 2010, 15(2):199-209.

以上两种模式，都要求学生先对自己的学习进行评估，教师再对学生的学习及相应自评进行评估和反馈。这两种模式放大了师生之间的权力差异：其一，教师不仅要评估学生的学习本身，还要对学生自评进行评估，这无形之中强化了教师的评估权力。其二，两种模式均没有将明确的评估标准作为师生讨论、生生讨论的共同前提和基础，学生会因为教师占有着专业知识等资源而服从教师的评估结果。其三，从两种模式的操作程序来看，学生自评和教师评估是分离的，教师评估位于学生自评之后，二者并未处于同一个评估共同体中，教师评估时，学生几乎没有机会发表意见和看法，也无法对教师的评估提出质疑。因而，最终的评估权力实际上掌握在教师手中。

2. 中等程度的权力共享：自我评分模式与健全标准模式

自我评分模式是指学生参照带有标准答案的模型框架，对自己的学习进行评分。该模式要求教师对标准做出解释和说明，以便学生理解后将其应用到自评活动中，从而使评估活动更加规范、有效。

健全标准模式是一种强调平均水平的自评模式。首先，教师会给学生提供一个中等水平的评估标准（即关于某项任务合格性要求的描述性指标），同时给予学生两份学习范例，一份略高于标准，另一份略低于标准（但不告诉学生哪个高或哪个低）。随后，学生参照教师给定的标准对两个范例进行讨论，以便深入理解评估标准之后再参照标准和范例对自己的学习进行评分。这种模式提供中等水平的标准而非优秀的或完美的标准，让学生不至于望而却步，在一定程度上消解了评估活动带来的威胁。

这两种模式的共同点在于，提供评估标准或范例作为学生自评的脚手架，学生在理解评估标准、学习范例和投入自评实践的过程中，能够获得与评估任务相关的资源，学会一些评估知识与技能，这为师生之间、生生之间的平等对话和讨论奠定了良好基础。

3. 较高程度的权力共享：整合模式

在上述四种模式中，学生不一定能较好地吸收教师和同伴的反馈。整合模式要求学生在自评之前，先整合教师和同伴的反馈。

该模式的具体步骤为：（1）学生提交作业。（2）教师要求学生检查自己的作业，找出作业中需要更改的地方。通常来说，学生能发现作业中的大部分问题，如果他们有疑问，会和同伴进行讨论。（3）学生根据商定的标准和规则进行同伴互评，每个学生评估2—3份同伴作业（提供反馈和分数），并对同伴互评的结果进行讨论。（4）如果以上讨论还没有解决所有学生的疑问，教师会针对疑问进行澄清和回应。在此过程中，学生应重新审查自己的作业，并审查同伴的作业，以便发现能为自己参考之处。（5）基于以上思考和讨论，学生对自己的作业进行全面的自我评估（提供详细的自我反馈）并给出一个分数。（6）学生提交同伴评估表和自我评估表，同时，教师向学生提供自己的评语和分数。如果学生的评估结果与教师的评估结果仍有差异，可以进一步讨论。①

权力关系分类将学生自评纳入教与学的情境中，兼顾了自评过程中学生与教师、同伴之间的关系。这一分类探讨了学生自评中的师生权力关系和师生角色即评估主体之间的关系问题，也强调了评估时间对于权力关系和角色分工的影响。比如，标准模式和整合模式的学生自评分别发生在教师评估之前和之后，而其中的权力关系和师生角色就有所不同。

（三）评估标准分类视野下的学生自评

如果缺乏评估标准或者缺乏明确的标准，学生自评将举步维艰。一方面，学生因缺乏相关的评估知识与技能，往往在自评时不知所措；另一方面，教师由于缺少参照标准，难以判断学生对自身学习的评估是否准确有效，也就难以针对学生的评估结果给出实质性反馈。在这样的背景下，从学生自评活动中的“评估标准是否存在”和“以什么形式存在”等问题切入，可归纳出三种便于教师帮助学生发展自评技能的策略，即自我评估、自评量规和自评

① TARAS M. Student self-assessment: processes and consequences[J]. Teaching in higher education, 2010, 15(2): 199-209.

脚本（见表3-4）。①

表3-4 评估标准分类视野下学生自评类型比较

类型	要点	特征
自我评估	学生完成学习任务后，在没有明确的评估标准和特定评估工具的情况下对自身学习进行评估（评分或评级）	无明确评估标准 强调等级和分数
自评量规	学生将自己的学习结果与自评量规中的各级标准进行比较，得到相应等级，并分析自身学习与评估标准之间的差异	有明确评估标准 强调等级和分数
自评脚本	学生按照自评脚本中的问题开展学习活动，反思和评估学习结果	有明确评估标准 不强调等级和分数

1. 自我评估

自我评估要求学生完成学习任务后，在没有明确的评估标准和特定评估工具的情况下对自身学习进行评估（评分或评级）。由于缺乏评估标准和工具作为自评的脚手架，学生难以判断自身学习的成功之处和不足所在，因而，自我评估往往会流于形式，对于改善学习帮助不大。研究表明，要发挥自我评估的促学作用，学生和教师之间需要达成某种协议（即商定的评估标准），②学生在学习之前参照商定的标准设立学习目标，规划学习进程，并在学习结束时参照标准对学习结果进行自我评估。

2. 自评量规

量规作为一种学生自评工具主要有三个特点：其一，它是一份与评估目标相关的标准清单；其二，它是一个对不同水平的表现进行等级评定的量表；

① PANADERO E, ALONSO-TAPIA J, RECHE E. Rubrics vs. self-assessment scripts effect on self-regulation, performance and self-efficacy in pre-service teachers［J］. Studies in educational evaluation, 2013, 39（3）:125-132.

② SADLER P M, GOOD E. The impact of self-and peer-grading on student learning［J］. Educational assessment, 2006, 11（1）:1-31.

其三，它包含对每一等级表现的特征描述。[①]学生使用自评量规时，可将自己的学习结果与量规中的各级标准进行比较，得到相应等级，并分析自身学习与评估标准之间的差异。如此，学生便可清晰地了解自己在某一任务中的不足及改进方向，及时调整学习过程，优化学习结果。因而，自评量规的优点主要在于评估标准清晰，便于学生使用。由于自评量规对学生的学习表现划分了等级，容易将学生的注意力引向学习结果，教师可以在学习任务开始前，向学生展示和解析量规内容，以便学生对照相应标准设立恰当的目标，力争在学习过程中有效达成。这样，学生运用自评量规不仅能参照量规评定学习结果，而且能发挥出自评量规指引学生从当前水平提升至更高一级水平的促学作用。

3. 自评脚本

脚本是按照任务执行步骤构建的一组有序的结构化语句，即引导行为主体在某一特定时间和场景“做什么”及“怎么做”的行动指南。自评脚本通常是一组以评估标准为基础的反思性问题，学生按照脚本中的问题开展学习活动，反思和评估学习结果。相较于自评量规，自评脚本是由一系列问题构成的，并未提供不同等级水平的表现特征，这有助于学生将注意力集中于学习过程而非学习结果。较之自评量规，自评脚本开放性更强，可以激活学生的深度学习策略，让学生更加深入地理解学习任务。但是，自评脚本对学生的认知水平要求较高，更适用于学习水平较高的学生。

二、学生作为评估者的素养

学生要作为评估者参与学习为本评估，有赖于自身评估素养的提升。概括而言，学习为本评估需要着重培养学生参与制订评估标准的素养、基于标准开展评估的素养和运用反馈的自我调节素养。

---

① PANADERO E, TAPIA J A, HUERTAS J A. Rubrics and self-assessment scripts effects on self-regulation, learning and self-efficacy in secondary education[J]. Learning and individual differences, 2012, 22(6):806-813.

（一）参与制订评估标准的素养

如果教师想培养学生成为自主的学习者乃至有效的终身学习者，就要确保学生知晓在学习活动结束时，自己应该知道、理解和能够运用什么。简言之，就是自己要从学习活动中获得什么、学习重点是什么。[①]反之，学生的学习就像登上了学习的列车，却不知道终点在哪儿、应该往哪儿去，也不知道自己是否到了目的地。这就要求，学生能参与制订评估标准并能理解这些标准，进而更明晰地把握自己的学习目标，以便专注于学习本身、为自己的学习活动负责并产生学习动机以及监督和调节自己学习活动的心理与行为，致力于实现学习目标，同时减少自己对教师的依赖。学生参与制订评估标准的能力，主要体现在以下四方面。

其一，理解他人提供的评估标准。为了方便学生明确评估标准，教师可以采用表格、藏头诗或首字母缩略等方式加以表述，以防学生丢三落四，还可以将评估标准制成小卡片，置于学习环境中的合适位置，经常提示学生。比如，就英文段落写作，可制订“SMILE”评估标准。其中，S指支持中心句的细节（supporting details）、M指中心思想作为中心句（main ideas as a topic sentence）、I指首行空格（indent）、L指最后一句可作结论（last sentence as a conclusion）、E指所有细节紧扣中心句（everything is related to the topic sentence）。理解了这些显性的评估标准，学生便可以自行或在教师的解释帮助下，将其内化为自己的学习追求及通往学习成功的路径。

其二，与教师协商制订评估标准。当学生不理解评估标准，并且不知道自己的学习是否达标时，就无法对自己的学习进行有效的自我评估，也很难有针对性地缩小当前学习与预期标准的差距。教师既要注重评估标准的透明化以促进学生理解标准，又要防止学生对评估标准的理解过于机械化和浅层化。为了解决这一问题，由学生与教师协商制订评估标准，有利于学生表达自己的学习诉求、深层次地理解和认同评估标准，进而运用评估标准指引和

① Assessment for learning: a practical guide[Z]. Belfast: A CCEA Publication, 2009:19.

改进自己的学习活动。

其三，将一些隐性评估标准显性化。也就是说，学生能通过观摩他人成功的学习活动，推断出相关的评估标准。这些标准是相对隐性的，需要学生将其显性化。在学习过程中乃至未来的职业生涯中，并不是所有的任务都会有他人来提供标准。如果学生总是依赖甚至机械执行他人提供的成功标准，就难以实现学习和评估的自主化。如果教师总是为学生提供评估标准，就会破坏学生学习和评估的自主性。学生作为新手，可以模仿取得学习成功的同伴（或相关领域专家）的行为方式，并在此过程中通过有意识地模仿，推断出行为背后的重要标准。

其四，自己能够创造或生成标准。学生基于对已有显性和隐性评估标准的学习，综合自己各方面情况思考我还能学会什么、怎样学得更好等问题，进而自行创造更有利于改进自身学习的评估标准，这一点尤为重要。学生从理解外在的评估标准到协商制订评估标准，再到在教师或同伴支持下越来越熟练地将一些隐性评估标准显性化，最终能够自主制订评估标准以调节自身的活动，这就踏上了终身自主学习和自主评估之路。

（二）基于标准开展评估的素养

学生基于评估标准开展评估的素养，主要包括三方面。

其一，基于评估标准进行自评的素养，即学生能够根据评估标准，判断自己的学习在哪些方面及何种程度达到了评估标准的要求，哪些方面还未达到相应要求。很多时候，人们会质疑学生究竟能不能可靠地评估自己的学习。实际上，这主要取决于三个要素：一是教师是否放权；二是评估标准是否明确；三是学生是否得到了运用相应标准进行评估的训练。在教师放权的前提下，为了解决学生自评时经常出现的目标不明和秩序混乱等问题，需要做到以下两点：一是精心设计评估活动，明确学生的具体任务。如让学生提前学习评估标准、了解行动步骤和操作规则并明确预期成果。二是开展评估培训，在学生开始评估活动之前，对学生进行使用评估标准等方面的培训，以便学生掌握评估知识与技能，具备做出评估决策的能力，从而有效地开展评估。

其二，对自评结果进行校准的素养，即学生将自评结果与同伴或教师评估结果进行对比，找出一致之处与差异所在及存在差异的原因。这样，学生就能够获得对自己学习的准确判断，也能更好地明晰评估标准并对其加以改进，还能提升自评能力，从而学会更好地进行自我评估。

其三，分析和运用评估结果的素养，即学生运用评估标准开展评估之后，对自己的学习过程和结果进行自主反思和判断，找到需要提高之处并据此确定自己未来的学习目标和发展方向。

（三）运用反馈的自我调节素养

学习为本评估看到并重视这一事实：对于教师的反馈，并不是所有学生都会积极重视、完全理解并用来改进自身的学习活动。如果反馈未能被学生认同和运用，那么，反馈就无法发挥促进学生学习的作用。因此，学习为本评估强调培养学生善于运用反馈进行自我调节的素养。这就意味着，学生能识别、理解、认同评估过程中有价值的反馈信息，并将其持续运用于自己的学习活动中，从而优化学习活动。尤为关键的是，学生要能够将应用反馈信息发展为自主调节的活动，即学生不断将重要的反馈信息加以理解和内化，从而基于这些信息自主制订下一阶段的学习计划并自我监督和调整自己的学习活动。在很大程度上可以说，教师提供的反馈，只有转化为学生的自主调节活动，才能真正对学生学习起到促进作用。学生可以利用反馈信息，反思过去和当前的学习，规划和改进下一阶段的学习。

具体而言，学生可以探析三类问题：第一类问题是“我要去哪里”。比如，“我努力学习所期望的结果是什么？”“如果我用现在的学习策略和方法，能够达成结果吗？”“这种新的学习与我以前的学习有什么关系？”第二类问题是“我该怎么办”。比如，“我的学习策略的有效性如何？”“我期望的目标与我目前的学习状况是否存在差距？”“如果有差距，可能的原因是什么？”第三类问题是“我下一步要做什么”。比如，“我应该继续维持现状，还是应该改变学习策略？”“我应该改变我的目标（设定更高或更低的目标或改变目标方向）吗？”“我应该寻求帮助吗？如果需要，我应该从哪里得到帮助？”

这三类问题让学生跳出此时此地的学习状况，追问理解了什么和还未理解什么，将反馈作为迎接后续学习的“前馈”（feed-forward）。由此，学生可以逐渐发展起独立的终身学习能力。

三、学生作为评估者的意义

学生作为评估者意味着，学生不再是评估的从属角色而是评估的主体。教师在必要时支持学生，而非一味地主导或控制学生，学生不仅是评估过程的参与者，还能成为评估设计者和组织者。这些改变，有利于唤醒和增强学生的主角意识，更积极地为自身的学习承担责任，也有利于尊重学生的声音，让评估活动更加民主化。

（一）增强学生的主角意识

学习为本评估要达成发展学生自主学习能力的目的，就必须让学生成为评估者。如果学生完全依赖教师的评估及给出的反馈，就无法形成自主学习的能力。即使一些学生能将教师提供的反馈作为指令予以执行，这也不能发展学生的独立思考能力。受终身学习思潮、反思性实践思想和情境参与学习观的影响，学习为本评估高度关注学生的自我评估，强调学生通过自评与反思，深度审视自己的学习过程和学习结果，发现并解决尚存的不足以改进自己的学习。学生作为评估者的意义，不再局限于扮演教师的评估小助手以缓解教师评估全班学生学习的压力并尽快获得评估结果，学生自评过程本身所具有的价值得到发现和挖掘。在一定程度上可以说，学生自评的过程就是学生自我研究的过程，是学生研究自己应该到哪里、自己现在在哪里、如何帮助自己到那里、如何确信自己已经到那里等问题的过程。①这样，学生自评的过程，就成为其发展自主学习能力及成长为终身学习者的过程。

“在富有知识的技能（knowledgeable skills）的发展和身份的发展之间没

① 曾文婕，周子仪，赖静.建构“以学习为中心的评估”——面向未来的中小学评估转型探析［J］.教育发展研究，2019(24)：19-27.

有明显的界限”[①]，“学习者在学习知识与技能的过程中，改变着身份认同感，学习一种新文化的过程就是一个塑造新自我的过程”[②]。学习就是“主动参与社会群体的实践，并建构与实践共同体有关的身份的历程”[③]。这样，学生自评就成为塑造学生身份的社会活动，学生得以不断增强自己作为学习活动主角的意识，持续为自己的学习负责。而且，学生拥有评估的主动权，受外界支配和控制的程度减弱，将促进学习动机内化，有利于从为获得教师认可和获得更高分数而学习，转变为自我发展目标的达成而学习。

（二）尊重学生的声音

如果学生在评估活动中只是作为受评者，他们的诉求和感受很容易被忽视，他们的意见和声音很容易被成人的语言掩盖。学生作为评估者，意味着学生所提出的一些关于评估的建议应该得到尊重。师生双方可以协商制订评估标准，经由对话达成对评估活动的深度理解与共识，并共同采取行动，这有利于评估活动的民主化。在一定意义上，倡导学生作为评估者，就是要鼓励学生表达自己关于评估的观点，这有利于教师站在学生的立场解读学生的一些看法，进而站在学生的角度看评估。这种立场和角度的变化，对教师设计与实施以学生学习为本的评估活动具有重要意义。

学生作为评估者还能增加学生参与评估活动的广度与深度，为学生有效审视、反思与改进自己的学习提供宝贵的机会。一个班级的任课教师人数有限，教师和学生接触的时间也有限，而学生间的交往频繁密切，相互观察也细致真实，学生作为评估者使每位学生能够获得来自多位同伴的评估和反馈，这些信息有利于学生从多个角度来清晰认识自身学习并予以改进。此外，教师有时会使用成人话语来呈现评估结果并为学生提供反馈，导致学生不能或难以理解评估结果及相应的反馈信息，而学生作为评估者向同伴提供的反馈

---

① 巴拉布，达菲.从实习场到实践共同体［M］//乔纳森，等.学习环境的理论基础.郑太年，任友群，译.上海：华东师范大学出版社，2002：28.

② JACOBSON W. Learning, culture, and learning culture［J］. Adult education quarterly, 1996, 47（1）:25.

③ WENGER E. Communities of practice: learning, meaning, and identity［M］. New York: Cambridge University Press, 1998:4.

多采用学生熟悉的话语，更容易被同龄人接受和理解。

四、学生作为评估者的限度

学生作为评估者，受其发展现状限制，也受教师水平、家长观念和教育政策制约。明确这些限度，有利于在适当范围内开展适宜的学生自评，也有利于找到提升学生自评质量的应对之策。

（一）受学生发展现状限制

学生作为评估者所开展的评估活动，受其年龄、学业水平和对评估的认识与感受等限制。

其一，年龄限制。随着学生年龄的增长，其评估的准确性会逐步提升。① 学生开展评估活动的类型和复杂程度，受年龄因素影响。年龄越小，受限制程度越高。就小学低年段学生而言，强烈的自我保护意识是影响评估有效开展的一个关键因素。低年段学生虽然具备判断正误的能力，但是，消极的评估结果会对他们的自信心和自尊心造成威胁，出于自我保护的需要，他们可能选择回避做出客观的评估。②因此，引导各年龄段的学生正确对待自评，做出准确的自评，是一项具有挑战性的任务。

其二，学业水平限制。学生的学业水平和自我认识能力存在相关性。多项研究表明，成绩好的学生自我认识能力更高，自我评估更为细致准确，且准确性会随时间推移而不断提升；成绩不佳的学生自我认识能力有限，且随时间推移未发生明显提升。③对学业水平高的学生，可以放手让其独立开展自我评估；对学业水平不佳的学生，则需要加强同伴评估，用同伴评估校准自

① KEANE L, GRIFFIN C P. Assessing self-assessment: can age and prior literacy attainment predict the accuracy of children's self-assessments in literacy? [J]. Irish educational studies, 2018, 37 (1) :127-147.

② VAN LOON M, DESTAN N, SPIESS M A, et al. Developmental progression in performance evaluations: effects of children's cue-utilization and self-protection [J]. Learning and instruction, 2017, 51 (1) :47-60.

③ MCKEVITT C T. Engaging students with self-assessment and tutor feedback to improve performance and support assessment capacity [J]. Journal of university teaching & learning practice, 2016, 13 (1) :1-20.

我评估。

其三，对评估的认识与感受限制。学生作为评估者开展活动，通常受到以下认识与感受的影响。第一，在学生心中，传统评估方式根深蒂固，学生将教师承担所有评估任务视为理所当然。学生认为，评估不是自己的责任，因而没有参与评估的意愿。第二，在开展评估时，学生缺乏自信心，质疑自己能否胜任相关的评估活动。第三，学生认识评估目标和掌握评估方法时遭遇困难，对接下来要开展的评估活动产生焦虑感。①第四，学生视教师为评估的唯一权威，尽管学生认为自己对同伴的评估是公正的，但他们依然不信任甚至蔑视来自同伴的评估。②对以上状况，教师需要深入了解，帮助学生及时调整相应认识、改善相应的评估体验，增强参与评估的意愿并提升评估成效，以便学生更好地承担作为评估者的角色，参与到评估活动之中。

（二）受教师水平限制

学生作为评估者不是作为唯一评估者，学生不可能也不必要扮演所有评估者角色，教师在评估中仍然发挥着重要作用。学生开展评估的自主性，受到教师组织评估活动和协调学生同伴关系等水平的限制。

其一，受教师组织评估活动水平的限制。学生在评估活动中自主性的充分展现与发展，有赖于教师的精心设计、指导及管理。在学生开展自我评估或同伴评估前，教师要设计评估活动，并调动学生参与设计；评估过程中，教师要适时为学生提供评估方法指导，处理学生互动过程中可能出现的问题；评估结束后，教师要根据学生评估结果提供反馈，改进学生评估效果。研究表明，教师的一切活动都可能影响学生评估能力发展。③教师在学生评估活动

---

① GARNER J, McKENDREE J, O' SULLIVAN H, et al. Undergraduate medical student attitudes to the peer assessment of professional behaviours in two medical schools［J］. Education for primary care, 2010, 21（1）:32-37.

② PLANAS LLADÓ A, SOLEY L F, FRAGUELL SANSBELLÓ R M, et al. Student perceptions of peer assessment: an interdisciplinary study［J］. Assessment & evaluation in higher education, 2014, 39（5）:592-610.

③ McKEVITT C T. Engaging students with self-assessment and tutor feedback to improve performance and support assessment capacity［J］. Journal of university teaching & learning practice, 2016, 13（1）:1-20.

中仍然扮演重要角色，学生在何种程度上成为评估者和成为什么样的评估者受教师组织评估活动水平的限制。比如，教师缺乏与在线评估相关的技术操作知识，学生就无法使用在线评估平台高效收集学习过程相关信息。还有研究表明，低压力的学习环境，有助于学生自我评估能力的培养。[①]如果教师营造安全评估氛围的能力有限，那么，学生自我反思和评估水平的发展将因此受限。

其二，受教师协调学生同伴关系水平的限制。学生作为评估者需要对同伴进行评估，在此过程中可以向同伴学习、进行自我反思并提升评估能力。然而，同伴评估在实施过程中时常面临挑战，其中一个主要原因就在于，每个学生对同伴评估结果都有预期愿景。如果未能达到预期或达成共识，同伴之间就容易产生冲突。一旦教师未能及时对这些同伴关系做出恰当调节，学生就很难再认真评阅同伴作品，积极提出有见地的意见，虚心向同伴学习并根据同伴的反馈改进自身学习。此时，教师如果再盲目要求学生进行同伴互评，就只会流于形式，成效不彰。

（三）受家长观念限制

研究发现，家长对学生作为评估者所持的看法并不完全一致。部分家长反对学生参与评估，希望教师能独立承担评估责任；还有一些家长虽然不反对学生承担评估责任，但他们希望教师能够在学生的评估结果上签字表示认可，以确定学生评估的有效性。[②]如果学生参与评估无法得到家长的完全认同，学生参与评估的程度和形式都会受到影响，教师组织相应的学生自评活动将面临很多阻碍。家庭作为孕育学生成长的“土壤”，是构成学生生存的社会环境的重要部分。在生态系统理论看来，人类成长、生存于其中的社会环境就是一种社会性的生态系统，人与环境中各系统的相互作用能影响人类的

---

① YAN Z. Student self-assessment practices: the role of gender, school level and goal orientation［J］. Assessment in education: principles, policy & practice, 2018, 25（2）:183-199.

② ROSS J A. The reliability, validity and utility of self-assessment［J］. Practical assessment, research & evaluation, 2006, 11（10）:1-13.

行为。学生作为评估者的落实，需要家长的积极支持，从而构筑起有利于评估革新的家校协作机制和样态。

（四）受教育政策限制

教育行政部门出台的相关政策指引着评估取向，对学校内评估活动的开展发挥着重要影响。如果学生作为评估者能够获得政策的有力支持，那么学校将允许甚至鼓励师生开展相应的实践探索。反之，如果学生作为评估者所获得的政策支持力度不足，教师组织学生开展自我和同伴评估活动的积极性以及相应的评估成效将受到直接影响，学生参与评估活动的意愿和动机也会下降。①为了推进学生作为评估者的实践，需要出台相关教育政策及配套的较为完善的实施方法。

① ROSS J A. The reliability, validity and utility of self-assessment［J］. Practical assessment, research & evaluation, 2006,11（10）:1-13.

第四章　学习为本评估的内容论

分数为本评估将学习狭隘化了，以致有的人仅关注对一些基本知识与技能的评估，而学习为本评估以整体主义学习观为引领，确定了涵盖认知、情意、社会互动和自我调节四维度的评估内容。在学习为本评估看来，学生是以自己的学习生命存在作为生命存在的基本形式，并以学习作为生命优化的基本方式，这里的“学习”不同于以往评估视野中的学习。学习为本评估强调学习不能仅仅局限于知识与技能的学习，而是立足于“大学习”的概念，重视通过评估促进整体的学习，进而帮助学生在学习过程中让自己的生命不断成长。

第一节　整体主义学习观

单维度观照学习，虽然可以加深人们对学习的某一方面的认识，但也使人们对学习只能获得割裂式的认识。正如爱因斯坦（Einstein, A.）所感慨的：“科学研究的领域已大大地扩张了，每一门科学的理论知识都已变得非常深奥”，“每一位严肃的科学工作者都痛苦地意识到，他们被违反本意地放逐到一个在不断缩小着的知识领域里，这是一种威胁，它会使研究者丧失广阔的眼界，并且使他下降到一个匠人的水平”。[①]不同的学科有着不同的理论旨趣与诉求，各学科得出的结论可能不同甚至截然对立。这些结论各有优势与局限，没有一个结论明显地、使人信服地优于其他结论。面对各学科丰富的研究成果，面对各结论之间的相互怀疑与否定，人们不得不陷入一种尴尬的境地，即对学习的认识陷于支离破碎之中，很难把学习作为一个整体来对待。

① 祝贺阿诺耳德·柏林内尔七十岁生日［M］//爱因斯坦文集：第一卷．增补本．许良英，李宝恒，赵中立，等编译．北京：商务印书馆，2009：438-439.

鉴于这样的状况，对学习进行整体性的观照，进而逼近对学习的“全观”，就显得非常重要。

一、对学习的单维度关注

关于人类学习的研究，以心理学领域历时最为悠久也最为繁荣。20世纪90年代初，人类学和哲学领域的学习研究渐露头角。伊立瑞斯（Illeris, K.）的考察揭示，与主流认识不同，心理学对学习的研究既存在于学习心理学领域，也内隐于人格心理学领域。他指出，学习心理学作为认知心理学的组成部分，关涉知识与认识论，其研究主题是“人如何学习事物”；人格心理学与发展心理学、临床心理学紧密联系，关涉人格的发展与构成，其研究主题被表达为“人如何生成自身”。二者之间的区分在于，前者关注学习事物，而后者关注发展自我。[①]与心理学对学习的研究主要聚焦于学习的过程不同，人类学对学习的研究主要聚焦于学习的情境。[②]这些提纲挈领式的认识，指明了已有学习理论分别较为集中地研究学习的三个维度，即认知、情意和社会互动维度。

（一）关注认知维度

心理学家将认知过程列为自己的研究对象之后，就打开了学习的认知维度，并取得了丰富的研究成果。

在这一领域，为人们所熟知的是皮亚杰的学习理论。他认为，学习是个体通过不断地与环境相互作用以获得经验，并以同化与顺应这两种基本机制使图式（schema）得到持续协调与建构的过程。如果事物所显示出来的信息，可以被纳入主体的既有图式，就使图式发生量的变化，即发生同化；反之，如果事物所显示出来的信息，无法被纳入主体的既有图式，就促使主体调整原有的图式或建立新的图式，使图式发生质的改变，即发生顺应。图式在顺

---

① ILLERIS K. The three dimensions of learning: contemporary learning theory in the tension field between the cognitive, the emotional, and the social [M]. Malabar: Krieger Publishing Company, 2004:63.

② PITMAN M A, EISIKOVITS R A, DOBBERT M L, et al. Culture acquisition: a holistic approach to human learning [M]. New York: Praeger Publisher, 1989:1.

应之后，可以使主体能够同化更多的客体信息，对客体有更深层次的理解，使主体与客体处于相互调适的状态，达到同化与顺应的平衡。学习者的图式就是通过同化与顺应逐步建构起来，并在“平衡—不平衡—新的平衡”的循环中得到不断的丰富、提升和发展。

认知心理学提出的关于学习的一般过程的信息加工模式，得到了大多数学者的认同。该模式认为：刺激作用于感受器，由感受器传到感觉记忆，感觉记忆将有意义的信息选送到工作记忆，信息在工作记忆中被加工处理，在加工过程中工作记忆根据需要不断从长时记忆中激活并提取有关的知识，经加工处理后，人获得了新信息的意义，并将加工结果送到长时记忆中保存起来，同时通过发生反应器与效应发生器做出反应。以认知心理学关于人类学习的一般心理机制为基础，安德森（Anderson, J. R.）指出，经历信息加工过程，学习者可获得两类知识：一是关于事物及其关系的知识，即“是什么”的知识；二是关于完成某项任务的行为或操作步骤的知识，即“如何做”的知识。

安德森不仅详述了两类知识的学习过程，而且对两类知识的相互作用做出了很好的解释。[①]他强调两类知识学习的各个阶段并不是相互独立、截然分开的，而是互为条件、互相促进的，这两类知识学习发生相互作用的中介就是工作记忆，安德森称它为“脑的执行区”。陈述性知识进出工作记忆的过程分别是提取和存储，程序性知识进出工作记忆的过程分别是匹配和执行。一方面，陈述性知识影响着程序性知识。在学习程序性知识的过程中，要求表征程序性知识的产生式的所有条件同时在工作记忆中被激活，一旦所有条件都满足，匹配则成功，然后工作记忆执行对外部环境的相应行为即解决问题。但是，条件的匹配，必须通过对这些条件进行有意识地陈述性编码，也就是程序性知识必须先以陈述性知识的形式进入命题网络，然后才能转化为以产生式表征的程序性知识。另一方面，程序性知识也影响着陈述性知识。从工作记忆中提取出来的存储在长时记忆中的陈述性知识，不一定在经过编码等

---

① ANDERSON J R. Methodologies for studying human knowledge[J]. Behavioral and brain sciences, 1987,10(3):467-505.

加工后就形成了命题网络结构，它可能与原有命题网络的联系还不够完善。即使形成了一个命题网络，这一命题网络也未必就达到精练的水平，即一些无关特征还可能依附在关于该陈述性知识的概念性描述中。但是，知识在头脑中并不是静止地存储着，它还要进行重建与改组。重建与改组的过程，在很大程度上就依赖于程序性知识的促进。程序性知识的执行，包括对内进行知识的重建与改组，对外解决环境中的问题，都改变着工作记忆中的内容，从而使学习者的陈述性知识变得更加完善和精练。如此，由陈述性知识转化而来的程序性知识又反过来为陈述性知识服务，这就体现了知识学习过程的循环往复、不断提高的规律。

认知心理学领域的学习理论不胜枚举。虽然它们对学习进行了大量深入而细致的考察，得出了异彩纷呈的研究结论，但是这些理论有着共同的着眼点，即立足于认知这一维度，聚焦于知识的获得与表征以及认知结构的改变与完善等主题。这一状况源于自身研究取向的制约。就此，加涅（Gagné, R. M.）曾一语道破："从最广泛的意义上来理解学习一词，必须将动机与态度等加以考虑，然而我们不打算在这种意义上开展学习研究，我们将研究限定在学习知识或者学科内容这一层面。"[①]何以导致这种研究取向的出现，也许这样的理由——"认知心理学为达到研究的可控性、客观性，不得不放弃对情绪、动机、人格等的研究"[②]，可以在一定程度上予以解释。

（二）关注情意维度

关注情意维度的学习研究，重视学习的心理动力。这些研究主要在发展心理学和人格心理学中开展。这些关于学习的看法，在系统性和丰富性上无法与关注认知维度的学习理论相比。然而，这些看法对理解学习的复杂性，进而更全面地认识学习活动有着重要的启发意义。

伊立瑞斯通过专门研究发现，关注情意维度的一系列学习研究，其主要

---

① GAGNÉ R M. The conditions of learning［M］. 2nd ed. New York: Holt, Rinehart and Winston, 1970:25.

② 李炳全. 论科学主义心理学的困境与出路［J］. 南京师大学报（社会科学版），2002（3）：94.

基础是弗洛伊德（Freud, S.）的心理分析传统，后继者从不同方面进行了多种发展。[①]伊立瑞斯本人以弗洛伊德的“生的驱力”（life drive）[②]为基础，提出学习是一种生命实现（life fulfillment）的过程。“生的驱力”是自我保存的驱力，它驱动个体进行学习。也就是说，学习是受生的驱力驱动的个体追求生存与发展的过程。[③]

同时，伊立瑞斯借鉴弗洛伊德提出的心理防御机制（defence mechanism），揭示和分析了学习过程中的多种防御机制。在弗洛伊德看来，压抑（repression）是最基本的防御机制，是把意识所不能接受的欲望、冲动、意念、情感、心理冲突以及创伤性经历的记忆等抑制到潜意识中。除压抑外，还有其他多种防御机制，弗洛伊德的女儿安娜·弗洛伊德（Freud, A.）把散见在她父亲著作中的防御机制归纳为十种，即压抑、投射（projection）、内向投射（introjection）、反向形成（reaction formation）、升华（sublimation）、认同（identification）、合理化（rationalization）、解脱（undoing）、固着（fixation）以及倒退（regression）。[④]

伊立瑞斯认为，就学习而言，首要的防御机制是“排斥”（rejection），即个体不想让某些尚有疑问的信息进入自己的意识。究其原因，或是个体不愿意接纳它们，或是个体不愿意卷入那些信息之中，或是个体故意忽视它们。

---

①③ ILLERIS K. The three dimensions of learning: contemporary learning theory in the tension field between the cognitive, the emotional, and the social［M］. Malabar: Krieger Publishing Company, 2004:18, 84.

② 伊立瑞斯认为，虽然“life instinct”（生的本能）一词在英语中已被广泛采用，但其并不符合弗洛伊德使用的德文“trieb”一词的原始含义。因此，他将德文“trieb”一词译为“drive”（驱力）。舒尔茨（Schultz, D. P.）也认为，最好将“trieb”译为“drive”，这样才能更好地表明，“trieb”是“来源于身体内部的刺激”。赫根汉（Hergenhahn, B. R.）也提出过相同的看法。此处赞同以上学者的看法，称“生的驱力”。（资料来源：ILLERIS K. The three dimensions of learning: contemporary learning theory in the tension field between the cognitive, the emotional, and the social［M］. Malabar: Krieger Publishing Company, 2004:67；舒尔茨．现代心理学史［M］．沈德灿，杨立能，陈大柔，等译．北京：人民教育出版社，1981:344；赫根汉．心理学史导论：下册［M］．4版．郭本禹，蔡飞，姜飞月，等译．上海：华东师范大学出版社，2004:794.）

④ 车文博．西方心理学史［M］．杭州：浙江教育出版社，1998：469.

而且，如果排斥在个体主观来看非常重要，并被重复过多次，那么就会导致“堵塞”（blocking），通常表现为自动化的程度严重的排斥，还可能伴有神经性的“恐惧”（phobia），导致产生高强度的焦虑反应。与堵塞和恐惧相比，“扭曲”（distortion）这种防御机制更为常见。“扭曲”指的是对于不能接受的信息，学习者不感知其本真形态，而是将其扭曲为某种可以接受的信息。

（三）关注社会互动维度

有分析指出，许多学习理论家的理论“都具有一个共同的缺失，就是他们都将学习视为个别的现象，将学习者视为孤独的探究者。事实上，学习者必然隶属于社会脉络中，教师、双亲、兄弟姐妹、同侪等都会影响学习的内涵，更遑论影视媒体的人物角色所产生的作用”[①]。故而，“任何有关学习的说明若是忽略了这些形形色色的社会因素，必然会导致某种程度的缺憾与不全”[②]。关注认知维度和关注情意维度的学习研究，从根本上说都是立足于个体的，主要探讨的是个体的内在认知机制和心理动力。长期以来，学习的社会性研究在相当程度上被忽视，一直未能与学习的个体性研究受到同等的重视。在这样的形势下，梳理出集中关注社会互动维度的学习研究，对全面认识学习活动具有十分重要的意义。

在历史上，杜威（Dewey, J.）、维果茨基（Vygotsky, L.）和班杜拉（Bandura, A.）等人是重视学习的社会互动维度的典型代表。[③]杜威强调学校是个“社区”，但是有许多教育人员时常忽视这一点，以致将学生隔离在不舒适的书桌之前。杜威认为，在社会情境中进行有目的的活动才是达成真正学习的不二法门。即使在成人世界里，大多数情境中人们也是通过和同事们沟通意见来进行学习。学习新观念的好方法就是与其他人进行沟通，学习者与教师以及同伴可以在有目的的活动里，或是在基于共同兴趣的探索中进行互动。维果茨基则察觉到皮亚杰研究取向的基本缺失，认为学习是在社会环境中产生的。他指出，对同处于皮亚杰理论中的某个发展阶段或是拥有相同智

①②③　菲立浦，索提丝. 透视学习［M］. 崔云，编译. 兰州：甘肃文化出版社，2005：7，66，68-71.

商的两名儿童，如果能给予适当的激发，那么他们未来的发展潜能可能会有显著的不同。维果茨基还指出，儿童借由模仿来学习的能力是社会学习的关键因素。他主张让儿童在合作的社会情境中与成人以及同伴互动，为儿童提供充分的机会去观察、模仿，继而发展更高层次的心智功能。班杜拉在他的社会学习理论中将“模仿”视为学习理论的核心，他称“模仿”为效仿榜样。根据班杜拉的理论，人们在每天与他人互动的情境中都会出现这种形态的学习。即使在观看电视和电影时，年幼的学习者从替代经验中亦获益良多。当然，在语言学习等领域中，父母如同榜样一般扮演着相当重要的角色。

莱夫（Lave, J.）和温格（Wenger, E.）对助产士学徒制、裁缝学徒制、海军舵手学徒制、屠夫学徒制和戒酒的酗酒者学徒制等进行了人类学考察，之后撰写的《情境学习：合法的边缘性参与》一书于1991年出版，提出情境学习理论，进一步推动了社会互动维度的学习研究。情境学习理论的核心观点是合法的边缘性参与（legitimate peripheral participation）[①]，即学习是共同体成员在取得合法参与机会的状况下，得以从边缘逐渐进入实践共同体并走向中心的过程。在此过程中，新手通过参与新手培训工作坊、观察、说明会、讨论和完成作业等活动，将体验具体化为实物的形式（例如文件、表格、公式、规则和程序等），以促进自身对共同体中各种事件的理解。新手在从共同体的边缘走向中心的过程中所处的位置，是新手在共同体中能力的反映，而成员们或朝向中心，或停留在边缘，或从中心往边缘疏离，或离开共同体等倾向，则都与身份认同感有关。

情境学习理论要求从人的日常活动与实践中，从与人相依的，真实、复杂与虚拟的情境中，寻找人类学习的真谛，“强调将分析的重点从作为学习者

① 莱夫，温格. 情境学习：合法的边缘性参与［M］. 王文静，译. 上海：华东师范大学出版社，2004：1.

的个体转移到作为社会世界参与的学习"①。这就将学习与学习发生的社会情境之间的关系作为研究重点，由此，学习就成为"一个发生在参与性框架中的过程，而不是发生在个体头脑中的"②。后来，温格对情境学习理论进行了大量的拓展性研究，撰写的《实践共同体：学习、意义与身份》一书于1998年出版，他将情境学习理论丰富与深化为学习的社会理论（social theory of learning），确立了"学习即社会参与"（learning as social participation）这一观点的核心地位，认为学习就是"主动参与社会群体的实践，并建构与实践共同体有关的身份（identities）的历程"③。

强调学习的社会互动维度这一研究态势，在人类学家米德（Mead, M.）关于学习的定义中得到了鲜明的表达。米德认为，学习不是"机体成熟造成的变化与生理-基因（bio-genetically）的预设程序导致的变化"，而是互动（interaction），"这种互动带来整体性的（在任何时间与场合）和持续性的文化获得"④。以米德的定义为依据，多伯特（Dobbert, M. L.）等人经过系统研究，提出了人类学研究学习的一般性的系统性的理论分析框架。⑤这一分析框架的内容十分具体而丰富，而且随着研究的深入还在持续地修正，但它的核心指向是明确的，即旨在阐明"一定的学习者与其所处的文化环境之间的关系"⑥。

以上各种学习理论，虽然散见于心理学与人类学等领域，但是从实质上说，它们主要关注的是学习的社会互动维度，强调的是学习者与其所处情境的互动，其研究的切入点与聚焦点都不是个体学习者而是社会情境脉络，不是个体获得而是社会互动。

---

①② 莱夫，温格. 情境学习：合法的边缘性参与［M］. 王文静，译. 上海：华东师范大学出版社，2004：译者序1-2，前言2-3.

③ WENGER E. Communities of practice: learning, meaning, and identity［M］. Cambridge, UK: Cambridge University Press, 1998:4.

④⑤⑥ PITMAN M A, EISIKOVITS R A, DOBBERT M L, et al. Culture acquisition: a holistic approach to human learning［M］. New York: Praeger Publisher, 1989:59-60, 60-64, 62.

二、整体主义学习观的生成

《学习理论导论》一书的结尾概括出学习研究的四种主要趋势，其中之一是“当下的学习理论研究范围较小，研究者满足于对学习过程的某一方面进行研究，而不愿尝试对学习做出全面的解释”①。以上三个维度的学习研究，正成为这种趋势的有力注脚。这样的趋势，使学习研究朝着某一维度纵深推进继而取得累累硕果，也导致人们对学习的看法囿于一端。在这样的背景下，需要进一步思考，学习究竟主要是认知过程还是情意维度心理动力驱动的过程？究竟是个体获得还是社会互动？在对学习的某一维度进行研究的同时，是否也应当尝试对学习做出整体性解释？

（一）认知与情意的沟通

带着“学习究竟主要是认知过程还是情意维度心理动力驱动的过程”这一问题，对相关文献进行反思性地再清理，可以发现：一方面，关注认知维度与关注情意维度的两类学习研究各自埋头于自身的领域孜孜以求，日益疏离而渐行渐远；另一方面，尝试沟通认知与情意维度的学习研究已孕育、萌芽并逐渐成长起来。已有学者指出，学习不是认知与情意相割裂的活动，而是情意与认知相结合的活动。

马斯洛（Maslow, A.）从对人的生存发展境遇的现实关怀出发，指出以往的传统逻辑把人的本性分离了，使人的认识与意动、情感对立起来，并且一直忽视甚至鄙视人的情感、情绪等，健康的人的认识、意动和情感主要是相互合作的，而不是对抗或相互排斥的。他认为，“我们必须了解，如：意动和情感的动员怎样帮助认识，认识与意动的合作支持怎样影响情感，等等”②。这些观点强调应该关注认知与情意的沟通和融合。

还有研究探索了认知启动的情感根源。休谟（Hume, D.）分析了认识论中对情感原则的运用。虽然休谟没有直接用情感来代替认知确证，但他主张

① HERGENHAHN B R, OLSON M H. An introduction to theories of learning［M］. 7th ed. Upper Saddle River: Prentice Hall, 2005：456.

② 马斯洛. 动机与人格［M］. 许金声，程朝翔，译. 北京：华夏出版社，1987：345.

对于信念（知识是被证明为正当的真信念）和虚构，可以用情感、情绪、感受等来区分：情感对正当的信念比对虚构有更强烈、更生动的倾向力和亲和力，以此可以为信念提供作为知识所必需的证据。这样，休谟就用与演绎和实证十分不同的方式将认知和情感联系了起来。[①]上述看法显示出一种倾向，即不论在形而上学还是在认识论方面，情感应当也可以发挥更大的作用。

舍勒（Scheler, M.）也较为关注学习这种人类特殊的生命活动，明确揭示出认知启动的情感根源。舍勒批评和超越康德（Kant, I.）的理性先验论，指出情感不是从理性和意志演绎来的，而是有其自身先验的内容，进而建构起情感先验论。这就赋予情感以先验地位，确证了情感的本体价值，消解了情感对理性的依附。在此基础上，舍勒构筑了自己全部哲学的核心："在人能够思维或意愿之前，就已是爱的存在。"[②]"爱"有两层意蕴：其一，爱是先验存在的精神行为，是"一种不可还原的和自发的运动"[③]；其二，爱是"对全部对象进行感知和认识的基础"，是"理性之母"，是"人类参与客观世界全部精神活动的源泉"[④]。简言之，"爱"这种天生的精神行为，启动了人类所有的认知活动。爱有三种形式，生命的爱、心灵的爱和精神的爱。[⑤]生命的爱，带来对自然进程、社会过程、心理过程和机体过程的控制与支配内驱力，这是追求科学知识的情感根源。心灵的爱，带来精神方面的惊讶感。当人们不考虑一个对象在某种时空秩序中的偶然性实存和偶然性本质，而把它当作一种理想类型来领会时，会出现这种惊讶：诸如此类事物出于何种原因、方式、目的而从根本上说在这里存在，而不是在这里不存在？这是人们寻找第一原因的需要，是人们追求形而上学知识的情感根源。精神的爱，带来维护和保全群体、而后是个体的持续存在与拯救的迫切需要。

弗思（Furth, H. G.）的研究揭示了认知过程饱受情感浸润，促成了皮亚杰与弗洛伊德学习理论的相互砥砺、补充与整合。在弗洛伊德的理论中，生的驱力与死的驱力是所有心理能量的源泉。弗思认为，生的驱力应当在更

① 周晓亮. 西方近代认识论论纲：理性主义与经验主义［J］. 哲学研究，2003（10）：48-53.

②③④⑤ 弗林斯. 舍勒思想评述［M］. 王芃，译. 北京：华夏出版社，2003：46，46，47-48，52.

广泛的意义上加以理解，应当留意到弗洛伊德在很多地方将生的驱力描述为“一致与联合”（unify and connect）以及“使生物元素结合在一起成为越来越宽泛的单位”（bring together biological elements into ever-widening units）的需要。死的驱力不能仅仅被理解为向死的内驱力，应当被解释为“保持与巩固”（conservation and consolidation）的倾向。当然，“保持与巩固”最为极端的形式就是死亡。因为只要机体还活着，就必然处于活动变化之中。[①]具体来说，生的驱力引发建构性同化（constructive assimilation），即不断扩展认知结构，增强其逻辑性和丰富性；死的驱力产生保持性同化（restrictive assimilation），即让获得的知识在认知结构中得以保持。[②]知识的获得、积累与发展，就来自这两种同化的相互作用。这样，学习成为一种生命实现的过程，即由生的驱力导致的建构以及由死的驱力造成的保持不断交互作用的生存与发展过程。

而且，认知过程还受到弗洛伊德所强调的心理防御机制的制约。皮亚杰曾提到的一种特殊现象——扭曲式同化（distorting assimilation），即是扭曲（distortion）这种心理防御机制作用的结果。扭曲式同化广泛存在于儿童及成人的学习过程中，当个体遇到与自己已有认知结构不相调和的状况或信息时，本应通过顺应来调整认知结构使之与现实相一致，但是个体没有这样做，而是通过扭曲这些信息将其同化入自己已有的认知结构。扭曲式同化产生的根本原因就在于，较之顺应，同化需要较少的心理动力，也带来较少的情绪困扰。[③]尽可能少付出心理动力，这是人天生的自我防御和保护倾向。

运用以上理论观照现实，学生对一些知识掌握不好，不完全是认知方面的问题，还有可能是心理防御机制在作怪。这种机制使得学生不情愿接受新知识对自己已有认知结构的挑战和冲击，不愿意启动顺应机制来有效建构新旧知识的联系。这为有关认知与情意沟通的研究带来一种新的思路。在关注

---

①② FURTH H G. Knowledge as desire: an essay on Freud and Piaget [M]. New York: Columbia University Press, 1987: 70-71, 79-80.

③ ILLERIS K. The three dimensions of learning: contemporary learning theory in the tension field between the cognitive, the emotional, and the social [M]. Malabar: Krieger Publishing Company, 2004:104-105.

学生认知活动的时候，需要更深入地去培育认知的情感源头，比如对安顿生命的渴求、对心灵惊异的盼望；同时，需要洞察学生认知的情感根源，比如是什么样的心理感受导致了当前的认知活动。

情意影响认知，有生理层面的基础。在追求长期目标的过程中，具有延迟满足情感的能力有助于学业进步，将情感生活控制和处理得越好的儿童学到的东西就越多。[①]客观存在的生理机制，造成了这些状况。脑的前额叶是操作记忆部位，个体对任何一个特定事物的关注，个体仔细考虑的或是正在学习的每一件事情，都首先发生在操作记忆部位。同时，控制诸如焦虑和愤怒等情绪的情感中枢与前额叶区域有着非常密切的联系。由于操作记忆仅有有限的注意量，假如学生长期处于焦虑、愤怒、烦恼中，那么他就会一直体验到困扰。如果干扰的情绪占据操作记忆，那么在操作记忆中用来思考学习内容的部分就相应减少。

（二）个体获得与社会互动的融合

长期以来，认知取向的学习理论在学习研究领域占据绝对的主导地位，学习被视为“个体获得”。随着社会取向学习理论的兴起，学习开始被看作“社会互动”。这就导致持不同观点的研究者各表立场并互相诘难，也使人们对学习的认识分歧丛生并陷入困境。就此，有研究者试图弥合学习的“个体获得”与“社会互动”之间的间隙，使之从分化与对立走向交会与融通。

布鲁纳（Bruner, J. S.）是著名的心理学家和教育学家，当代认知心理学派的代表人物。他早年颇得皮亚杰学说的真传，后期则从维果茨基理论中吸取精华，于晚年创造出个性化的文化论（culturalism）。在20世纪的心理学发展史上，皮亚杰与维果茨基是双峰对峙的两位大师。前者突出了学习研究的个体维度，后者侧重于学习研究的社会互动维度。布鲁纳一生学术思想发展的历程，鲜活地展现了学习理论的个体维度与社会互动维度的风云际会、复杂张力及最终融合。

---

① O’NEIL J. On emotional intelligence: a conversation with Daniel Goleman［J］. Educational leadership, 1996,54（1）:6-11.

由于早期服膺皮亚杰，布鲁纳参与发动了美国的认知革命。他的《教育过程》一书于1960年出版后，更是使他成为阐释、运用并发展皮亚杰思想的杰出代表。他对自己在20世纪60年代所进行的以皮亚杰思想为指南的研究与实践进行了总结，“当时的我所专注的研究领域乃是内在心灵历程之中的一门独角戏，也就是认知历程，而我要解决的问题则是：认知历程如何能以合适的教育来襄助其发展”，而这一研究的假设之一是，“学童们生活在某种教育的真空状态里，丝毫不受大文化脉络中的问题所苦”。[①]可见，这一时期的布鲁纳，认为学习是个体的认知获得。

但是，后期的布鲁纳产生了明显的思想转向。他描述了自己思想转折的心路历程：“直到‘发现贫穷’以及美国民权运动的时代，我们才从自满而又不自觉的教育改革之梦中醒来——特别是发现贫穷、异化和种族歧视对于心灵生活的冲击有多强烈，以及这些社会疾病对于儿童成长的侵害有多深远……在那之后几年，我发现自己对于文化在学校教育中影响学童的方式愈加投注心力。”[②]他还回忆了这期间的一个关键事件，即与陆理亚（Luria, A.）的交谈。后者是维果茨基文化历史理论的积极倡导者。布鲁纳说，陆理亚“对于语言和文化在心智功能上的角色作了热切的解说，使得我对那仰之弥高的皮亚杰理论竟发生了信心动摇。皮亚杰的主张一向是更为自足、更为形式主义的理论，在其中的心智发展几乎没留下什么空间可让文化来挥洒”[③]。

以上经历促使布鲁纳敏锐地认识到皮亚杰学习理论的局限性，深刻地反思了仅从个体维度研究学习的弊端，并在自己的研究中引入了社会互动维度。他指出，学习活动无法从文化和社会脉络中完全分离出来进行研究，“纯粹的记忆、纯粹的思想、纯粹的知觉、简单的反应时间——这些都是虚构之论，虽然偶尔会很管用，但仍难免于只是虚构”[④]。总而言之，应当“把教育和学校里的学习看成置身在文化脉络之中的事业”[⑤]。

但是，布鲁纳并没有简单否定皮亚杰，他的思想是对皮亚杰与维果茨基

①②③④⑤ 布鲁纳. 教育的文化：文化心理学的观点［M］. 宋文里，译. 台北：远流出版事业股份有限公司，2001：20-21，21-22，22，252，18.

学说的涵括性超越。皮亚杰与维果茨基学说这两大线索，交互缠绕，交相辉映，成为布鲁纳思想得以形成的不可或缺的双重理论背景。1996年，时逢皮亚杰与维果茨基诞辰100周年庆典，81岁高龄的布鲁纳特意撰写了《赞颂分歧：皮亚杰与维果茨基》一文。他写道："皮亚杰关注人类成长过程的不变逻辑，而维果茨基则关注受文化格局支配的对话（culturally patterned dialogue）在人类成长过程中的重要地位，将两者试作对比，人们不难得出结论，这两种理路是不可通约的。这一不可通约性说明，两种认知方式之间有可能存在着无法调和的差异。其中一种试图寻求人类成长与人类境况的'解释'（explain），另一种则寻求'诠释'（interpret）。我们真是太幸运了，在我们这门学科的起步阶段，就拥有了对这两种观点所作的极富才气的阐述。"① 正是在该文中，布鲁纳对两位大师的学说进行了系统的比较分析，同时表达了他以采两家之长而整合创新的独特理路，去挖掘、探究与解决人类学习与发展之谜的决心。

哈瑞（Harré, R.）曾评价道："布鲁纳是曾参与第一次认知革命的建筑师，但也是第二次认知革命中最活跃和最具原创性的人物之一。"②第一次认知革命主要聚焦于学习者个体的认知。它把认知看成是某种内部机制的作用，而这种机制是一般性的，不受情境和文化条件的影响和制约，研究者的任务就是要发现这个深层次的内部机制，以便确立人类认知的一般规律。第二次认知革命事实上就是文化论在人的科学（human science）之中的发展，是将"心理学里的个体主义予以彻底社会化"③。它认为认知活动发生于一定的文化和社会背景中，文化和社会因素不可避免地影响和制约着认知活动。研究者开始尝试在社会、文化和历史的背景中充分研究和激发认知的功能。可以说，布鲁纳这位学术大师用自己的学术生命演变与发展史，客观地见证、生动地展现并有力地推进了学习研究领域个体获得与社会互动两种理路相融合的

① BRUNER J. Celebrating divergence: Piaget and Vygotsky［J］. Human development, 1997,40（2）:63.

② HARRÉ R. Introduction: the second cognitive revolution［J］. American behavioral scientist, 1992, 36（1）:6.

③ 布鲁纳．教育的文化：文化心理学的观点［M］．宋文里，译．台北：远流出版事业股份有限公司，2001：6.

历程。

学术期刊也加入相应的讨论之中。国际著名的学术期刊《教育研究者》（*Educational Researcher*）自1996年第4期起，开始刊发一系列文章，专门探讨学习究竟是个体获得还是社会互动这一问题。人们各抒己见，观点纷呈。持续2年之后，该刊于1998年第2期刊发了斯范德（Sfard, A.）的《论学习的两种隐喻以及任择其一的危害》一文，[①]此文作为总结篇结束了这场热烈讨论，形成了“获得—参与”复合型学习隐喻这一共识。

斯范德认为个体获得和社会互动这两类关于学习的看法，可以用“获得隐喻”（acquisition metaphor）与“参与隐喻”（participation metaphor）来诠释与解读，而二者不可偏废。她归纳了两种隐喻的特点。其一，获得隐喻强调知识的获得和概念的发展，参与隐喻关注个体与实践共同体的互动和交流。其二，获得隐喻强调以知识不断充实个体的头脑，参与隐喻关注个体与实践共同体中其他成员之间日渐展开的联系。其三，获得隐喻强调把知识当作对象（object）并使之内化进头脑，参与隐喻关注学习者个体与实践共同体之间的交互特性。其四，获得隐喻强调所拥有的知识决定了知识拥有者的身份，参与隐喻认为个体的身份由其在整个实践共同体中的作用所决定。

就这两种确实存在分歧的隐喻，斯范德引用哲学家罗蒂（Rorty, R.）的著名观点，即“不可公度性（incommensurability）蕴含着不可还原性（irreducibility），但不蕴含着不相容性（incompatibility）”[②]，阐释了分歧并不造成对立，论证了这两种学习隐喻能够和平共处的可能性。同时，斯范德认为，正是两种隐喻存在的差异及其和平共处的可能性，使二者得以互相弥补彼此的缺陷。这就决定了放弃其中任何一个隐喻都会带来严重的负面效果，“获得—参与”的复合型隐喻应当成为学习的新隐喻。

---

① SFARD A. On two metaphors for learning and the dangers of choosing just one[J]. Educational researcher, 1998, 27(2):4-13.

② RORTY R. Philosophy and the mirror of nature[M]. Princeton: Princeton University Press, 1979: 388.

斯范德的论文是这场讨论的总结而非终结，彰显个体获得与社会互动交融的学习理论，还在进一步发展之中。诸如，霍德金森（Hodkinson, P.）清理了造成学习的个体性与社会性相割裂的二元论哲学思维方式，并在此基础上尝试重建复合型学习隐喻的哲学基础。①萨洛蒙和珀金斯（Salomon, G. & Perkins, D. N.）则以流感的细胞生物学和传染病学研究类比学习的个体获得与社会互动研究，进而分析了两者走向融合的多种表现。②

（三）整体主义学习观的构成

"纵览多种多样的学习理论，每一种理论都只涉及学习的某些要素"③，这是长期以来不争的事实，但是，在学习研究的发展过程中，认知与情意正在走向沟通，个体获得与社会互动正在走向融合这也是不容否认的一个趋势。区分开来进行考察，正是进一步联系起来的重要条件，因此，前文中分析梳理的多种关于学习的观点、结论与趋势等，就为对学习进行再认识和再建构奠定了坚实的基础，提升了开展进一步研究的可能性。

与过去的大多数研究都习惯从单一维度切入分析和阐释学习不同，立足于整体主义（holism）视角审视和解读学习，有助于突破已有的思维定式和研究惯习。"一种哲学理论（哲学体系）产生出来，如果它真正代表了时代精神的精华，这就意味着人们从它获得一种用以观察一切问题的新的思维方式。"④整体主义，正是这样一种新的思维方式。在不同的学者那里，整体主义的外在形态异同互见，但其内在实质较为一致，就是既强调整体观照以揭示研究对象的同一性，也着眼具体探察以探明研究对象各组成部分之间的相异性，更追求这两者之间经由相互碰撞与彼此浸染而达至平衡共生。

以整体主义视角观照学习研究，就是建构一种整体观照学习活动诸维度

---

① HODKINSON P. Learning as cultural and relational: moving past some troubling dualisms［J］. Cambridge journal of education, 2005, 35（1）:107-119.

② SALOMON G, PERKINS D N. Individual and social aspects of learning［J］. Review of research in education, 1998, 23（1）:1-24.

③ JARVIS P. Towards a comprehensive theory of human learning［M］. Abingdon: Routledge, 2006:194.

④ 高清海. 哲学的创新［M］. 长春:吉林人民出版社，1997：112.

的理路，确立起整体主义学习观，既重视学习的认知维度、情意维度和社会互动维度，也重视三者的相互作用，还重视学习的自我调节维度以便对学习进行全面审视与改进。

1. 认知、情意与社会互动三维度相互作用

认知维度与情意维度是相互影响的。在人与文化的互动过程中，学习者不可避免地要调动注意与感知等认知要素，去采集与接受相关信息。然而，学习者之所以注意与感知这类信息而不注意与感知另外的信息，之所以较长时间地注意某些信息并对其进行充分感知而较短时间地注意另一些信息并对其进行不太充分的感知甚至加以忽视，都涉及情意的作用。情意对认知起着鲜明的定向作用。如前文中论及舍勒揭示了认知启动的情感根源：对生命的爱，使学习者去探求控制的知识，去学习科学知识；对心灵的爱，使学习者去探求本质的知识，去学习形而上学的知识；对精神的爱，使学习者去探求拯救的知识，去学习信仰的知识。同时，情意对认知也起着维持或阻碍的作用。对学习内容的兴趣以及对自我成长的需要等积极的情意体验，不仅可以唤起相应的认知要素而展开认知活动，而且可以不断地排除来自学习者内部及其外部学习情境之中诸多因素的干扰，进而使认知活动得以持续进行。对学习内容的厌烦以及自我成长需要的缺失等消极的情意体验，则对认知过程起着阻碍与限制的作用。认知活动的不断展开，也势必给学习者带来丰富的情意体验。认知活动取得良好的效果，能给学习者带来正面的情意体验，这又成为推动认知活动的动力。认知活动未能取得良好的效果，会给学习者带来负面的情意体验。这种负面体验对学习者的作用可能存在双重性质，需视学习者个人的内在状况及其产生的反应而定。它既可能造成学习者失望颓废的心向，成为限制认知活动的阻力；也可能触动并激起学习者内心深处的克服困难追求卓越的心向，并与向上成长的内驱力合流，成为改进与优化认知活动的强大动力。

认知维度与社会互动维度也相互影响。一些学习者采集与接受信息的方

法使其取得学习上的成功，可以成为另一些学习者模仿与借鉴的榜样；而一些学习者采集与接受信息的方法使其学习失败，也可以成为另一些学习者改进自身学习的资源。同时，学习者之间通过竞争可以在一定程度上提高采集与接受信息的效率，而学习者之间通过有效分工、各司其职、群策群力等合作，能够相互之间取长补短，使采集与接受信息的过程达到较好的效果。诸如此类的状况，都说明学习的社会互动维度影响着认知维度。通过持续展开的认知过程，学习者之间会逐渐形成多种稳定的社会关系状态。比如，以独立为主的状态、以竞争为主的状态（良性竞争或非良性竞争）、以合作为主的状态、独立与竞争交织的状态、竞争与合作交织的状态、独立与合作交织的状态、独立—竞争—合作相互交织的状态等。

情意维度与社会互动维度也存在着相互影响。学习共同体中存在的良好学习氛围，有利于激发出学习者争先恐后、主动积极开展社会互动的心向；学习共同体中存在的涣散学习氛围，则使学习者出现得过且过、不愿主动开展互动的心向。学习者内心的情意体验，也影响着学习者有关互动的选择。比如，是主动参与到学习共同体中与其他学习者互动，还是独立学习而既不与他人竞争也不与他人合作。

2. 自我调节维度对学习进行全面审视与改进

学习者的认知投入、情意驱动和社会互动是否有效、是否事半功倍？这三者会不会存在着其中一者偏弱的现象？这三者之间会不会出现断裂以致未能有效地相互作用？如何更好地计划、监控和调整学习活动中的认知投入、情意驱动和社会互动？诸如此类的问题，就要求有一个负责对学习活动进行全面审视与改进的自我调节维度，发挥对认知、情意和社会互动维度的计划、检查、控制和改进等功能。

从水平来看，自我调节包括前自我调节水平、被动自我调节水平、主动自我调节水平和自动化自我调节水平。处于前自我调节水平的学习者，基本上不能表现出对学习活动的监控性，不能对自己的学习过程进行清晰的自我意识，不能认识到自己学习活动中存在的问题，学习结束后对于自己的学习活动也不能进行有条理的反思。处于被动自我调节水平的学习者，在教师或其他指导者的帮助下，能对自己的学习活动进行自我意识，能认识到自己学习活动中存在的问题，但不能有效地予以控制和改进。处于主动自我调节水平的学习者，能对自己的学习活动进行较为清晰的自我意识，对学习活动中存在的问题有了较为清醒的认识，能有意识地控制和改进出现的问题。处于自动化自我调节水平的学习者，对自己的学习活动有了明确的意识，对学习过程中存在的问题有准确的把握，并能从不同角度去分析原因和找到对策，因此，处理问题的方式恰当，能够有效对学习活动予以控制和改进。

从根本上说，自我调节的主要目的在于监控和改进整个学习活动，使学习活动更有效地展开。在这个意义上，学习者的理想状态应是能够进行自动化的自我调节，既能随时反思，又能决断行动。达到自动化水平，学习者心理上会形成一道警戒线，随时暗示学习者保持应有的警觉，准备进入自我调节状态。而当自我调节的目的达成时，此次自我调节便相应结束。同时，此次自我调节的结果被应用于调控当前的学习活动并被继续应用于随后的学习活动之中。

对整个学习活动进行全面审视与分析，需要学习者具备一种敢于直面自身错误的坦然心态和勇于克服自身不足的坚强毅力。通过自我反思性的思考，学习者固然可以发现自己在学习活动中的长处，但也少不了以怀疑与否定的方式对自己的学习活动进行识错纠偏。直面优点容易，直面短处并且是自我揭短，就会诱发痛苦。可以说，如果没有敢于直面自身错误的坦然心态，学习者就会明知自己学习活动的不足所在而不愿承认它更不愿改进它；如果没有勇于克服自身不足的坚强毅力，学习者即使能够认识到自己的不足并知晓如何去改进，也很难将其付诸行动。以上这两类情况，都会导致自我调节过程难以顺利进行以发挥出对整个学习活动的调控作用。

自我调节过程不仅是个体调动认知要素与情意要素对自身学习活动进行静坐冥想式的自我反思性思考，还是与他人交流与对话的互动过程。共同开展学习活动的学习者作为旁观者，往往能较为清楚地认识到他人在学习活动中的优势与不足，因此，学习者之间互相指出他人需要强化的优势和需要弥补的不足，就显得尤为重要。这种基于与他人对话的自我调节，受到学习者自身情意的影响。由他人揭短较之于自我揭短，会带来更强的困扰，这就更需要学习者拥有直面自身不足的坦然心态。如果他人感到对方是真心想听取并能接受意见，那么就会直言不讳；如果他人感到对方无意于听别人的意见，只是做做样子，那么就不会真正指出对方的不足，仅会敷衍了事。这种基于与他人对话的自我调节，也受到学习者之间的关系状态的影响。如果学习者之间是合作的状态，那么双方可能会较为真诚地指出对方的不足；如果学习者之间是竞争的状态，那么双方可能会在指出对方不足时有所保留。

第二节　学习为本评估的四维内容

如何看待学习，影响着如何看待学习为本评估。基于整体主义的学习观，学习为本评估建构了涵盖认知、情意、社会互动和自我调节四个维度的评估内容。评估促进什么样的学习，在很大程度上决定着学生会通过什么样的学习成为什么样的人。在这个意义上，评估什么，意味着我们将拥有什么。

一、四维评估内容的构成

通过上文整体主义学习观的建构可见，认知、情意、社会互动与自我调节四维度以相合相生的关系共在于学习活动之中，从而形成了整体取向的学习结构形态。学习活动有赖于四维度的共同在场，每一维度的存在都以其他维度的存在为前提。而且，如果四维度各自以发挥积极作用的方式存在，那么就会达至学习活动的理想境界。反之，它们中任何一方的缺席或是以发挥消极作用的方式存在，都将影响整个学习活动的效果甚至导致整个学习活动的失败。

秉持整体主义学习观，学习为本评估内容指向四维度的学习，而且重视以评估促进学生四维度学习的整体优化。（1）认知维度。通过评估促进学生知识的增长、探究能力的提升、审辨与创造思维的发展，并且能够综合运用多种方法解决复杂问题等。（2）情意维度。通过评估激发学生的内在学习动机、提升学生的学习自信心和专注力，进而能够抵制分心，在处理与学习相关的挫折时，显示出较高的情感容忍度，在学习过程中不会轻言放弃。（3）社会互动维度。通过评估引导学生与他人有效协作，在学习过程中学会换位思考，以有成效的、愉悦的、负责任的方式建立学习伙伴关系，平衡好学习共同体成员和个体学习者双重身份，意识到自己不是孤立的学习者，但又不应完全依赖他人。（4）自我调节维度。通过评估推动学生不断自我反思与调节，自觉制订学习计划、描述学习经历、监控学习过程并灵活加以调整，力争使自己成为最好的学习者。

在实践过程中，师生可以在一学期、一单元或一节课开始前填表（见下页表4-1），以便廓清四维评估内容，在一定程度上改变仅评估知识与技能的习惯，发挥以评估促进整体学习的作用。对评估内容的重新定位，也将对评估方式的选择、开发与运用产生直接影响。

整体主义学习观凸显了学习活动对人的生命的价值，尝试打破百余年来形成的行为主义、认知主义、个人建构主义和社会建构主义等理论壁垒，走向多维度的视野融合，这为学习为本评估构筑了整体性的学习理论基础，为学习为本评估的内容取向提供了一定的引领。但是，建构四维评估内容，其主旨不在于提供一种封闭的既定结论，而在于呈现一种可参考的思路与框架，以此启发、反思和调整评估内容拟订等活动。

表4-1　四维评估内容设计

	认知维度				情意维度				社会互动维度			自我调节维度			
评估内容	知识增长	探究能力	思维发展	问题解决	学习动机	学习信心	专注水平	学习韧性	有效协作	换位思考	平衡个人学习与共同体学习	学习计划	学习记录	学习监控	学习改进
学生需达到什么水平	教师与学生协同制订相应的评估标准														
学生现状如何	教师、学生、同伴分别使用提问、自我报告、同伴互评等方法进行分项描述														
如何帮助学生达标	分项描述选择什么资源、通过何种方式组织与呈现这些资源、效果如何														
如何判断或证实学生已达标	分项描述具体的观察或提问点及如何落实测验、表现性任务、自我报告、反思日志、同伴互评														
如何帮助未达标的学生	分项描述学生遭遇了什么困境、需要何种支持														

评估内容的整体性，是在艰辛的局部挖掘过程之中逐渐显现的；对评估内容的整体观照，也是在丰富的具体探察积淀之上得以形成的。四维评估内容的建构，并不排斥对评估的某一维度进行深入研究，反而呼唤于空白处和薄弱处予以特别关注。这样，关于评估内容的整体认识，才会在深刻、丰富的具体研究基础上不断显现、形成和完善。由此，把握评估内容发展的整体动向，对整体性的评估内容及其各维度进行更深入、更系统的探讨与发展，使之更具解释力和参考价值，就成为评估研究的题中之义。

二、四维评估内容的意义

学习为本评估的四维内容，不再局限于某一维度，凸显“被悬空的”评估内容，有利于从低位关注的“学以得分”走向高位观照的“学以成人”。

（一）不再局限于单维评估内容

当前，改变仅仅强调知识记忆的测评文化，形成鼓励探究和创造性解决问题等能力的评估文化，已成为共识。但要做到这一点，还面临巨大的挑战。学生的基本知识与技能一直是得到重视的，而情意、社会互动和自我调节维度的发展很难通过纸笔考试得到直接体现。在这样的背景下，学习为本评估不仅要在评估的方法或指标上下功夫，还要从评估的价值和内容等根本性问题上进行思考，探索促进学生学习的评估究竟应该评什么。说到底，无论何种评估，所评估的都是评估者所规定的东西。学习为本评估打破了将学习成绩作为唯一指标、局限于认知维度评估的惯常做法，关注学生多维度的学习，丰富了评估内容，强调评估终身学习者所必需的知识、技能、情意、社会互动和自我调节等，以促进学生的全面发展和健康成长。

学习为本评估不再局限于单维度评估内容，有利于通过评估促进学生多维度的学习素养提升，进而成长为机智的、有韧性的、互惠的和反思的学习者。（1）机智的学习者，关涉学习的认知维度。表现为学生善于提问，能在新旧知识之间建立联系，能进行想象和推理，能充分地、巧妙地利用学习资源。学生在面对评估困境或学习困难时，需能够机智地应对问题。（2）有韧性的学习者，关涉学习的情意维度。表现为学生有坚持性、专注而不开小差、有洞察力。学生能正视挑战与困难而非放弃，能越挫越勇、矢志不移、斗志昂扬。（3）互惠的学习者，关涉学习的社会互动维度。表现为学生能在集体学习与个体学习之间保持平衡，能协作、聆听、移情，能模仿他人学习方面的优点。这是一种互相奉献与借鉴的社会性品质，有利于学生开展同伴互评，并在其中充分挖掘和利用丰富的学习资源。（4）反思的学习者，关涉学习的自我调节维度，包括学生能做学习计划，能进行学习策略管理，能进行自我评估和改进，并将现在学习中的优势提炼出来迁移到未来学习之中等。

许多教师已经感受到，大部分学困生并不是智力存在很大问题，而是学习兴趣淡化、学习动机不足、意志力薄弱、自信心不够、自卑感较强、过度焦虑、缺乏承受力或学习方法不当等因素造成的。如果评估活动能够兼顾认知、情意、社会互动和自我调节四维度的内容，那么学生在这些维度上的发展状况会得到更清晰的展现。其实，有很多学困生自己也想往好的方向发展，但由于种种原因，他们自身无法扭转所处的困境，这时，来自教师的重视和帮助就显得尤为重要。以往的评估过多关注学生学会了什么样的知识与技能，而不再局限于单维度的学习为本评估，既关注促进学生学会，也重视帮助学生会学。

实际上，只重视认知维度不利于促进学生学习，只重视情意维度、社会互动维度或自我调节维度也不利于促进学生学习。仅重视认知维度，会导致被认知发展束缚的学习，它表达的是没有边界的认知僭越；仅重视情意维度，会造成被情意控制的学习，它表达的是没有边界的情感泛滥；仅重视社会互动维度，会出现被交往垄断的学习，它表达的是没有边界的形式化互动；仅重视自我调节维度，会带来被理想憧憬把持的学习，它表达的是没有边界的自主发展幻象。认知、情意、社会互动和自我调节四维度，对于学生学习来说都是必不可少的构成成分。只有它们发生真实联系并结成一种较为稳定的整体状态之后，学习活动才成为一个充满多种契机的学生学习生命力不断涌动、展示并发展自身力量的动态过程。

（二）凸显“被悬空的”评估内容

艾斯纳（Eisner, E. W.）曾说：“阐述并不存在的课程，是一件包含着自相矛盾的事情。然而当我们涉及学校计划的排列的时候，我就意识到要建议大家，不仅应该考虑学校里显性和隐性的课程，而且也应该考虑学校没有教什么。我的意思是，学校没有教的与已经教的一样重要。”[①]在这个基础上，悬空课程（null curriculum，又称“空白课程”和“空无课程”等）这一概念得以产生，指学校课程中所缺乏的、应有而实无的、应教而未教的课程。这一概念启发着人们从正反两方面来思考问题。就评估内容而言，不仅需要考虑已经评了什么及其影响，更需要考虑没有评什么以及这种缺失带来的影响。

受到重视的评估内容，经常是那些容易被测评的内容。不断重申容易测评的内容（某些知识点的记忆和基本技能的掌握等）的重要性，进行反复测

① EISNER E W. The educational imagination: on the design and evaluation of school programs [M]. New York: Macmillan Publishing Co., Inc., 1979:83.

评、排名并同奖惩结合，这样的评估内容定位，已经与育人目标相背离。学习为本评估建构的四维内容框架，致力于改变这种现状。尽管情意、社会互动和自我调节维度的内容都是用纸笔考试方式较难评测的，但是，不能将这些维度的评估内容“悬空”了。罔顾教育中不可测量的部分或不易测量的部分而论好的教育和好的评估，这是危险的。

放眼当下，不少学校都是以考试成绩为衡量学生学习的主要评估指标，部分走在改革前列的学校关注到了批判性思维、问题解决等认知维度相关内容的评估，但不少学校忽视了情意、社会互动和自我调节维度的评估。四维评估内容框架，让“被悬空”的情意、社会互动和自我调节维度逐渐浮出水面，日趋醒目。在一定意义上，学校中没有评的内容与已在评的内容一样重要。

（三）由“学以得分”走向“学以成人”

如果说分数为本评估重在“学以得分”，那么，学习为本评估的四维评估内容则重在“学以成人”，评估促进什么样的学习直接影响着学生通过什么样的学习而成为什么样的人。前者处于低位关注的层面，后者体现出高位观照的使命和情怀。

如果仅仅将学习的作用定位为考取高的分数，那么学习的成人价值就被严重遮蔽了，这将导致对学习的情意、社会互动和自我调节维度的漠视。如果从关爱学生、关注学习的角度出发，基于终身发展视域考量学生的可持续成长，就会看到，在科技飞速发展、社会日益进步的时代，年轻一代将会不断面临新的变化、新的问题。评估，不能仅仅考查学生对陈述性知识或规则的记忆，而要同时考查学生静态的学习结果和动态的学习表现，要考查学生是如何将现有知识和关键概念、事实、原则进行联系并加以运用，还要考查学生管理这些知识与技能的学习过程，更要考查学生学习活动中的情意驱动、社会互动和自我调节状况。

低位关注的“学以得分”，是通过评估判断学生学得怎样，根据评估结果将学生分为不同类型并赋予相应分数或等级，这就给学生贴上了标签，限制了学生进一步发展的潜力与空间。从根本上说，这样是在评估学生是什么样的人。学习为本评估致力于高位观照的“学以成人”，力争让评估引领学生成人。这样，评估的根本定位由“评判学生”转向“成就学生”，为学生开辟了学以成人的方向与可能。评估学生是什么样的人，带有封闭性和终点色彩，是面向过去的，是对学生过去学习经历与成效做出结论；引领学生成为什么样的人，则是开放性和充满希望的，是面向未来的，为学生开启了经由学习而不断成就自己的无限可能性。自然只完成了人的一半，另一半由人自己来完成。学生在学习中不断“成人”，学以成人是无止境的。这就增强了评估对学生生活与生命成长的有益性，给学生带来幸福。学习为本评估认知维度的内容，关注学生在知识、技能和思维等方面学到了什么；情意维度的内容，关注学生愿不愿学和如何坚持学；社会互动维度的内容，关注学生会不会开发与运用学习资源以及和谁一起学会；自我调节维度的内容，关注学生如何学会以及如何学得更好。这样的评估，不助长虚假学习，不片面强调表面学习和短效学习，助力长效的、可持续的终身学习。

第五章　学习为本评估的媒介论

从词源上说，“媒”的本义是媒妁，婚姻介绍人的意思，后引申为使双方发生关系的人或事物。“介”指介入，插进两者之间的介体或工具。在现代汉语中，媒介的基本含义为“在发生某种关系的双方中间起介绍或引导作用的人或事物”[①]。人的活动在很大程度上是媒介性活动。人并不是直接对环境做出反应，而是要借助符号等媒介才能实现。正是作为媒介的符号等人造物，“弥合了笛卡尔主义带来的个体与无法触摸的社会结构之间的割裂”，“不能在离开个体的文化环境来理解个体，也不能脱离正在使用和生产文化人造物的个体来理解社会”。[②]媒介的运用和开发，支持着学习为本评估的开展，提升了评估成效。

第一节　学习为本评估的符号媒介

在学习为本评估领域，主要有三类符号媒介。第一类符号媒介传达课程目标和评估标准的具体所指，帮助学生理解“要到哪里”；第二类符号媒介形成稳定的评估常规，便于学生检视自己“正在哪里”；第三类符号媒介帮助学生前瞻性地调节学习活动，促进学生明确“如何到那里”。基于符号媒介的心智形塑原理和交互连接原理，可以较好地开发和运用符号媒介来推动学习为本评估。

一、符号媒介的原理

在学习为本评估中运用符号媒介，需要认识和重视符号媒介的心智形塑

① 商务印书馆辞书研究中心 . 应用汉语词典［M］. 北京：商务印书馆，2000：852.

② ENGESTRÖM Y. Learning by expanding: an activity-theoretical approach to developmental research［M］. 2nd ed. New York: Cambridge University Press, 2015: xiv.

原理和交互连接原理。

（一）符号媒介的心智形塑原理

在学习为本评估过程中，以一些适宜的表格和流程图等作为符号媒介，将内隐的评估规则和程序等以直观形式加以呈现，促使学生将其内化为心智运演与认知图式，能在一定程度上形塑学生的思考和行动方式。人既创造和运用着符号，又为符号所创造。基于符号媒介，学生更易于将外在的课程目标、评估标准等转化为内在的学习意图、学习标准。从根本上说，学习为本评估符号媒介的心智形塑原理体现为学生经历的符号缩略过程（abbreviation），即关于某类活动或某类题目的评估标准和程序等虽然会慢慢消失，但关于"如何完成这类活动或这类题目"以及"如何评估这类活动或这类题目"的认知图式却以符号的形式保存下来，在未来指导心智操作和行动。这关联着符号的抽象一般化（abstracting generalization），即不断深化对外部评估标准的表征、提炼与再表征，掌握越来越复杂的认知图式和原则；也蕴含着符号的情境具体化（contextualizing specification），即将内化了的认知图式用于新的情境、设立新的提升标准和目标导向。[①]经历这样的过程，学生就建立起信息刺激、符号媒介、心智操作之间的联系，从参与外部导向的测验逐渐走向发展内部导向的心智技能，持续培育其自主学习与自主评估的能力。

符号不会自动成为促进心智发展的工具，不会自动为学生开启价值—理性协调的思维之门，来帮助学生判断学习活动并指导自主行动。比如，学生能理解并使用符号表述问题，但不会基于符号调节自己的学习方式和改变学习表现，这就是符号的媒介作用缺失。又如，学生可以在某些熟悉的情境、场所和任务中运用符号，但无法在其他情境、场所和任务中运用符号，也无法自行创造一些符号来满足学习和评估的需要，这也是符号的媒介作用缺失。为了避免符号媒介作用缺失，发挥学习为本评估符号媒介促进学生学习的作

① VALSINER J. Process structure of semiotic mediation in human development[J]. Human development, 2001,44(2):84-97.

用，师生需要在互动中有意识地将符号作为影响心智发展的手段，使其媒介作用在教学共同体实践中充分得以发挥并得到关注、讨论和认同。这样，有利于师生对符号媒介的深度理解和情境应用。

（二）符号媒介的交互连接原理

符号作为一种功能性的存在，是人与世界相融合的关系物，是人在特定文化情境关系中创造出来指称事物、表达思想和展开互动的文化工具。

评估标准等作为学习为本评估中的符号媒介，不仅是教师对学生进行评估的工具，也是师生之间展开评估对话的媒介。教师可以运用评估标准等，向学生表达哪些地方做得好或哪些地方需要改进，从而进行差异化指导。而且，人既是现实性的存在也是可能性的存在，能将尚未出现的东西通过符号构想出来。[①]即使未来学习不是直接现实地存在于此时此刻，但凭借符号媒介摹写学生现在学情如何、未来学习目标是什么以及如何更好地实现目标，就能在一定程度上将学习的理想加以把握，将无形的未来学习在思维中悄然运演，进而推动导向未来的心理图式的运用。经由符号媒介，就将学习的现实与学习的理想加以关联，并连通了师生的过去经验、当下行动和未来发展。这就发挥出符号作为促进师生交互以及连接现在与未来意义的媒介力量。

符号媒介让师生进入人、评估符号、学习活动的交互，使人在符号的心智运演和活动的互动支持中创造当前尚未达到但符合学习需要的理想实践。师生探寻“符号于我意味着什么”的深层问题，为未来教与学的行动开拓空间，进而成为更有前瞻性和预见性的实践者。由此，符号媒介扩大了评估决策的意义范围，促使师生努力发现新的信息、创造新的问题解决方式以及建构新的身份认同感，从而将决策视为自身发展的机会。

① 曹晖. 符号性、系统性、构形性——卡西尔的文化形式特征阐释［J］. 哲学研究，2014（12）:112-116.

二、符号媒介的运用

在明确学习为本评估符号媒介原理的基础上，需要关注如何运用符号媒介来落实学习为本评估，从而使学习为本评估的理念转化为师生可操作、可胜任的活动并取得实效。

（一）符号媒介的开发

学习为本评估的符号媒介可以由教师开发或师生共同开发，也可以鼓励学生为了实现未来学习目标而自主改造已有符号媒介并创造新的符号媒介。学习为本评估常见的符号媒介有评估标准表和KWL（由know、want to know和learned的首字母合成）表等。

评估标准（见下页表5-1）具有多重作用：（1）便于师生操作。评估标准表为师生共同开展评估活动提供了优质的脚手架。评估活动的设计、实施、结果评定、反馈及进一步改进方向的提出都能基于评估标准表进行。（2）让学习目标可视化。评估标准表的重要组成部分是评估指标，指标作为导向标先于学习而呈现，让学习目标可视化，导引学生学习的发生、持续开展与不断优化。学生基于表格中的评估标准，可以开展自主学习、合作学习和探究学习，并对各类学习的证据进行深度把握，能够及时反馈学习情况，调整与优化学习策略，避免可能出现的问题并解决已经出现的问题。（3）让评估活动成为学习活动。学生在评估指标导引之下开展学习活动，可随时依据指标审视和反思自己的学习活动正处于什么水平，也可随时根据相应的评判结果，调整和改进自己的学习，使之指向评估指标的要求和学习目标的达成。这样，评估活动就与学习活动融为一体。（4）将外在规则要求转化为内在的心智程序。评估标准表作为符号媒介，不是钝化信息的载体，而是鼓励学生在由外而内的思维操作中经历符号的缩略过程，以便形成图式并将其以符号的形式保存下来，为未来的心智操作和行动需要奠定基础。

表5-1 “超级演讲家”评估标准

评估指标	要点
自然大方	优秀：站立时做到身姿正，双臂自然下垂或在体前交叉，眼睛平视；表情自然 良好：站立时基本做到身姿正，双臂自然下垂或在体前交叉，眼睛平视；表情较为自然大方 合格：站立时有时有歪脖、斜腰、屈腿或用手捏衣角、裤缝或眼睛斜视、仰视、盯地面等情况，经提醒能改正；表情不够自然大方 待合格：站立时不停地歪脖、斜腰、屈腿，一直用手捏衣角、裤缝，眼睛经常不能平视；表情慌乱，不自然
能说普通话	优秀：具有主动说普通话的意识，能够区分明显的平舌音和翘舌音，前鼻音和后鼻音 良好：具有主动说普通话的意识，基本能够区分明显的平舌音和翘舌音，前鼻音和后鼻音 合格：具有主动说普通话的意识，不能区分明显的平舌音和翘舌音，前鼻音和后鼻音 待合格：没有说普通话的意识，不能区分明显的平舌音和翘舌音，前鼻音和后鼻音
讲述完整	优秀：表意非常清楚完整，不会频繁带有“然后”和“嗯”等口头禅 良好：表意较为清楚完整，不会频繁带有“然后”和“嗯”等口头禅 合格：声音较小，表意不够清楚完整，带有“然后”和“嗯”等少量口头禅 待合格：声音很小，表意不清楚完整，带有“然后”和“嗯”等大量口头禅

资料来源：曾文婕，李永强，张超. 评价促进儿童学习的实践探索［J］. 中国教育学刊，2019（12）:15-19.

从以上分析可见，评估标准表适用于促进学生的自主学习。克拉克（Clark, I）在梳理199篇相关文献后发现，自主学习是学生高效投入学习的必备特征和学生学业成就与动机提升的预示因素。[①]自主学习的第一个阶段为“前思维”阶段，评估标准表描绘外界所要求的标准，据此，学生可以提高自己分析学情、情境任务和学习策略的精确度。第二个阶段为“导向”阶段，

① CLARK I. Formative assessment: assessment is for self-regulated learning［J］. Educational psychology review, 2012, 24（2）:205-249.

由于评估标准表清晰列出了评估指标和各等级的表现，使得评估相对透明化，有利于学生克服对评估的焦虑，进而融合未来的学习目标，预演和计划即将来临的评估任务。第三个阶段为“控制”阶段，学生基于评估标准表进行自我参照与纠正，在学习过程中巧妙地改变学习策略。第四个阶段为“反思”阶段，学生在规范中体验反思，获悉达标程度以及提升改进的反馈，并将反馈迁移至其他学习活动。

KWL表主要包括K—我已经知道了什么、W—我想要知道什么和L—我新学到了什么三列。教师引导学生填写KWL表，能够帮助学生设定学习目标、监控并评估自己对学习内容的理解进而融通已知、想知和新知，有效促进其元认知技能的发展。其中：（1）第一列对应“我已经知道了什么”。该列重在让学生搜寻已有的知识。如果有需要，则进一步引导学生解释他们是在哪里看到以及如何得到这些信息的。比如，可以问“你怎么会想起这个”。教师需要指导学生将一条条零散信息加以组织归纳并适时记录。（2）第二列对应“我想要知道什么”。填写该列时，教师要充分发挥指导作用。教师可以与学生讨论想学到什么。比如，尝试使用如下问题：“你认为你会从将要阅读的这篇文章中学到哪些与这个主题有关的内容”或“关于这个主题你还想了解哪些内容”。教师既要引导学生写下一些自己比较感兴趣的具体问题，又要确保学生不添加过多与当前学习主题内容无关的问题。（3）第三列对应“我新学到了什么”。学生写下他们学到了什么，并检查自己在第二列所写的问题是否得到解决（见表5-2）。

表5-2　KWL表

我已经知道了什么（K列） （know）	我想要知道什么（W列） （want to know）	我新学到了什么（L列） （learned）

在运用过程中，师生可以根据实际需要对KWL表不断改进和完善，形

成一些变式。比如：（1）KWWL表。在KWL表的W列之后，增加一个W列，代表“Where can I learn this”即“我在哪里可以学到此知识”。学生经常能够提出一些有趣且有价值的问题，但是由于他们不知道到哪里找答案，就丧失了解决问题的信心和动机。所以，增加一个W列，有利于为学生搭建解决问题的脚手架，拓展他们的学习路径，培养他们敢于质疑的品质，鼓励他们在已有知识的基础上继续深入研究，思考发现更多的新知识，进而支持学生的终身学习。（2）KWLH表。在KWL表的L列之后，增加H列，代表“How to learn more”，即“我怎样才能学到更多”。一些学生可能想就某个学习主题了解更多内容，在增加的H列中，学生需要列出能够为他提供更多信息的参考来源，以确定进一步学习有关主题的方式。

（二）符号媒介的泛在

泛在计算技术的发展，催生了泛在学习（ubiquitous learning）。广义的泛在学习是一种无所不在、无孔不入的学习，只要学习者愿意就可以通过适当的工具和环境适时地获取信息和资源。此处的媒介“泛在”借用了泛在学习的理念，指师生一道并联合家长采用多种方法帮助学生随时随地“见”到学习为本评估的符号媒介及其承载的学习与评估活动，以便符号媒介的促学功能得到充分释放。这些媒介可以融入学生所处的各类环境之中，如将其打印或手绘出来张贴在课室墙壁上、置于书桌案头或设为电脑桌面。

“全方位”出现的符号媒介，有利于学生在众多的环境刺激中明辨学习与评估的重心。“要到哪里”的媒介承载着学生设定的短期、中期或长期学习目标，“正在哪里”的媒介呈现着学生现在所处的位置。学生可以随时随地地加以比较，寻找差距，帮助自己不断改进学习活动并获得成功。通过每天将学习目标和现处位置加以对照与反思，并记录反思结果，学生能够看到自己的进步，从而更加积极地坚持反思、提升自我，这是一个正反馈的过程，可以加速相应习惯的养成。每天的反思，也让学生在潜移默化之中重新形塑自己的思维方式和参照框架，比如不再依赖教师给自己定目标、提要求以及教师的常催促、严监督。“如何到那里”的媒介，能帮助学生降低焦虑，让自己专注于怎样去做。有时候学生一味地担忧目标没有完成怎么办，不断强化目标的价值与意义，反而忽略了实现目标的具体途径，遗忘了把注意力和精力放到怎样去做上，特别是放到那些立即就可以实施的行动上。“如何到那里”的媒介有助于学生一步一步去构思如何把学习步骤与学习结果关联起来，逐渐消解学习中的无助感，从而体验到更加胸有成竹、更有掌控力的学习生活。

借助于媒介，从一开始，学生的学习活动就与学习目标与评估标准紧密联系，初衷常在眼前，标准规范行动，路径就在脚下。这样，学生就能为自己的学习活动导航，最终走向成功。而且，有了一次或几次成功，学生往往会渴望更多的成功。由此，学生有望成为彻底的自我管理、自我监督和自我调节的学习者。

符号媒介的开发与运用，需处理好预定媒介与生成媒介的关系。后者是学习情境的产物，是过程取向的。学习过程是复杂多变、动态发展的，媒介可以有所变化，而且可以由师生共同改进或者由学生根据现实的学习活动随机开发，进而提高媒介设计与运用的针对性和实效性。

第二节　学习为本评估的社会媒介

新兴的情境认知理论认为，心智不仅存在于大脑之中，还可以延展至大脑之外。重视社会媒介，有利于深化学习为本评估。

一、情境认知的启示

正是二元论哲学思维方式将学习的个体性与社会性相割裂，对此我们需要警醒，应当看到个体的人同时是社会的人，个体所属的民族、种族和阶层等社会文化会影响其学习内容、方式和效果。[1]学习活动和学习为本评估均需

① HODKINSON P. Learning as cultural and relational: moving past some troubling dualisms［J］. Cambridge journal of education, 2005, 35（1）:107-119.

要充分发挥社会媒介的作用。

（一）学习活动需要社会媒介

有研究者指出：个体学习或多或少都存在着社会媒介的学习，即个体需要教师、父母、同伴等人的协助来开展学习活动并发展自己的认知能力；个体需要参与集体性的学习，有时学习内容分布在所有集体成员之中而不是一个人的头脑中；学习活动中个体和他人的持续互动，可以形成双螺旋式的互惠关系，使两者之间优势互补。①随着类似研究越来越多，人们不再停留于描述互惠的现象，开始进一步探索互惠的实质。受系统思想、现象学、实用主义、文化历史活动理论和生态心理学等影响，分布（distributed）认知、嵌入（embedded）认知、生成（enacted）认知、延展（extended）认知和情境（situated）认知等理论陆续诞生。

分布认知理论不满足于仅将认知视为脑内的活动，转而寻求认知对临场和情境的依赖，即探查认知的分布性质。②嵌入认知理论认为，认知主体被嵌入环境之中，不能与其所处的环境相分离，当主体与头脑之外的特定环境合作时心理才能发挥出被设计的功能，身体之外的一些环境是完成认知任务的构成性参数。生成认知理论提出，有机体与环境的交互作用是认知系统的组成部分，心理过程并不是仅由神经过程组成，而是由有机体作用于世界的方式以及世界由此反作用于有机体的方式所构成。延展认知理论则主张，心理过程并不是仅位于有机体的头脑之中，而是可以以各种方式延展到有机体的环境之中。也就是说，一个认知过程可以延展到有机体的头脑之外和有机体所处的环境之中。③

情境认知理论认为：我们的认知位于特定的情境之中。也就是说，认知需要根据情境来定义，认知依赖于情境。这里的情境既可以指大脑的环境，

① SALOMON G, PERKINS D N. Individual and social aspects of learning [J]. Review of research in education, 1998, 23 (1):1-24.

② 周国梅，傅小兰. 分布式认知——一种新的认知观点 [J]. 心理科学进展，2002 (2):147-153.

③ 李建会，于小晶. “4E+S”：认知科学的一场新革命？[J]. 哲学研究，2014 (1)：96-101.

也可以包含身体和身体之外的环境。[①]情境认知的一个突出特点，是把个人认知放在更大的物理和社会的情境脉络中，这一情境脉络是互动性的，包含了文化性建构的工具和意义。这样，情境认知就包容了个人和社会两个范围的学习。在这个意义上，“情境认知应该作为一个综合的或整合的框架而发挥作用”[②]。分布认知、嵌入认知、生成认知和延展认知等，都可以被视为情境认知大家族的成员。[③]情境认知的研究，已经揭示出社会媒介在学习活动中的重要作用。

（二）学习为本评估重视社会媒介

不少哲学家曾反复追问：“心智始于何处，止于何处？”目前对这类问题的回答有两种观点：一是心智位于大脑之中；二是心智可以延展到大脑之外。笛卡尔（Descartes, R.）支持前一种观点。他认为，心智没有广延，但心智有空间位置，即位于大脑中松果腺的周围。今天，大多数人已不再赞同这一观点，但仍然相信心智位于大脑之中，心理属性是大脑的属性，而且，心理过程（感知、记忆、思维、推理等）仅仅存在于大脑之中。也就是说，心智位于大脑内且无法延展到大脑外。然而，按照新兴认知理论的观点，心智并没有固定的位置，心智可以被延展到大脑外，认知的任务通常并不是仅仅在大脑中完成的。各种新兴的认知理论虽各有不同，但都重新认识和超越了传统的认知主义和方法论上的个体主义，其核心观点是一致的，即我们的心智不仅存在于我们的大脑之中，还可以存在于大脑之外。[④]

在学习过程中，学生基于自身经验与社会媒介进行交互。学习的目标、内容和方式等都具有社会属性。就学习共同体而言，每一个成员都有自己的评估经验，在合作的过程中不同成员之间的经验以媒介的形式相互交融碰撞，从而建构起新的共同经验；同时，共同体所形成的共同经验又与外部社会媒介之间发生交互融合，形成新的经验，这就为学生的学习与评估提供了更多

①④　李建会，于小晶．“4E+S”：认知科学的一场新革命？［J］．哲学研究，2014（1）：96-101.

②　威尔逊，迈尔斯．理论与实践境脉中的情境认知［M］//乔纳森，等．学习环境的理论基础．郑太年，任友群，译．上海：华东师范大学出版社，2002：71.

③　夏永红，李建会．超越大脑界限的认知：情境认知及其对认知本质问题的回答［J］．哲学动态，2015（12）：89-98.

的社会交互资源，有利于促进学生的高级心智技能发展。

为了洞悉高风险测试的奥秘并消解“为考试而教学”的观念暴力，学习为本评估重视发挥社会媒介作用，力求摆脱教师主测、学生受测的被动局面，促进师生之间、生生之间的互动，以他者的社会性支持促进学生的学习。教师运用学徒制、引导式参与以及转化等不同社会支持形式，在纷然杂陈的测验所得数据中梳理出学生发展底线与潜能的脉络，引领学生心智步入最近发展区的轨道。学徒制，指学生从教师处获取关于评估的观点、标准和规范，自觉地辨识考试重难点，而非依附教师去“拿到”正确答案。引导式参与，包括师生面对面制订评估标准、班级规范等常规，潜移默化地将评估责任转移给学生。转化，则是共同成长，表达着学生与他者之间积极交互、动态多变的关系。①评估不是学习之外的孤立环节，而是个体在他者帮助下逐步认识自我、发现潜能和发展能力的学习过程。

二、社会媒介的运用

学习为本评估主要在教师支持、同伴调节和学生自主行动三种路径中发挥社会媒介的效用。

（一）教师支持

学习为本评估重视社会性支持，挖掘出教师领导的路径，让教师在学生成长为最佳评估者的旅途中持续给予支持。所以，学习为本评估强调学生要承担关键角色，但并不削弱教师的作用，反而要求教师巧妙地扮演各种角色，尤其是更新观念、供应资源和良好示范的角色。其一，教师是革新评估观念的开拓者。以往评估是个极端天平，教师与学生是“我们与他们”的对立关系。②在这样的背景下，需要教师努力解放思想观念，将评估作为学习共同体

---

① ROGOFF B. Observing sociocultural activity on three planes: participatory appropriation, guided participation, and apprenticeship［M］// WERTSCH J V, DEL RIO P, ALVAREZ A. Sociocultural studies of mind. New York: Cambridge University Press, 1995:142.

② SIMMS M, GEORGE B. Approaching assessment from a learning perspective: elevating assessment beyond technique［J］. Educational assessment, evaluation and accountability, 2014, 26（1）:95-104.

建设的契机。其二，教师是评估资源的供应者。为学生提供反映学习目标不同达成度的案例，帮助学生建构不同层次的评估标准与学习任务之间的关系。其三，教师是优质评估的示范者，向学生展示并传授自评和同伴互评技能，为学生示范如何参照标准、如何评估自己的学习。教师的影响深远，他们的引导和提醒可以把学生对评估的注意力引向学习中心，持续地支持学生自评和互评。简言之，教师作为社会媒介发挥的作用，主要体现在为学生参与评估活动提供社会性支持。

（二）同伴调节

就学生同伴而言，同伴互评在互惠性人际互动中彰显他者调节和自我调节的统一性。同伴互评之初，学生和同伴协商讨论和制订有效的评估标准等。随后，学生运用这些评估标准去评估同伴作品并提出建议，引发同伴的行为变化。当学生使用相应评估标准去分析同伴如何完成学习任务和完成情况如何时，会自觉或不自觉地比较彼此的学习方法和结果，进行换位思考，进而主动反思自己并从同伴作品中理解优质学习的标准。这样，学生就在他者调节的帮助下通往自我调节。而且，来自同伴的认可，有利于学生获得情感支持。同伴还能提供来自不同角度的评估结果与反馈，有利于学生参照同伴评估校准自己的评估方法与结果，做出更为明智的评估决策。

（三）自主行动

经由交互，有经验的师长或同伴引导无经验的新手进行自我发展。当新手逐步积累经验、渐能自立时，他人所给予的协助便越来越少，而新手也逐渐进步，不断提高与形成自主学习和自主评估的能力。学习为本评估提倡自我评估，使学生有意识地区分社会需求和自我需要，理智地开展自主行动。在自我评估中，学生既清楚学习目标及影响学习的因素，又认可评估结果作为修正当下学习和规划未来学习的出发点，还能看到不同时间、不同课目中评估表现的差异性和多元性，力求让每次评估都有益于学生学习进步。在学习为本评估中，学生既将自我当作评估的对象，又承担起评估主体的权责。学生将评估规则和任务等外在要求内化为符号化思维以用于监控学习进程，尝试开展符合预期标准的学习活动，聆听他人反馈并根据实际状况灵活调整自己的学习活动，就走上了发展终身受益的评估素养之路。

在社会媒介作用和符号媒介作用的共同支持下，学习为本评估重构了学生感知任务、析取事实并实施行动的判断模式。师生有一些未曾意识到的习惯影响着他们对学习的识知，这使习惯的重建和训练尤为重要。否则，就会由习惯驱动个体，而非个体主导习惯。学习为本评估鼓励师生将习惯视为媒介手段而有意识地加以运用，使习惯愈加灵活、精细并在未来情境中得以再生，从而养成终身学习能力。这样，学生就成长为自主行动的学习者和评估者，主动地缩小学习表现与评估标准的差距，并从遵从外在规定的评估标准，发展为师生协商制订评估标准，最终开发出个性化的评估标准。

在学习为本评估领域，社会媒介和符号媒介不是割裂的，而是交互作用的。符号互动主义（symbolic interactionism）主张，事物对个体的影响往往是在个体与家庭、学校的社会互动中发生的，个体又能动地选择、组织、转移和内化信息。[①]符号化思维的运演和深化，离不开社会互动，离不开社会媒介与符号媒介之间的循环螺旋效应。借助于运用和创造符号的活动，人与世界、人与自身的交互交织成一张独具意义的动态变化的网，在关联过去的同时，更多地映射出在未来进行有计划行动的意识。此时，这种具备行动导向的未来，已经不仅仅是一个映象，而是一种理想，它“伸展到了更为宽广的区域，人的计划是更有意识更为细致的”[②]，它意味着对未来事件的预见并为未来的需要做准备，并由一种单纯的期望转变成了人类生活的一个绝对命令。于是，社会—符号交互媒介作用打开了环境、符号媒介与个体心智的空间场域，连通了过去、当下和未来的时间向度。师生参与学习为本评估，不再是孤立地思考学习任务和评估标准，而是将评估标准融入学习任务之中，架构起学习

① TEO T W. Different perspectives of cultural mediation: implications for the research design on studies examining its effect on students' cognition［J］. Cultural studies of science education, 2013,8（2）:295-305.

② 卡西尔．人论：人类文化哲学导引［M］．甘阳，译．上海：上海译文出版社，2013: 92.

和评估交融的符号网络，在反思过去、审视当下的同时，彰显未来之维，在不断地与自身、他人甚至是世界的对话中，明确前进的方向，探索通往成功的路径，并积极地为期望目标的实现做准备。学习为本评估试图革新将个体悬置起来的测量范式，将师生从分数标记、工具标准中解放出来，借助人际交互和符号形式的媒介，激活自我认同、自我完善与自我实现。学生的主体地位不是抽象、悬空的，而是在当前与未来、社会与符号的交互媒介作用中彰显出来的，是在持续培养评估素养和养成终身学习的习惯中生长发展的。

第三节　学习为本评估的技术媒介

学习为本评估追求实现教、学、评一体化，涉及大量反映学生学习状况的数据。如果这些数据都由教师和学生来记录、整理和分析，师生将不堪重负。随着时代发展，域分析、域建模、自适应算法和适应性反馈等技术发展起来。引入这些技术，有利于解决师生评估负担过重、过程性数据被忽略、评估活动持续性不足和反馈激励不及时等诸多问题。而且，支持智能化推送评估任务的技术，还能在一定程度上弥补师生评估素养存在的不足。技术为学习为本评估赋能，为学习为本评估的开展提供了便利。20世纪70年代至今，技术赋能评估的形态一直在孕育和发展，陆续出现了基于计算机的课堂辅助型评估、基于互联网的在线交互型评估和基于大数据的数据驱动型评估。展望未来，依托一系列新兴智能技术，鉴别过去学习、优化当下学习并培育终身学习的智能型学习为本评估正在兴起。

一、基于计算机的课堂辅助型评估

20世纪70年代，课堂辅助型评估诞生，其以评估即测量为理念，着眼于鉴别学生的基础知识和基本技能掌握水平并提供反馈，借助单个计算机程序和设备辅助教师在课堂上开展评估活动，有利于减轻教师负担并提升教学质量。

（一）评估即测量的理念

评估即测量的理念深刻影响着当时技术赋能评估的研发与实践。这种理念源于学习即知识获得的学习观。学习主要就是获得基本的陈述性和程序性知识。评估即通过规范的测验，检测学生是否获得课程标准要求掌握的相应知识。发展至今，较为成熟的课堂辅助型评估系统主要有基于循证诊断的内容自适应系统（Adaptive Content with Evidence-based Diagnosis）① 和辅助学习系统（Assisted Study）②。前者存储着大量依据教育行政部门规定的测试标准以及专家建议设计的数学试题，主要用于评估学生数学学习所达到的水平；后者存储着根据课程标准设计的各科试题，主要用于判断学生是否已经达到课程标准的要求。

（二）"鉴别"与"反馈"的评估目标

课堂辅助型评估的目标主要是鉴别与反馈。作为教师课堂教学的辅助，评估系统会推送一些试题让学生作答。系统会提炼出学生答案中的要点，并将学生答案要点与参考答案做相似度分析，以完成对学生学习水平的鉴别。学生答案要点与参考答案相似度高时，系统会提供验证性反馈，告知学生回答正确；相似度低时，系统则会提供精细反馈，对答案做解释并推送新试题让学生再答。同时，评估系统可以结合学生实际情况对相应的评估任务进行调整。比如，依托自适应算法等技术，评估系统能够根据学生对问题的回答情况调整剩余问题的呈现顺序。

（三）聚焦"双基"的评估内容

课堂辅助型评估将基础知识和基本技能作为主要的评估内容。域分析和域建模等技术为"双基"的评估提供了有力支持。主要有：（1）域分析技术主要从学科专家的研究成果、课程标准和教材等资料中识别、分析和梳理出

---

① SHUTE V J, HANSEN E G, ALMOND R G. You can't fatten a hog by weighing it -or can you? evaluating an assessment for learning system called ACED［J］. International journal of artificial intelligence in education, 2008,18（4）:289-316.

② RODRIGUES F, OLIVEIRA P. A system for formative assessment and monitoring of students' progress［J］. Computers & education, 2014,76（1）:30-41.

各学科学习需要评估的关键知识点和技能点，并建立这些知识点和技能点之间的关联。（2）域建模技术在“反映学生知识与技能水平的相关证据”“能够引出证据的评估任务”和“学生达到的知识与技能水平”这三者之间建立关联，使评估系统能够在收集学生学习证据后鉴别出学生的知识与技能掌握水平。

（四）单向线性的评估流程

课堂辅助型评估的基本流程是，系统研发者或教师预先将需要评估的知识与技能以及学生信息等通过编程储存于计算机中，计算机为学生提供测试题并根据学生的答题情况给出反馈。在学生回答错误时，计算机会自动提供新的测试题。这样的流程具有单向线性特征，相应的，支持以上流程顺利进行的评估程序模型也较为固定，主要发挥确定评估内容、分析反映学生已掌握评估内容的证据、创设引出证据的情境、设计试题与反馈呈现形式的功能。比如，为了支持课堂辅助型评估流程顺利开展，基于循证诊断的内容自适应系统设置了以下五个模型。（1）学生学习评估内容模型。存储评估的具体内容，即学生需要掌握的基础知识和基本技能。（2）证据模型。将体现学生已掌握知识与技能的相关证据转变为学生学习评估内容模型变量。（3）任务模型。提供用于表征和建构评估情境的框架，主要涉及试题材料的收集、试题呈现的形式以及学生答题的方式等。（4）组合模型。基于以上三种模型，设计为学生提供试题的序列和停止测试的规则。（5）呈现模型。确定不同情境下如何呈现试题与反馈。①

（五）取得减负提质的评估效果

课堂辅助型评估有利于减轻教师负担并提升教学质量。减轻教师负担主要表现在以下几方面：一是减轻教师设计与组织课堂评估任务的负担；二是减轻教师对评估数据进行收集与管理的负担；三是减轻教师向每个学生提供反馈的负担。计算机支持的评估系统会及时反馈学生尚未掌握的知识与技能，教师可以据此有针对性地进行补充教学，学生也可以从评估系统中获得一些

① MISLEVY R J, STEINBERG L S, ALMOND R G. On the structure of educational assessments[J]. Measurement: interdisciplinary research & perspectives, 2003,1(1):3-62.

相应的指导。这些都有利于教学质量的提升。

二、基于互联网的在线交互型评估

伴随着评估理念的更新和互联网的发展，20世纪90年代开始出现在线交互型评估。其秉持评估即反思的理念，着眼于促进学生自主学习和与评估系统、教师及同伴等发生交互，兼顾对学生认知与元认知的评估。这种形态的评估流程灵活多样，强调学生参与。

（一）评估即反思的理念

评估即反思的理念，源于杜威的反思性思维与舍恩（Schön, D. A.）的反思性实践思想。在评估即反思的理念影响下，学生自评和同伴互评等反思性评估方式备受重视。由此，评估不仅要鉴别学生获得了哪些知识与技能，还要帮助学生有意识地反思自己的学习过程，促使学生不只关注评估结果，还要关注如何调节和改进自己的学习。发展至今，较为成熟的在线交互型评估系统主要有基于网络的评估与测试分析系统（Web-based Assessment and Test Analysis System）[①]和导学系统（ASSISTments）[②]。前者通过提供分步式提示与反馈，促进学生自评和互评并及时进行反思；后者的重心不在于评估学生获得多少知识，而在于引导学生反思自己存在的不足。

（二）“交互”与“自主”的评估目标

随着互联网的发展，用户由被动接受信息转变为可以主动在网络上发布信息，用户之间的互动和交流得以增强。在线交互型评估追求交互与自主的目标。基于互联网，学生不仅能与单个计算机内的评估系统交互，还可以借助网络与教师和同伴交互。学生与评估系统交互，即学生和评估系统资源、学习内容之间的交互；学生与教师交互，即学生从教师处寻求鼓励和支持等；

① WANG T H. Developing web-based assessment strategies for facilitating junior high school students to perform self-regulated learning in an e-learning environment［J］. Computers & education, 2011, 57（2）:1801-1812.

② OSTROW K S. A multifaceted consideration of motivation and learning within ASSISTments［D］. Worcester: Worcester polytechnic institute,2015:1-3.

学生与同伴交互，即学生之间进行互惠交流。[①]比如，基于网络的评估和测试分析系统，要求学生撰写和分享评估任务的完成思路笔记、表述对评估任务完成情况的自信程度、阅读并推荐同伴的思路笔记、询问同伴对自己的建议，以便增强同伴之间的交互。自主，则主要通过减少评估的时空限制得以实现。学生不仅能在课堂上登录系统进行答题并获得系统提供的反馈，还能在课后登录系统开展自主学习与评估。学生登录导学系统之后，系统就在学生需要时提供一些支架式问题与提示，像教师一样引导学生解决问题。

（三）兼顾认知与元认知的评估内容

受评估即反思理念的影响，在线交互型评估既注重了解学生的知识增长和问题解决等认知水平，还强调考查学生的自我监控、自主调节和改进等元认知水平。元认知为学生提供有关认知活动进展的信息，以确保自身正在接近目标。[②]在线交互型评估对学生元认知的关注，可以视为技术赋能学习评估历史上的一次突破。它通过让学生完成一系列试题了解其认知水平，通过让学生完成多种任务分析其元认知水平。这些任务主要有：让学生表述自己对评估任务完成情况的自信程度，反映学生对自身学习水平的认识是否准确；让学生阅读同伴撰写的评估任务完成思路并推荐优秀作品，评估学生能否识别最佳的任务完成思路并进行自我调节与改进。

（四）灵活多样的评估流程

在线交互型评估的流程并不固定，呈现出灵活多样的特征。主要原因在于：其一，在评估过程中，要打开并拓宽交流渠道，为学生提供丰富多样的交流时机和方式，使学生的知识、经验与方法等有机会实现共享。其二，在评估过程中，要向学生灵活提供多种反馈，以便学生有效改进自己的学习。反馈的来源包含但不限于专家、教师、同伴及学生自己，反馈的时机可以是在评估任务完成之后，也可以在评估过程中分步提供。

---

① MOORE M G. Editorial: three types of interaction［J］. The American journal of distance education, 1989,3（2）:1-7.

② 刘电芝. 高效学习的追求：学习策略的研究与实践［J］. 中国教育科学，2019（6）：81-99.

概括而言，在线交互型评估的基本流程如下。(1) 任务呈现。评估系统根据学生特征，自动推送评估任务。(2) 信息分享。学生完成任务，并为自己完成任务的自信程度打一个分数，接着撰写和发布任务完成思路笔记。(3) 信息交互。学生在评估系统浏览并投票推选出同伴撰写的优秀思路笔记，评估系统按照得票数由高到低的顺序呈现笔记，供同伴之间分享笔记。(4) 自我反思。学生浏览并借鉴评估系统呈现的同伴笔记，调整个人的任务完成思路与策略等。(5) 获取反馈。学生通过在线交流平台主动向同伴寻求建议。在线交互型评估系统不仅在任务完成后提供反馈，在任务完成过程中也会根据学生需要提供支架型或提示型的辅导与反馈。支架型辅导与反馈为学生提供一系列支架型问题，引导学生学会对原始任务进行分解；提示型辅导与反馈为学生提供层层递进的提示，学生可以点击提示按钮获得任务解决思路，直至顺利解决问题。

(五) 促进学生参与的评估效果

学生参与意味着学生在学习活动中表现出持续的行为参与并伴随积极的情绪体验。[①]在线交互型评估通过鼓励学生自评和同伴互评以促进学生参与，通过为学生提供获取帮助的机会以优化学生的学习情绪体验。其主要效果表现在以下三个方面。(1) 学生被赋予评估主体角色，投入学习的意识得以增强。学生不只是被评者，还承担起评估者角色，这有利于唤醒学生的学习主体意识。学生开展评估活动时需要将评估标准内化，了解这些标准如何在自己和同伴的学习中发挥作用，经历此过程后，学生往往会有更好的学习表现，也会以更积极的状态参与学习。[②] (2) 学生获得更易于理解的反馈，自愿参与学习改进活动。教师作为学科领域的专家，提供的反馈往往是对复杂主题的全面洞察，这种反馈在表达时可能较为专业甚至有些艰涩，不易被处于较低

① SKINNER E A, BELMONT M J. Motivation in the classroom: reciprocal effects of teacher behavior and student engagement across the school year [J]. Journal of educational psychology, 1993,85 (4):571-581.

② STIGGINS R J. Design and development of performance assessments [J]. Educational measurement: issues and practice, 1987,6 (3):33-42.

学习水平的学生理解。[1]而学生与其同伴处于更加相近的水平，学生同伴的语言表达也较有亲和力，所以，来自同伴的反馈相对容易理解进而发挥出效力。[2]同伴反馈常常能为学生改进学习指出明确的方向，促使学生愿意付出进一步的努力。（3）学生拥有及时求助的机会，减少消极情绪体验。学生在感到困惑时，可以通过联网的评估系统向教师和同伴求助，避免因问题难以得到及时解答而累积消极的学习情绪。

三、基于大数据的数据驱动型评估

大数据技术的快速兴起，促使数据驱动型评估在21世纪初发展起来。其秉持评估即探究的理念，为学生创设沉浸式的评估体验，帮助学生改进学习。数据驱动型评估的内容涉及多个维度且以高阶能力为核心，其流程具有动态生成的特征，支持持续地收集和分析学生在线学习过程中的各类数据，促进深度学习的发生。

（一）评估即探究的理念

受学习即知识创造这一新兴学习观的影响，评估即探究的理念开始兴起。它强调将关于学生“学了什么”的事实描述与如何“学得更好”的价值探究相融合，由此，评估从仅对学生是否达到预设标准的考查，拓展为建立假设、推理论证、查找证据、验证假设和优化行动的探究活动。[3]这就要求将需要评估的内容概念化，围绕评估内容构建评估任务，根据评估标准分析学生学习水平，尝试验证分析所得结果并引导学生采取行动改善现状。[4]在数据驱动型评估中，评估活动不再局限于要求学生完成各类试题，还包含创设真实问题

---

① GIBBS G, SIMPSON C. Conditions under which assessment supports students' learning［J］. Learning & teaching in higher education,2004, 24（1）:3-31.

② TO J, PANADERO E. Peer assessment effects on the self-assessment process of first-year undergraduates［J］. Assessment & evaluation in higher education, 2019,44（6）:920-932.

③ 余璐，黄甫全，曾文婕. 教育评估的四大隐喻及其生成与转化原理［J］. 河南师范大学学报（哲学社会科学版），2018（1）：141-147.

④ CURNOW T J, LIDDICOAT A J. Assessment as learning: engaging students in academic literacy in their first semester［C］. Adelaide: ATN Assessment Conference, 2008:97-104.

情境以考查学生的高阶能力。这样，评估者可以收集到更丰富的学生学习证据，进而为每个学生提供更精准的行动优化方案。

（二）“沉浸”与“改进”的评估目标

数据驱动型评估致力于为学生提供沉浸式的评估体验，并帮助学生改进学习。“沉浸”描述的是一种体验状态，即完全沉浸在活动中并获得享受，沉浸式体验产生的基本条件包括清晰明确的目标、具有挑战性但可达成的任务和即时性的反馈。[①]当前，较为成熟的数据驱动型评估系统主要有学习分析系统（AMOEBA）[②]和学生诊断、辅导与评估系统（Learner Diagnosis, Assistance, and Evaluation System）[③]。学习分析系统可以实时优化学生编程的合作体验，它能根据学生的能力水平推送编程任务，对学生的编程行为进行实时分析并提供即时性反馈等策略，帮助学生获得沉浸式体验。为了实现改进学生学习的评估目标，系统还会实时收集、分析学习数据并提供给教师和学生。学生诊断、辅导与评估系统能够持续收集学生的在线学习信息，为学生生成个人学习档案。教师可以根据档案快速了解每个学生的学情，布置具有针对性的下一步学习任务，学生则可以根据档案制订学习改进方案。

（三）高阶能力为核心的多维评估内容

技术的升级能够支持将学生解决问题时采取的行动序列显性化，[④]使得对学生问题解决能力和批判性思维能力等高阶能力的评估成为可能。数据驱动型评估重视创设复杂任务情境以便评估学生的高阶能力。比如，学习分析系统提供最佳的学生配对方案，要求学生进行合作编程。系统会基于网络服务

---

① CSIKSZENTMIHALYI M. Finding flow［J］. Psychology today, 1997, 30（4）:46-48.

② BERLAND M, DAVIS D, SMITH C P. AMOEBA: designing for collaboration in computer science classrooms through live learning analytics［J］. International journal of computer-supported collaborative learning, 2015, 10（4）:425-447.

③ SAMARAKOU M, FYLLADITAKIS E D, FRÜH W, et al. An advanced eLearning environment developed for engineering learners［J］. International journal of emerging technologies in learning, 2015, 10（3）:22-33.

④ PELLEGRINO J W, CHUDOWSKY N, GLASER R. Knowing what students know: the science and design of educational assessment［M］. Washington D. C. : National Academy Press, 2001:10.

器上实时记录的数据，根据编程过程与成果评估学生的高阶能力。数据驱动型评估以学生的高阶能力为核心评估内容，同时关注对认知、情意、社会互动和自我调节等维度的评估。为了有效评估以高阶能力为核心的多维内容，数据驱动型评估系统主要由五个子系统组成，每个子系统负责收集不同信息并承担相应功能（见表5-3）。

表5-3　数据驱动型评估子系统主要功能及信息收集

子系统名称	主要功能	收集信息
监控子系统	在学生知情并同意的情况下监控和记录他们在学习过程中的操作，从而为每个学生建立概要文件	静态信息：学生姓名、注册账号
		动态信息：学生在该学习环境中花费的总时间，完成每项任务花费的时间，已完成任务的数量、顺序和质量
		与任务相关的信息：学生请求学业帮助的频率和类型、出错的频率和类型
日志子系统	记录学生给出的答案、采取的行动，借此分析学生需求	学生选择的学习模块、任务类型及数量、任务完成详情
评估子系统	采取模糊逻辑技术，输出学生思维能力概况	学生参与数据：学生在评估过程中的参与情况和思维改变情况
		系统操作数据：系统提供帮助的情况、任务发布的时间间隔
分析子系统	分析学生的认知情况，提取学生的学习特征	学生的知识水平、知识盲区、学习风格、学习态度和学习参与意愿
建模子系统	根据学生的认知情况建构相关模型	学生原始的认知模型、学习过程中接受的反馈和参与的个性化活动

资料来源：SAMARAKOU M, FYLLADITAKIS E D, FRÜH W, et al. An advanced eLearning environment developed for engineering learners［J］. International journal of emerging technologies in learning, 2015,10（3）:22-33.

（四）动态生成的评估流程

就课堂辅助型和在线交互型评估而言，评估任务和学习资源大多需要提前存储在系统中，布置评估任务的时间也相对固定。数据驱动型评估的流程则表现出动态生成的特征。具体而言，评估系统支持持续采集学生学习过程中的各种信息（如学生的答题时间、求助次数和频率等），通过分析信息了解学生的学习水平。同时，系统在必要、非预设的情况下，支持教师依据学生学习水平动态更换评估任务，调整学习资源和反馈的内容与呈现时机等。比如，学习分析系统会实时分析学生的编程合作情况，如果合作状态不佳，系统会提醒教师及时更换学生配对方案以确保学生获得最佳的编程学习体验。

（五）推动深度学习的评估效果

深度学习即学生以复杂的、深层次知识为学习对象，以沉浸、投入的心理状态，运用高阶思维和复杂问题解决能力，实现分析、综合与评价等高层次学习目标的学习。[①]在数据驱动型评估活动中，评估任务具有复杂性，评估环境体现真实性，有利于促进学生深度学习的发生。比如，学习分析系统支持学生与最为合适的同伴一起编程，向其他同学展示成果并寻求帮助和建议。这种有意义的协作学习，能够促进学生对编程概念和方法的深入理解与迁移，并提升高阶能力。学生诊断、辅导与评估系统中的学习任务按照复杂程度划分为多个等级，系统会根据学生学习情况推送相应任务，逐步引导学生提升学习水平。

四、走向智能型学习为本评估

技术赋能学习评估过程中出现的每一种评估形态都有其历史意义与独特价值。随着人们对学生学习评估的理解愈发深入以及技术的不断升级，评估目标的高度、评估内容的广度、评估流程的灵活度和评估成效的丰富度正逐步提升。展望未来，进一步突破时空局限，能够持续收集和共享学生学习数据并及时进行分析，以更好地发挥促学作用的智能型学习为本评估正在成型。智能型学习为本评估着眼于培育终身学习者，秉持“评估即学习生态再建构”的理念，以促教与促学为主要目标，评估流程具有实时持续的特点。技术赋

① 张静，陈佑清. 学习科学视域中面向深度学习的信息化教学方式变革［J］. 中国电化教育，2013（4）：20-24.

能学习评估的形态发展如图5-1所示。

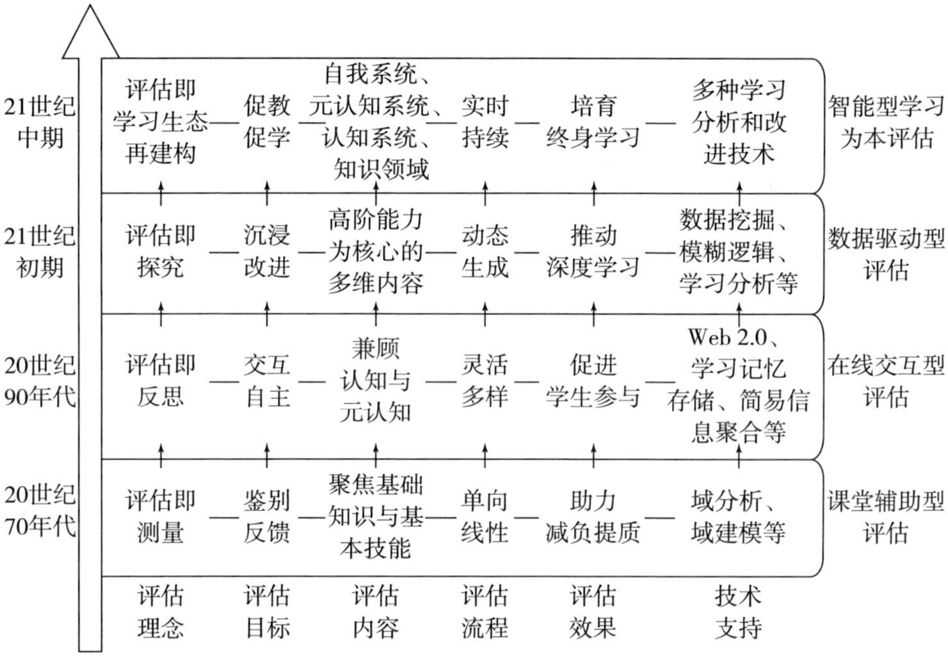

图5-1　技术赋能学习评估的形态发展

（一）评估即学习生态再建构的理念

生态哲学具有尊重多样性、强调整体性和动态平衡性等特征。追求学习生态再建构的评估，不再纠结于从评估的测量、反思和探究范式中选择其一，而是力争促使三者共存共生，平衡多种评估需求，建构出一种新的学习生态。第一，评估要鉴别过去学习，了解学生“在哪里”。技术能够提供记录与分析学生学习行为轨迹的功能，使教师不再只依赖经验，而能基于大量证据对学生过去的学习情况做出较准确的判断。第二，评估要优化当下学习，指引学生“向前行”。可以借助技术向学生形象描绘学习目标和细化的成功标准，在学生达成学习目标的过程中提供个性化的支持。第三，评估要培育终身学习的理念，引导学生“不止步”。在技术支持下，可以建设开放型的教学资源挖掘与共享平台，优化师生与同伴交流平台，持续唤起学生承担学习主体责任的意识，提升主体决策能力，为终身学习奠基。

（二）“促教”与“促学”的评估目标

智能型学习为本评估对课堂辅助型、在线交互型和数据驱动型评估的诸多目标加以整合，使其指向于促教与促学。以新兴技术为依托，智能型学习为本评估不要求学生进入特定计算机室操作陌生电子设备，就能通过多种学习状态分析技术提供学生在多场景下的多维度学习信息。①例如，使用面部表情识别、眼动追踪和运动传感等技术，无介入式地分析学生学习情绪、对学习内容的关注焦点和学习专注度等信息。由此，实现对学生已有水平客观而准确的鉴别，为促教与促学提供参考信息。而且，智能型学习为本评估重视学生对自身的评估，为学生提供更多参与评估、主动反思和发现自身不足的机会，促进学生自主评估并改进学习。人工智能支持的教育机器人也能参与学习为本评估活动，机器人可以使用语言和面部表情与学生发生交互。虚拟现实技术则使评估任务以更便捷和更真实的形式呈现给学生，使学生获得沉浸式体验并在此过程中展现自己各方面的发展情况。应用高度个性化定制、智能推荐引擎等技术之后，师生能够在了解评估结果后获得教学和学习资源推送以及路径规划等支持，从而实现有效地教和个性化地学。

近年来，人工智能技术在不断发展。其中，一款聊天机器人程序ChatGPT（Chat Generative Pre-trained Transformer）自问世以来，受到极大关注。将ChatGPT运用于评估领域，有利于促教与促学目标的达成。其一，ChatGPT具有卓越的自然语言理解与处理能力，在与人类对话时能够提供更真实和拟人化的回答，可以扮演学生的智能学伴，时时、处处与学生进行对话互动，解决通过评估发现的各类问题，提高学生的学习兴趣和动机。其二，ChatGPT具有较强的文本生成能力，支持生成准确且连贯的多体裁文本，可以为师生生成依据评估结果改进教与学的方案以及配套的巩固练习等。其三，ChatGPT具有广泛的场景应用能力，支持不同学科、不同学段的评估，尤其

① SAMARAKOU M, FYLLADITAKIS E D, PRENTAKIS P, et al. Implementation of artificial intelligence assessment in engineering laboratory education[C]. Lisbon: International Conference on e-Learning, 2014:299-303.

适用于批改学生习作，检查拼写、语法和标点等方面存在的问题，甚至对学生的论述和论证等提供反馈。[①]ChatGPT也能够作为智能助手提供在线辅导。其四，ChatGPT具有接纳扩展与定制的能力，能够根据用户的特定需求对模型进行微调或自适应提升，以便提供更精确的结果。比如，ChatGPT可以集成到数字化学习平台，根据不同阶段的育人目标、学生认知特征和学习规律等，通过提问、质疑和假设等方式引导学生深入思考，直至帮助学生达成学习目标。[②]ChatGPT还可以配合第三方应用，生成故事、电子书和视频微课等支持教与学改进的多种资源。

但是，ChatGPT引发的诚信问题不可忽视。比如，学生会向ChatGPT发起不正当的"求助"，让其代为完成写作任务等。因此，如何在评估领域引入ChatGPT，以便更好地发挥促教与促学的作用，需要加以深入研究。

（三）面向未来社会发展的评估内容

未来社会发展呈现出越来越复杂的面貌。人们认识与改造世界的活动已成为人与技术、社会、自然之间的多重交往活动，需要综合调动知识、能力、情感态度，认识并不断调节个人与自身、个人与工具和个人与他人之间的关系，才能有效发展高阶能力、解决复杂问题，以便顺应时代发展。[③]可见，只强调基础知识和基本技能，或只强调认知与元认知，抑或只强调高阶能力，都存在一定局限性，无法完全满足未来社会发展需要。马扎诺（Marzano, R. J.）等人提出的目标分类学框架涉及的内容较为全面，能够在一定程度上回应未来社会发展需求。该框架涵盖知识领域和加工水平两个维度。其中，知识领域涉及信息、心智程序和心理动作程序，分别代表内容性知识、过程性知识和复杂的身体活动能力。加工水平涉及三个系统，即认知系统（按照加工水平由低到高的顺序排列依次是信息提取、理解、分析、知识应用）、元认知

① 宋萑，林敏.ChatGPT/生成式人工智能时代下教师的工作变革：机遇、挑战与应对［J］.华东师范大学学报（教育科学版），2023（7）：78-90.

② 杨宗凯，王俊，吴砥，等.ChatGPT/生成式人工智能对教育的影响探析及应对策略［J］.华东师范大学学报（教育科学版），2023（7）：26-35.

③ 龙安邦. 学习学术：面向学生核心素养发展的学习方式创新［J］. 教育科学，2017（3）：42-47.

系统和自我系统。[①]在面对新的学习任务时，自我系统是第一道关卡，对学习任务进行价值判断，进而才能决定是否启动元认知系统生成问题解决的策略与方法，并调动认知系统的基本认知技能完成任务，知识领域为其他系统的正常运转与协作提供支持。

智能型学习为本评估要重视对学生认知系统、元认知系统、自我系统和知识领域的评估，而且要以评估促进以上三个系统与知识领域的发展。其中，尤其需要通过评估关注和助推常被忽略的学生自我系统的发展，才能进一步带动认知系统与元认知系统的改进和知识领域的完善。学生的自我系统决定着他们是否愿意从事某项学习任务及计划为之投入多少精力。自我系统相较于其他系统，其意识水平更高。[②]因此，马扎诺将自我系统置于顶层。具体而言，自我系统主要完成以下活动：（1）任务重要性检查。学生判断完成该任务对自己的重要程度。（2）自我效能检查。学生判断自己能否完成任务，或在多大程度上能完成任务。（3）情绪反应检查。学生判断自己对完成某项任务的情绪感受。（4）动机检查。学生在综合考虑任务重要性、自我效能感和情绪反应因素的基础上，判断完成任务的动机水平。[③]智能型学习为本评估要支持学生评估学习任务对自己的重要性、分析完成任务的可能性、识别对该任务的情绪反应和检查相应的动机水平，就需要在评估系统中开发智能代理，以便反馈和协助学生调整自己的非认知状态，排解不良学习情绪、激发学习动机、提升自我效能感并改善学习态度。保障自我系统的运作，才能进一步启动认知与元认知系统，完成复杂的认知活动。

（四）实时持续的评估流程

如果说数据驱动型评估营造的是以线上空间为主的学习环境，那么智能型学习为本评估则尝试创设无缝学习空间，不再局限于在线使用某些评估系统时才能开展评估，其评估流程呈现出实时持续、不拘一格的特征。

---

①③ 马扎诺，肯德尔.教育目标的新分类学［M］. 2版.高凌飚，吴有昌，苏峻，译.北京：教育科学出版社，2012：56，49-52.

② 郑东辉.深度学习分层的教育目标分类学考察［J］.全球教育展望，2020（10）：13-26.

其一，在某一学习阶段结束时，使用人机交互测验等采集和分析学生学习证据，形成基于证据的学习评估报告，以便鉴别已有学习成就。在此基础上，将反馈发展为前馈，改进师生的教学活动。人机交互式测验使以最少的任务量涵盖多个评估指标成为可能，能缩减评估占用的时间，而且，学生完成任务时的跳转情况等数据可以被记录和分析。采用决策树和分步回归等方法对数据进行建模，有利于快速生成可靠的评估报告。运用深度置信网络和卷积神经网络等深度学习算法可以基于上一阶段的学习结果报告对学生下一阶段的学习进行预测，引导学生优化未来的学习计划。这样，一个学习阶段结束时的终结性评估数据，既可用于鉴定的终结性目的，又可用于改进教学的形成性目的。

其二，在学生学习过程中，借助智能技术可以实时地、更加全面地收集学生学习活动中的数据，并进行文本分析、动作和手势分析、眼睛凝视分析、情感状态分析等，能够快速将学生当前学习情况进行可视化呈现，有效提高评估质量，帮助学生了解自身学习状况，如知识掌握程度、认知与元认知发展情况和学习动机水平等，及时回应学生“现在在哪里”，为制订适宜的学习目标提供依据，进而确立“可以到哪里”的标杆。同时，智能导师和适应性反馈等技术，能够实时为学生学习活动提供方向路径指引和学习资源保障，有利于学生缩小当前学习水平和预期目标水平之间的差距。

其三，智能技术推动评估和学习真正融为一体，帮助学生不断成长为自主的终身学习者。学生在课堂上展示学习成果，智能技术在优秀教师教学参照系统支持下给予学生具体反馈，学生在此过程中可以反思自身思维过程和识知过程，不断提升学习监控力。这样，学生随时审视和反思“我现在在哪里”“我应该去哪里”“我怎么去那里”“如何确信自己已经到达那里”和“怎么帮助自己到达那里”，对自己的学习负责。而且，智能化时代的信息交流与共享变得更加顺畅和便利，学生拥有了更多自由地、及时地表达自身发展诉求的交流平台，教师垄断评估话语的局面被打破。学生通过与同伴创建评估共同体，协商研制评估标准，据以开展自评和互评，并在相互参照和共同讨论中校正评估结果，既发现自身和同伴优势及尚存不足，也不断提升自主评估能力。

（五）培育终身学习的评估效果

在智能时代，各类知识与技能呈指数级增长，终身学习的重要性愈发凸显。智能型学习为本评估有利于培育学生终身学习的意识、能力与习惯。学生在智能技术支持下，深度参与评估过程，包括监控、判断、反思自己的学习活动有无偏离学习目标，运用智能系统反馈的信息改进学习过程与策略，基于学习证据判断自己处于何种水平及规划下一阶段的学习。这样，评估促进学习的可持续性得以彰显，不仅能满足当下学习需要，也强调未来学习的优化。通过智能型学习为本评估，学生可深入了解自己的学习需求、学习特点、学习过程与学习结果，逐渐学会调节学习进度和指导自己实现学习目标，在此过程中持续增长终身学习的意愿与能力。简言之，学生在深度参与评估的过程中，不断实现对自己学习的自我管理和自我调节，从而成长为自主的终身学习者。

技术进步、政策支持、理念革新和经济发展等诸多因素，为技术赋能评估提供了现实条件和不竭动力。20世纪70年代至今，技术赋能评估的形态在不断孕育和发展。初级形态是课堂辅助型评估，关注对学生学习水平的鉴别，同时重视基于学生学情调整评估任务以满足学生的学习需求，并致力于给学生提供及时反馈，为学生改进学习提供依据。随后，促进学生参与的在线交互型评估和推动深度学习的数据驱动型评估逐渐成型，评估的促学特征愈发明显。深入探讨技术赋能评估的历史嬗变，有助于深化对学习为本评估中技术媒介作用的认识以及对新时代评估改革方向的理解。展望未来，智能型学习为本评估的优化与完善，特别是如何开发与运用技术媒介来推动智能型学习为本评估的进一步发展，还有待更多研究者进行探索。

第六章 学习为本评估的方式论（上）：学习段评估

以往的评估活动，经常是指向过去的、回溯性的，即判断学生已经学得如何。回溯性的价值判断，在一定程度上剥夺了学生改进学习及创造学习价值的理想。学习为本评估内蕴创造学习价值的取向，拓展了评估的多重目标和功能。其中之一就是，在分析和批判面向过去的价值判断的基础上，建构一种复合型的价值判断，形成一种基于过去、观照现在、面向未来的评估逻辑理路。为了落实这样的理路，学习为本评估在方式上通过改造终结性评价创生出学习段评估（assessment of learning）。力求经由学习段评估，在回顾过去的基础上推动学生借助具体的方法与手段，从当下转向未来，即依靠相应的学习行动，创造出自己所期待的学习价值理想。

第一节 学习段评估何以可能

基于对终结性评价的改造而创生的学习段评估，在精确测量学生的已有学习情况的基础上，力争协同发挥评估的终结性、诊断性和形成性三重作用，既回顾过去做得如何，也关注当前做得如何，更明确如何做得更好。学习段评估帮助师生以成长型思维看待学习而非以一锤定音的方式终止学习，让师生在关注已经拥有什么的基础上进一步思考正在做什么和还能做什么。

一、改造终结性评价，创生学习段评估

学习段评估产生于人们对终结性评价的反思。终结性评价尤其是常见的高风险测验对学生的学和教师的教都产生了巨大的冲击。[①]片面追求终结性

① Assessment Reform Group. Testing, motivation and learning［M］. Cambridge, UK: University of Cambridge Faculty of Education, 2002:2-7.

评价导致学生虽然学会了如何通过考试，却不具备一些必备的深层次学习能力。[①]终结性评价具有多重局限，但其所具有的鉴别和赋等功能又必不可少。在这样的背景下，力争吸收终结性评价的优势又试图克服其不足的学习段评估得以创生，它既对学生的学习结果做出判断，又格外观照个体的学习表现，还重视为教学改进提供依据。

学习段评估是依据课程目标、既定学习目标或评估标准等，综合运用多种方法收集某一学习阶段结束时学生学习结果的信息，并通过数据分析判定学生的达标程度如何。在此基础上，着重对这些数据做出适当解释，反馈给教师、学生、学校领导、家长或教育行政部门等，以便其改进相应的教学决策。需要注意的是，其一，学习段评估在一个学习阶段结束时进行。此处的"学习阶段"可做多种理解，这意味着学习段评估可以在学年结束、学期结束或一周学习结束等时机开展。其二，学习段评估非常强调对评估数据加以分析解释、反馈和适度透明化。这些解释成为师生教与学的前馈信息。就教师的教而言，这些信息为改进课程与教学设计提供了依据。就学生的学而言，这些信息向学生提供了外在的参照，能帮助学生理解、检测自己的学习状态，明确进一步学习的方向。这就超越了终结性评价只发挥鉴别功能的明显局限，开发了终结性评价的形成性功能，起到了改进教与学的作用。其三，从终结性评价到学习段评估的概念发展，体现着从通过考试选拔人才的"择优筛选"到为每个学生的学习负责的"全民问责"的改革走向。其四，学习段评估不仅需承担教育问责这一重任，其评估数据亦是学习为本评估的其他两种方式即学习性评估和学习化评估的重要杠杆。无论是教师反馈调节教学，还是学生监控自身学习过程，都需要将相应的学习段评估数据加以分析和反馈。

① 英国评价改革小组.教师在终结性评价中的作用［J］.袁莉，译.基础教育参考，2007(10)：14-20.

二、超越结果测验，强调三重协同作用

为了充分发挥出改进教师教与学生学的功能，学习段评估汲取并转化了终结性评价、诊断性评价与形成性评价的优势，建构了它们之间的协同机制。正是强调协同发挥评估的终结性作用、诊断性作用和形成性作用，才使得学习段评估既鉴别已有学习结果又改进当下与今后的学习活动成为可能。

终结性评价强调价值判断首先是一种“证价判断”。证价判断就是证明已有结果的价值有无与高低的判断，乃传统价值论对价值判断的一种理解与定位，指导理论与实践聚焦于对已有学习结果“价值有无和高低”的考查与确定。为此，开发测验等多种技术进行终结性评价，收集信息以确定已有学习水平与结果，既是必需的，也是合理的。但是，仅仅从时间上生硬地划分出诊断性评价、形成性评价和终结性评价，并将其割裂开来，是有违经验常识的。深入分析可知，这三者虽然在评估目标和效果上存在区分，实质上却发挥着互补的作用。知识点结束、单元结束、期中、期末、毕业乃至中考、高考和PISA测验等重要时间节点上的终结性评价，运用得当就可发挥诊断性作用和形成性作用，进而改进教学决策。

如果不仅仅立足于某一时间节点来碎片式地运用评估，而是在具有延续性的时间维度上观照评估，那么同样的评估数据、信息、方法，就不仅可用于认证、鉴定、汇报以发挥终结性作用，而且可用于作为下一阶段教与学的诊断性信息以发挥诊断性作用，还可用于有效改进下一阶段教与学以发挥形成性作用。基于三重协同的评估作用原理，学习段评估持续发展和优化终结性评价的测验技术与实施策略，使之能兼顾学生显性指标和隐性指标的发展，让收集和分析的证据能够表征并揭示学生学习活动的复杂性。由此，学习段评估拓展了终结性评价实现的证价判断所涉学习价值领域的广度与深度，使其从局限于学习结果的价值有无与高低及偏执于分等与选拔的定位中走出来，观照到朝气蓬勃的学习生活及其持续不断的动态优化过程。而且，学习段评估开发了终结性评价的诊断性和形成性应用，与学习为本评估的其他两种方式即学习性评估与学习化评估实现交融，从而彰显了评估作为一种价值判断

的“创价判断”实质。

三、基于“创价判断”，彰显前馈提升理路

将评估定义为一种价值判断并没有错，但需要深化并把握到“创价判断”层面。既有的传统将价值判断仅仅规定和操作为“证价判断”，即证明已有的学习结果有无价值或价值的高与低。从“证价判断”到“创价判断”的发展，直抵价值认识论深层，从根本上滋养了学习段评估。

创价判断旨在纠正证价判断对价值判断的片面解释与应用。证价判断仅仅是一种事后判断，陈述或记录那些给定的价值和效用，价值是已然存在的和给定的，只是有待人们去认识。创价判断则是全纳性判断，扩展到评估那些“尚未存在的价值并使这些价值产生”①。证价判断只是陈述，报告某一学习活动有价值或已经被赋予价值。与之不同，创价判断的对象不是给定的，而是通过某种学习行动才有可能存在。所以，创价判断是对一种学习价值可能性的判断。不确定的学习价值，通过判断与行动才存在或产生。学习段评估基于创价判断原理，孕育和彰显了“前馈提升”的理路。

反馈，一旦发挥出为教师的教和学生的学提供指导建议的功能，就不再是回顾性的，而转变为前瞻性的，实质上成为“前馈”。将反馈转变为前馈，对新一阶段教师的教和学生的学都有积极的提升作用。比如，对过去终结性评价常用的学业成就报告适当改进，就可以实现前馈提升功能。学业成就报告一方面作为反馈成为大家公认的升学依据，另一方面作为前馈启示家长和教育管理者改进教育决策，启示教师改进教学决策，还启示学生改进学习决策。这样，学习段评估就极大地丰富了学生学习的现实条件与预期学习结果及其交互关系，积极调节着学生的学习期望、感受和情感，并借由探究学生学习结果及其前馈提升来帮助学生达至宜欲的学习结果。

然而，这一切如果仍然局限在已有学习条件，就会受制于师生既定的教

---

① 杜威.评价理论［M］.冯平，余泽娜，等译.上海：上海译文出版社，2007：104.

学时空与精力，无法实现而成为空谈。价值认识论已经阐明，创价判断“是对一种尚未存在的、通过活动而被创造出来的可能的价值承载者的判断”[①]。据此，学习段评估在发展过程中，基于飞速发展的信息通信技术，不断彰显评估数据处理、分析、解释与呈现的多样化技术，创新了“网络支持”这种生成性的学习价值承载者。放眼看去，网络化评估（e-assessment）之类的多样化评估技术如雨后春笋般快速发展起来。学习段评估在张扬评估的终结性、诊断性和形成性三重作用中，获得了强力的技术支持，展现了创造学习价值的无限可能。

网络评估系统（computer-based assessment）就是一个富有代表性的样例，它旨在检测学生的语言（听、读、写）和数学知识与技能方面的掌握与应用情况。[②]该评估系统题目多样、趣味盎然，既能满足学校和教师对学生知识与技能的考核，也能适应不同类型学生的学习特点。学生完成题目后，电脑可随时生成评估报告。就数学来说，评估报告分为测验结果报告、题目分析报告和家长报告，提供了科学而系统的关于学生个人学习的定量和定性的诊断性结果。这种自动化的评估系统为师生提供了许多便利，显著减轻了批改试卷、统计分析和撰写报告的负担。其表现出三个特色：一是多样化的评估内容和题目，不仅能检验学生知识与技能的掌握程度，也为学生高层次思维能力的培养与发展奠定了良好基础；二是生成的三个报告，分别满足了学生学习、教师改进教学和家长知情的需要，发挥了评估的终结性作用，如果有效加以运用还能发挥诊断性与形成性的作用；三是灵活运用网络技术，既有数字答案选填，也有动手操作，使评估变得新颖有趣，让学生不再厌恶测验。

---

① 冯平．杜威价值哲学之要义［J］．哲学研究，2006（12）：57.

② Using computer-based assessment in Northern Ireland: information for schools［Z］. Belfast: CCEA Publication, 2015:4.

第二节　学习段评估何以可行

学习段评估的实践，可以从研制评估指标、选用评估方法、选择评估时机、管理学习证据、呈现评估结果和使用评估结果六个方面展开。

一、研制评估指标

学习段评估在开发评估指标时，需注意兼顾显性指标与隐性指标，进而拟定体系化的各学段评估指标。

（一）兼顾显性指标与隐性指标

显性指标的评估，可以通过纸笔测验开展。隐性指标的评估，比显性指标的评估更为复杂，且在实践领域常受到忽视。教师对隐性指标比较陌生，也缺乏恰当的评估方法。然而，相比于显性指标，隐性指标的评估同样重要且更为根本。这是因为隐性指标的提升有利于学生发生深度学习、焕发求学热情，并在未来的学习与发展中表现出极大潜力。开发评估指标时，需要关注长期被忽视的隐性指标，力争兼顾显性指标与隐性指标。

1. 考试或测验等常见方式难以评估隐性指标

终结性评价的常见方式是考试或测验，这些方式主要关注的是基本知识与基本技能这些显性的、易测评的指标。而一些相对内隐的指标，如合作学习能力、高阶思维能力和解决复杂性真实问题的能力等，很难通过考试或测验来评估。比如，学生认知维度高阶能力的发展包含“批判性思维和问题解决”这一指标，表现为：精通某一内容领域的具体工具和技术并能够有效运用；能够阐述问题并且形成假设；能够判断、评价和分析多源信息以解决问题；能够推理并形成合理论证来支持假设。仔细分析，这项指标涉及学生问题解决的过程表现、工具技术、认知技能、所需内容和论证方法等。在问题解决中特别是结构不良问题的解决中，对这些指标进行程度或等级的划分是相当困难的。又如，在指向知识创造的学习活动中，学生的学习任务涉及多学科内容，经过深度学习后，学生最终要通过创造产品来实现概念的整合、知识的运用，以及在社会当中、学校之外真实问题的解决。这些学习活动中的能力提升是内隐的，因此评估标准很难拟定，在学生学习过程中收集相应证据的难度也进一步增大。

由于隐性指标不易评估，这些隐性指标很容易被边缘化、被虚化、被忽略，以致难以纳入评估的视野和框架，难以成为评估所重视的内容。可是，评估会对学生选择如何学习产生重要影响。进一步说，评估表明学校在做出评判时会优先考虑什么，代表着学校真正重视什么，这种期待会在很大程度上影响学生的学习活动，影响学生选择要学什么、怎么学和学成什么样。正是在这个意义上可以说，评估，而非教学，对学生学习起着主要影响。如果学校的评估有意或无意地忽略"基于跨学科学习在现实生活中创造与使用新知识"等隐性指标，那么就会促使学生采取仅仅指向显性指标的携有不利影响的学习方式。这是一个急需解决的严重问题，也是学习段评估提倡兼顾显性指标和隐性指标的一个重要原因所在。

2. 适当突出隐性指标与显性指标之间的关联

社会、学校、家长不可避免地会关注显性的分数，而隐性指标容易被虚化。其实，这些易被虚化的隐性指标才是支撑基础知识与基本技能这些显性指标发展的基础。在国内，有学者用"学力"一词代表学生学习的结果即学生通过学校内外的学习所习得能力的总体，并用"显性学力"代表易考查的、外显的学习结果，主要关乎学生认知，用"隐性学力"代表难以考查的、不易外显的学习结果，这关乎学生学习态度、情感、价值观和思维等。案例研究发现，重视隐性学力的提升，才能更为长久稳定地促进作为显性学力的知识与技能的不断提升。隐性学力还表现出对学生将来学习的作用，类似"学习潜力"；而显性学力则更多地表现为当下学习的结果。①可见，追求显性指标的长久稳定提升，需要重视隐性指标的发展，这两者并不是对立分割的关系。在国外，有学者考察了美国八所以帮助学生追求深度学习目标著称的公

① 岳欣云，董宏建.论小学生数学隐性学力的提升［J］.课程·教材·教法，2016（10）：63-68.

立学校，发现这些学校成功回避了非此即彼陷阱，即究竟应该致力于帮助学生获取知识，还是培养学生解决问题和合作等复合能力。这些学校强调两者的融合，让学生既掌握了核心的基础知识，又具备了将知识应用于不熟悉的新情境的能力等。①

这些研究与实践都表明，隐性指标可以和人们较为关注的显性指标加以关联。消解将两者对立的认识误区，在此基础上适当突出隐性指标的意义，彰显其对显性指标的促进作用和未来可回报的特征（即能对个人未来的社会经济生活产生积极的影响），这有利于将各种隐性指标实实在在地纳入学习段评估指标之中。

（二）“通观”与“具观”并重

学习段评估指标的研制，既要有整体观照即“通观”，又要有具体探察即“具观”。

1.“通观”评估指标研制

“通观”意味着不能碎片式地考虑学习段评估指标，即不能孤立地确定每一节课或每一次活动的学习段评估指标，而需要从学生可持续发展的角度出发，既有宏观视野也有具体考量，整体式地思考各阶段的评估指标如何相互关联并指向学生未来的学习，以及是否能够满足学生的未来学习需要。由此，构建出每一单元、每一学期、每一学年、每一学段层层嵌套、环环相扣的体系化的学习段评估指标。

以小学阶段为例，学校层面至少需要在整体思考的基础上明确拟出学生毕业时各方面要达到的基本要求，进而层层递推，细化出各学段、各学年、各学期乃至各单元的评估指标（见下页表6-1）。教师至少需要拟出学生学完自己所任教课程时要达到的基本要求，进而层层递推，细化出该课程各学段、各学年、各学期乃至各单元的评估指标。学校层面或学科层面的学习段评估，可以由教师根据政策要求、社会文化发展特点、本校或本班实际学情等自主

① 马丁内斯，麦格拉思.深度学习：批判性思维与自主性探究式学习［M］.唐奇，译.北京：中国人民大学出版社，2019：引言2.

选择和建构相应的指标体系。但是，无论如何选择和建构学习段评估指标，都要兼顾显性指标和隐性指标，重视对学生全面发展的支持。研制学习段评估指标时，不能遗忘的是：评估促进什么样的学习，学生就会通过什么样的学习而成为什么样的人。在这个意义上，评估决定着学生“学以成人”的方向。对学习段评估指标进行“通观”，确实具有挑战性，有许多难为之处，但也有一些可为空间，仍需要不断研究、深入探索。

表6-1　学习段评估指标研制“通观”思考框架

维度	评估内容	毕业时学生需达到什么水平	学段评估指标	学年评估指标	学期评估指标	单元评估指标
认知	知识增长	学生毕业时在认知维度要达到的基本要求	各学段认知维度的评估指标	各学年认知维度的评估指标	各学期认知维度的评估指标	各单元认知维度的评估指标
	探究能力					
	思维发展					
	问题解决					
情意	学习动机	学生毕业时在情意维度要达到的基本要求	各学段情意维度的评估指标	各学年情意维度的评估指标	各学期情意维度的评估指标	各单元情意维度的评估指标
	学习信心					
	专注水平					
	学习韧性					
社会互动	有效协作	学生毕业时在社会互动维度要达到的基本要求	各学段社会互动维度的评估指标	各学年社会互动维度的评估指标	各学期社会互动维度的评估指标	各单元社会互动维度的评估指标
	换位思考					
	平衡个人学习与共同体学习					
自我调节	学习计划	学生毕业时在自我调节维度要达到的基本要求	各学段自我调节维度的评估指标	各学年自我调节维度的评估指标	各学期自我调节维度的评估指标	各单元自我调节维度的评估指标
	学习记录					
	学习监控					
	学习改进					

注：本表仅为思考框架，并不是一套对具体毕业要求和评估指标进行详细描述和规定的指标体系，学校和教师可以自主选择和建构相应的指标体系，四维度的评估内容也可以进一步细化或调整。

2. “具观”评估指标研制

“具观”意味着要将一些相对模糊和笼统的评估指标加以具体分解和细化。比如，合作能力经常被列到评估指标之中，如果不进行“具观”，很可能导致评估活动以及相应的以评促教、以评促学作用丧失针对性，最终导致目标达成度不佳。“具观”要求考虑从哪些方面去评估学生是否形成了合作能力及合作能力发展到什么程度了，这就要分析合作能力究竟由哪些子能力构成（见表6-2）。如果没有这样的具体分解，会给如何评估学生的合作能力带来困惑，也难以勾勒如何通过评估促进学生合作能力发展的清晰路径。

表6-2　合作能力具体分解示意

维度	子维度	要点
合作	寻求与提供信息	能从他人那里获取有关事实、听取意见、获得解释、能为他人提供事实、发表自己的意见、解释（澄清）问题的能力
	提议	提出新概念、建议或行动方案的能力
	支持与扩充	对他人的建议或提出的想法表示拥护，并在其基础上进一步发展的能力
	引导和阻止	在讨论或谈话过程中组织他人讲话或使其停止讲话的能力
	表示异议	能有意识地、直率地表达不同意见，或对他人的观点进行批评的能力
	总结	以简洁的形式复述前面所讨论的内容要点的能力

资料来源：刘美凤，李璐，刘希，等.人际交往领域教育目标——教育目标分类理论的新发展［J］.中国电化教育，2017（1）：105-111.

按照评估指标研制的“具观”思路，进行文献分析、调查修订，拟出指标体系，再进行探索性因素分析和验证性因素分析，可以得出更为系统化、科学化的指标体系。比如，议论文写作是促进高中生思维发展的重要活动，议论文写作能力是高中生思维发展的重要表现。《普通高中语文课程标准（2017 年版2020年修订）》明确设立“思维发展与提升”目标，要求学生“通过语言运用，获得直觉思维、形象思维、逻辑思维、辩证思维和创造思维的发展”。可是，高中生议论文写作能力评估长期以来缺乏相对系统化、科学化的指标体系。在这样的背景下，可以分析语文课程标准和教材对学生议论文写作的要求，适当借鉴国际写作测评的内容，初步拟出高中生议论文写作能力一级指标与二级指标。在此基础上，结合对教师和学生的问卷调查和访谈修订相应指标，进而采取作文测试的方法，对作文中能够观测到的写作能力二级指标进行打分，对高中生议论文写作能力指标体系予以验证。由此得到的高中生议论文写作能力指标体系主要有8个写作能力一级指标，包括收集和积累材料的能力、思维能力、审题立论能力、选择论据能力、论证能力、语言表达能力、书写能力和修改能力（见表6-3）。

表6-3　高中生议论文写作能力指标体系

写作能力一级指标	写作能力二级指标	写作能力具体阐释
收集和积累材料的能力		能在平时注重素材积累，能在写作时调动长时记忆中的材料
思维能力	逻辑思维	能按照严密的推理方式，对客观事物的本质属性进行思考
	形象思维	能再现客观事物，以及运用联想和想象对主观世界中的事物进行加工改造
审题立论能力	理解题目内涵能力	能正确分析题目的语言形式，抓住题目所揭示的论述重点
		能理解题目的内涵或者材料的内在实质
	立意能力	能确定文章的主题与中心
	能提出正确的论点	能从客观实际中，从大量反映客观事实的材料中，从对现实生活的分析中提炼正确的论点
		能在提出论点时，用发展、变化、联系的观点，用一分为二的方法，多角度地、全面地看待事物、进行分析
	能提出鲜明的论点	能对自己论述的问题形成明确的认识
		能准确地表达概念

续表

写作能力一级指标	写作能力二级指标	写作能力具体阐释
审题立论能力	能提出鲜明的论点	能在文章某处（通常是开头或结尾），把论点集中、完整地表述出来
		能用简单的判断形式提出论点
	能提出深刻的论点	能准确地抓住事物的特点
		能发现并指出事物的规律
		能透过表面现象、具体的问题，认识事物的本质
		能清晰地发现事物内在和外在的联系
	能在中心论点下提出分论点	能提出支持、论证中心论点的分论点
		能提出数量合适的分论点
		能从不同层次、不同角度、不同方向上按照逻辑顺序安排分论点
选择论据能力	能选择可以证明论点的材料作为论据	能真正理解材料的性质和意义
		能准确找出材料与论点的内在联系
	能选择真实、可靠的材料作为论据	能使用准确的材料
		能以事实作为根据
	能选择典型的材料作为论据	能选择反映事物本质、显示事物规律的材料
		能选择具有广泛代表性和强大说服力的材料
论证能力	能按照一定顺序排列论据	能对论据进行分析、比较，认清材料性质
		能按照一定逻辑顺序对材料的顺序进行安排
	能按逻辑规律进行论证	能应用形式逻辑的基本规律进行论证
		能按照由表及里、由此及彼、由浅入深、由个别到一般或由一般到个别等的逻辑推理顺序展开论证
	说理能力	能用辩证发展的观点分析、说理
		能从不同角度、不同侧面进行说理
		能进行有度、有分寸的说理
		能分析透彻并且有新意

续表

写作能力一级指标	写作能力二级指标	写作能力具体阐释
语言表达能力	能按照一定逻辑层次展开论证	能按照一定的逻辑层次展开纵向议论
		能写出表述自然、紧扣主题的题目
		能巧妙、合理地衔接段落
		能很好地控制行文节奏
	能严谨地表达	能准确地使用概念
		能在不同场合，根据写作的不同目的，选择恰当的词语，恰如其分地表达自己的观点，使问题提得适度
		能正确把握词语的感情色彩和使用对象
		能正确说明事物的范围和程度，既不夸大，也不缩小，更不能绝对化
	能展现个人的语言风格	能富于感情地表达
		能运用各种句式和修辞方法
	能写出流畅的句子	能写出流畅的句子
		能写出规范、简明、连贯、得体的语句
	能选择合适的词语	能拥有丰富的词汇量
		能选择易于理解的词语
		能选择独特、恰当的词语
		能选择贴近生活的词语
		能选择准确、全面的传达信息的词语
书写能力		能将头脑中的想法转录成文
		写作有一定速度
修改能力	发现文章问题	能辨别意图文章与实际文章之间的不一致
	诊断文章问题	能判断文章中什么能改变或者应该改变
	对文章进行修改	能计划怎样做出期望的改变
		能做出期望的改变

资料来源：赵宁宁，王露，李文婷，等.高中生议论文写作能力指标体系研究［J］.考试研究，2021（1）：38-50.

二、选用评估方法

考试或测验是必需的，但将评估等同于考试或测验，走向测试主义，就将评估狭隘化了，尤其不利于对隐性指标的评估。隐性指标的难评估，至少造成两种后果：一是忽略隐性指标，二是难以基于相关证据做出促进相应隐性能力提升的明智决策。教师难以收集到相应的学习证据以便准确知晓在学生身上什么样的学习已经发生、何种程度的学习已经发生，就难以从学习证据中分析出改进学习的有价值的线索，并据此做出优化下一阶段教学的决策。要想促进学生的学习，从学习段评估指标的研制到评估方法的选用，都需要不断探索和开拓。在这样的背景下，可以改进测验并运用表现性评估等，从多角度有效收集学生学习的证据，以便进行进一步教学的决策。

（一）改进纸笔测验

纸笔测验由于具有便捷性和较高信效度等优势，仍将被视为一种重要的学习段评估方法长期存在。为了兼顾对显性指标和隐性指标的评估，可以适当改进测验的题目立意、题目情境和题目形式。

1. 题目立意：评估指标导向，关注高阶能力

教师命题要以评估指标为导向，关注容易被忽视的高阶能力指标。大多数的传统试题，旨在判断学生是否掌握了某些基础知识和基本技能。对传统试题进行改进，需要有意识地在判断学生基础知识和基本技能掌握程度的基础上，进一步考查学生高阶思维、探究能力和问题解决能力等的发展水平。比如，英语学科常见的翻译文本类试题主要目的在于考查学生基本的识词和释义能力，为了使试题指向对学生高阶思维的考查，可以做出一些改进：让学生用一句话陈述文本基本观点并举例证明，以考查学生的解读能力；让学生辨识文本写作目的并阐述从中获得的启示，以考查学生的分析能力；让学生从清晰性、准确性及精确性等方面评价文本逻辑，以考查学生的评价能力；让学生模仿作者思维进行创作，以考查学生的创造力。[①]教师可以在已有丰富

---

① 马利红.国外批判性思维开放题测评的发展及启示［J］.中国考试，2018（3）：48-53.

试题资源的基础上考虑如何予以改进使其指向评估高阶思维，也可以创编新的试题。

2. 题目情境：激发学生兴趣，突出问题解决

情境化试题对学生而言具有新意，有助于鼓励学生调动高阶思维进行探究。例如，数学学科考查学生有理数运算时，以“全球沙漠生态经济示范区”库布齐沙漠治理为情境，在为学生提供沙漠总面积，流动沙丘所占比例，流动沙丘的长度、宽度和高度，沙漠治理时间进程中植被覆盖率变化情况等信息的基础上，要求学生估计：如果2030年库布齐沙漠的植被覆盖率要达到80%，那么，在此期间植被覆盖面积的平均增长速度应达到每年多少万平方公里？[①]通过创设情境，试题能够考查学生的问题解决能力。通过解答该试题，学生能够体验运用数学知识解决问题的过程，感受数学学习的必要性。

3. 题目形式：优化开放性试题，引发深度思考

开放性试题相较于封闭性试题主要具有两点优势：第一，试题本身更具有趣味性，有利于激发学生的答题愿望，引发深度思考；第二，对学生的作答，不设指定形式或框架，有利于较大限度地展现学生的思维水平。因此，需要重视优化开放性试题，提高试卷中开放性试题的比例。

（二）运用表现性评估

相对传统纸笔测验而言，表现性评估在一定程度上有利于评估隐性指标。表现性评估要求学生在特定情境中完成某项实际任务或解决某个问题，以考查学生知识与技能的掌握程度和交流合作、批判性思考等复杂能力的发展水平。表现性评估能够较完整地反映出学生完成任务的过程和结果，适用的范围较为广泛，对学生的知识、复杂的认知技能和情感都可以进行评估。为了发挥表现性评估的作用，避免一些误区，需要注意任务紧扣评估指标、任务设计力求真实并制订具体评估标准。

---

① 张迪，王瑞霖.泛加拿大评估项目数学试题风格及启示［J］.教育测量与评价，2019（8）：37-44.

1. 任务紧扣评估指标

表现性评估任务的设计，应紧扣评估指标展开。若评估任务与评估指标脱节，则会淡化表现性评估的价值，降低表现性评估的效度。第一，教师需要对表现性评估形成正确认识。表现性评估并不是运用简答题或论述题来评估，非纸笔测验也不等同于表现性评估。使用复杂的活动外壳将纸笔测验加以精美包装，并不是真正的表现性评估。表现性评估要设计出有利于引发学生表现的活动，进而通过识别和理解学生在特定任务情境中的具体表现，来合理推断学生相应的隐性指标发展到了什么程度。第二，教师需要提升设计评估任务的能力。只有评估任务准确指向评估指标，才能评估出想要评估的内容。这就要求教师重视评估任务设计的准确性。比如，在评估学生口语交际能力时，教师布置的任务为："请你和你的父母说说你心底的秘密。你会如何说呢？请你把它写下来。"① 仔细斟酌可发现，该任务实质上指向的是书面表达能力而非口语交际能力的评估。这样的任务，就不适用于评估学生的口语交际能力。

2. 任务设计力求真实

在生活中，人们遇到的问题往往比较复杂，而且受多种因素制约。解决生活中的问题不可能像做单选题一样，简单排除几个错误选项就能得出唯一正确的答案。评估任务贴近真实生活，学生更有可能调动整合性的知识、高阶思维能力和情意等来厘清诸多因素的关联与影响，制订问题解决方案。任务的真实性，是表现性评估的重要特征之一。检验任务是否真实，可以参考以下标准：第一，是现实的，任务本身或任务设计能复制在现实情况下检验人们知识与能力的情境。第二，需要判断和创新，制订解决方案时，不能只按照常规的程序，也不能机械地搬用知识。第三，需要进行探索，不要让学生背诵、复述或重复解释已经学过的或知道的东西，而必须有一定的探索活

① 赵德成.表现性评价：历史、实践及未来［J］.课程·教材·教法，2013（2）：100.

动。[①]例如，杭州一所小学设计的数学学科素养表现性评估任务是，学生根据要求选择合理的交通方式，购票和购物。任务旨在评估学生获取信息、解决问题、运算和统筹安排等能力。该任务本身就具有一定真实性和探索性，为了让学生置身于更加真实的生活情境，学校还布置出四个具有杭州元素的展厅，展厅中挂满了西湖绸伞、墙体绘制西湖十景。[②]这样的设计，让学生仿佛置身于西湖景区开启一段数学探索之旅。

3. 制订具体评估标准

在开展表现性评估之初，需要向学生提供具体的评估标准或评估细则。为了让评估标准或细则更加具体，教师可以组建工作小组或邀请专家来描述未达标、达标、熟练、优秀及杰出五个等级的学生表现。学生通过这些标准或细则，能够了解被期望的作品或行为应该符合的条件，判断自己在哪些方面已达标或未达标，进而开展自我调节以达到目标水平。在这样的过程中，学生发展了自己的自我调节能力。提供具体的评估标准或细则，还能在一定程度上保障表现性评估的信度和公平性。评估标准有助于教师、学生和家长了解不同水平学生在任务中的具体表现。据此，教师能给出较为公正的评估结果，学生和家长也能信服获得的评估结果。以下为表现性评估的实例[③]。

实例：

指向跨学科核心素养提升的表现性评估

不同于各学科独特的核心素养，跨学科核心素养是通用型核心素养。某小学为了评估和促进学生的跨学科核心素养，创设了“主题情境表现性评估”，旨在考查和提升学生应用多学科的知识解决真实问题的能力、团队协作

---

① 威金斯.教育性评价［M］.国家基础教育课程改革“促进教师发展与学生成长的评价研究”项目组，译.北京：中国轻工业出版社，2005：20.

② 马婷.表现性评价的设计与实施——基于浙江省小学考试评价改革的实践案例［J］.基础教育课程，2018（11）上半月：74-79.

③ 该实例为笔者与某小学的副校长、课程部部长合作撰写。

能力、高阶思维能力和非智力因素发展水平等。

1. 探索出主题情境表现性评估的实践操作策略

为了考查学生跨学科核心素养所处水平，在表现性评估中促进学生相应素养的提升，经过多年实践，某小学已探索出主题情境表现性评估的四大步骤：（1）确认主题情境。根据教学目标创设和选择主题情境，具体包括设计生活化和真实性的情境、明确所要评估的能力点、整合学科内和跨学科的相关内容并开发一系列活动任务。（2）开发评估工具。师生共同设计和开发评估标准、量表、报告单、软件和手册等工具。（3）实施评估。充分利用空间和物质资源，选择恰当的时间，组织学生、教师和家长等人员实施表现性评估活动。（4）及时反馈。将表现性评估活动中所获得的评估结果，及时反馈给教师、学生、家长及学校。

2. 开发出主题情境表现性评估的配套记录手册

为了更好地分析和运用评估结果，学校专门开发了评估记录手册，里面的表格用来记录学生在学习活动中的表现，而且，使用评估记录手册时也有独到做法。记录手册不限于记录每个学生的学习历程与表现并提供个性化评估反馈，学校还将全校学生的记录手册汇总进行大数据分析，以便发现全校学生学习与发展过程中的优点与问题，探明教师指导存在的长处与短板，分析主题情境表现性评估本身存在的优势与局限，进而提出改进建议，并及时反馈给相应学校管理层、教师、学生和家长，便于其进行有效调整与完善。

3. 研制出纵贯六年的主题情境表现性评估资源包

有效开展表现性评估的关键是确定什么样的任务或情境能有效引发学生的相应表现，这对很多教师来说是非常困难的，也是表现性评估在实践中难以推广的瓶颈问题。就此，学校研制了纵贯六年的主题情境表现性评估资源包，该资源包按年级设置不同主题，主题之下再设置不同的情境。一年级上学期为“冰雪奇苑”，下学期为“童话大舞台”；二年级上学期为“红绿灯”，下学期为“童话体验场”；三年级上学期为“律动T型台”，下学期为“环保创意秀”；四年级上学期为“奇幻城堡”，下学期为“神奇生命城堡”；五年级上学期为“奇思妙想”，下学期为“沟通桥”；六年级上学期为“创客空间”，下学期为“毕业集结号”。以四年级下学期“神奇生命城堡”为例，要求学生举办一次春节家庭聚会活动。学生围绕“我要为举办一次春节家庭聚会活动做哪些准备”这一核心问题，依次通过三项闯关活动，完成主题设计规划和基于团队成果的个人展示。三项闯关活动分别是：（1）“生物钟城堡”，包括家庭聚会时间表和节目单准备；（2）“生命树城堡”，涉及“健康生活知多少”；（3）“生活场城堡”，进行超市购物体验和环境布置。这一系列活动不仅是有效的表现性评估活动，而且丰富了学生的生活经验，发展了学生的自我管理与统筹规划能力，有利于学生掌握健康生活知识并增强劳动意识，使学生解决实际问题的综合能力得到有效提升。

三、选择评估时机

学习段评估需慎重考虑测验和任务开展的时间与频率，避免给师生的教与学带来负面影响。

（一）改变“频考”文化

在学校里，纸笔测验开展起来较为便捷，也是对学生一生有重要影响的中考、高考采用的主要方式。然而，频繁采用纸笔测验，迫使学生疲于备考，只能使其把大部分精力用于掌握那些考试要考的显性知识与技能，忽视了情意、社会互动和自我调节维度的学习所强调的隐性能力的发展。试图通过频繁测验督促和检查学生的学习，视频繁小考为大型统考成功的保证的做法，在一些地区还广泛存在。月月考和周周考，使得教师疲于应对各种测验要求，逐渐遗忘了原本的育人目标，导致教师为考而教，学生为考而学。为了突破“频考”文化，学习段评估需要慎重思考何时才是恰当的评估时机以及如何缩短测验时间等问题。

第一，减少对评估频率或时间点的硬性规定。月考和周考等制度在一些中小学盛行。就此，曾有一个比方，煮熟一锅饭需要一定时间，在这个过程中频繁打开锅盖急迫地检查饭是否熟了，结果煮成一锅夹生饭。罔顾各个班级、教师和学生的实际情况，规定在每月或每周的固定时间进行全市或全校统考，使得教师只能根据考试时间制订教学计划，教学自主权被剥夺。因此，需要减少对测验频率和时间点的硬性规定。

第二，在单元教学结束后选择性开展测验。各个班级、教师和学生的情况均存在差异，在单元学习结束后，选择性地安排是否进行测试，相对较为合理。单元是教学活动的基本单位，可以按照教材编排区分单元，也可以由教师对教材内容进行重新编排，做“大单元”设计。不论选择何种方式划分单元，都需要符合学生心理逻辑和学科知识体系的内在逻辑。并非每一单元教学结束后，都需要进行纸笔测验。当教学单元涉及较多新知识与技能时，各班可依据实际教学进度，在单元教学结束后开展测验。

第三，缩短测验时间。开展纸笔测验时，应尽量保证以最少题量覆盖所有测验目标。在矩阵取样设计（matrix-sampling）等技术的支持下，有望实现这一目标。该技术能够将覆盖测验目标的所有题目按一定原则分配到多套测验中，每个学生随机分配任意一套试题，汇总起来即可了解班级学生的整体学习情况。当需要对比分析学生个体间的学习差异时，即使学生完成的并非同一套测验，但每个学生的作答结果都可以通过一定规则进行换算，实现学生个体与个体之间的比较。①这样，可以在保证测评内容的基础上缩短测验时间。

（二）合理安排表现性评估时间

除纸笔测验外，表现性评估的时间安排也需要审慎考虑。其中，主要涉及评估的频率和时间点安排。

从评估任务的制订，到教师、学生、专家共同商定任务的评估标准或细则，再到学生完成任务以及根据标准或细则进行评估等，都需要一定时间。因此，表现性评估也不宜过于频繁，以免加重师生的负担，避免师生为了尽快完成任务而草率制订笼统的评估细则影响评估质量，使评估流于形式。

---

① 辛涛，姜宇. 教育问责背景下学生学业评测的进展［J］. 北京师范大学学报（社会科学版），2011（3）：34-39.

表现性评估主要是评估纸笔测验难以测评的隐性指标，但隐性指标的评估需要以学生在一定程度上达成显性指标的要求为基础，以免因基本知识与技能等受限而阻碍学生情意、社会互动和自我调节能力的彰显。因此，可以考虑在纸笔测验之后，在保证学生掌握了基本知识与技能的基础上，安排表现性评估任务。

四、管理学习证据

学习段评估中会产生大量的学习证据，收集证据和分析证据的方式随着信息技术的发展而日益多元化。

（一）学习证据的收集

学习段评估主要通过测验和表现性评估等收集反映学生学习结果的证据。除人工收集这些证据外，网络化自适应测评系统等为收集测验中的学习证据提供了技术平台。网络化自适应测评系统，基于项目反应理论，设计海量的测验题库并与学生的能力水平进行匹配，使测验题项的数量、难度和长度等适应学生的能力水平，以便收集个性化的学习证据。学习分析系统等为收集表现性评估中的学习证据提供了更为客观和及时的路径。该系统可用于评估学生的合作编程任务，在可视化编程环境中对学生所有的编程操作和行为进行记录。[①]而且，通过信息化平台收集的证据具有稳定、便于存储和分析等特征，值得关注并适当加以有效运用。

（二）学习证据的分析

针对测验提供的学习证据，目前使用广泛且较易操作的分析工具主要有电子表格软件（Excel）和数据统计分析软件（SPSS）等。中小学教师经常使用这些工具对班级层面的学习证据进行分析，以下是一种简易的操作程序：（1）制作并分析班级总体数据分布图表；（2）制作并分析每道题目数据

① BERLAND M, DAVIS D, SMITH C P. AMOEBA: designing for collaboration in computer science classrooms through live learning analytics［J］. International journal of computer-supported collaborative learning, 2015, 10（4）: 425-447.

的分布图表；（3）制作并分析不同学生群体的数据分布图表；（4）分析学生在某一突出问题（如多数学生出错的题目）上的总体得分情况；（5）根据题目的要求，对学生的典型错误表现进行分析；（6）归纳学生的关键问题所在。①

针对表现性任务等产生的学习证据，可以在大数据生态体系的支持下，综合运用人工智能领域的深度学习、自然语言处理、知识图谱和语义搜索等多种技术加以分析。②例如，基于自然语言处理、机器学习、信息抽取和数据挖掘等技术能够实现观点挖掘（opinion mining）。观点挖掘，可以用于对学生完成的作品（如制作的学习海报）和其中包含的重要关键词进行分析，也可以对学生提出的学习问题和困难进行分析。③据此梳理出学生已经掌握的内容和有待改进的方面，协助师生有针对性地改进下一阶段的教学。

五、呈现评估结果

学习段评估在呈现评估结果时，主要体现三个特征：第一，在内容方面，从仅仅呈现总分或等级，走向多维度反映评估结果；第二，在形式方面，从简单的数据呈现，走向更为直观且内涵丰富的图表呈现；第三，在类别方面，从单一的学生学业报告单，走向根据受众需求分类别定制不同版本的评估结果报告。

（一）多维度呈现评估结果

当评估结果仅呈现学生获得的总分或排名时，其反映的信息极为有限。人们只能根据总分或排名的高低，判断学生在此次评估活动中的大致表现或与他人比较时的相对表现。如果用这种方式呈现评估结果，师生及家长无法得知学生具体在哪些方面表现得好或需要改进。因此，评估结果的呈现需要

① 刘辉.促进学习的课堂评价结果处理研究［D］.上海：华东师范大学，2010：118-121.

② 余胜泉，吴澜.证据导向的STEM教学模式研究［J］.现代远程教育研究，2019(5)：20-31.

③ 赵呈领，胡萍，梁云真，等.在线开放课程中教师教学行为研究——结合自然语言处理观点挖掘的方法［J］.中国远程教育，2019(1)：58-66.

从仅呈现总分或等级走向多维度呈现结果。这里所说的多维度呈现结果，需要结合学习段评估指标来进行。比如，美国伊利诺伊州的课程标准将阅读学科分为阅读、文学、写作、听说和研究五大领域，并确定了各领域的关键概念、内容、范围以及评估标准。与之对应，学生学业报告卡对阅读学科学习的评估结果的呈现就分为五大领域，分别报告学生的阅读水平，而不是仅给出学生获得的一个总分。[①]参加笔者主持的“以学习为中心的评估理论建构研究”课题的一所小学在期末报告单中，从基础扎实、思维活跃、勇于实践、自我完善和社会意识等维度呈现评估结果。师生和家长可以在网络评估系统上看到学生在每个维度上的等级水平，判断学生的优势与不足，这可以为教师教学和学生学习的改进提供更丰富和更有力的证据。

（二）用图表呈现评估结果

评估结果中不乏大量数据，关键是如何从这些数据中分辨和提取出有效信息。采用数据可视化技术呈现结果信息，能够帮助师生快速把握评估信息。[②]相较于堆积数据，将数据整理为图表加以呈现，在形式上就更为直观清晰。这实质上是对数据进行了加工，有助于彰显数据背后隐藏的信息。在技术支持下，图表的制作与设计，也越来越智能和便捷。比如，可以使用柱形图和雷达图协作呈现评估结果（如下页图6-1所示）。其中，柱形图中长条柱的高度，能够反映学生在某一学习阶段结束时各维度达到的水平以及相应的优势与劣势。师生可以根据柱形图反映的信息，制订下一学习阶段扬长补短的策略。雷达图可以同时呈现学生这一学习阶段结束时与上一学习阶段结束时的结果信息，这样，学生学习各维度的发展变化情况清晰可见。师生根据雷达图反映的信息，可以反思这一阶段教与学的活动中采取的策略和使用的方法等是否有效。

---

① 刘胜男.学业报告卡：意义阐释、内容逻辑和质量保障——基于美国伊利诺伊州学业报告卡的研究［J］.教育发展研究，2013（20）：46-52.

② IFENTHALER D, ERLANDSON B E. Learning with data: visualization to support teaching, learning, and assessment［J］. Technology, knowledge, and learning, 2016, 21（1）: 1-3.

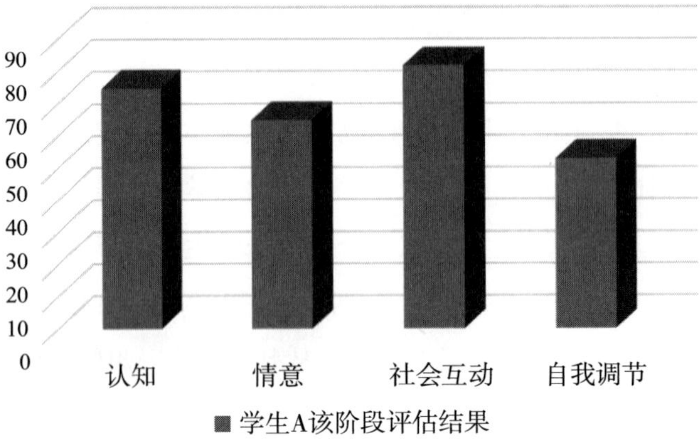

柱形图

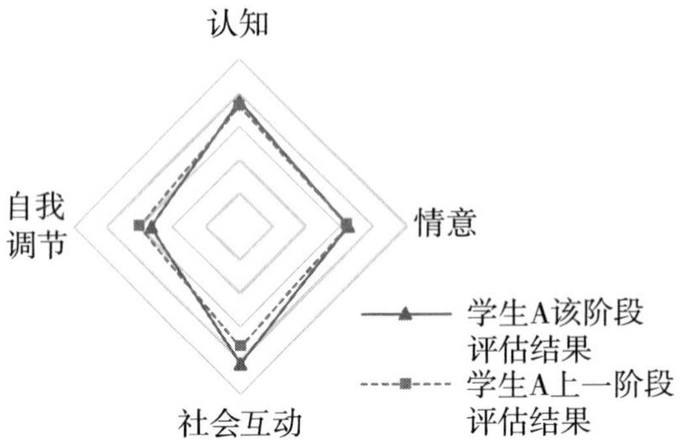

雷达图

图6-1　学生A四维指标发展水平柱形图和雷达图

每一类图形或表格并不是只具备单一的功能。比如，雷达图除了可以用于对比呈现学生这一学习阶段与上一学习阶段的结果信息，还可用于对比呈现某位学生的现有水平和班级的平均水平（如下页图6-2所示）。评估者需要充分发掘和辨识各类图表的功能与优势，灵活使用图表呈现更多准确、清晰的信息。

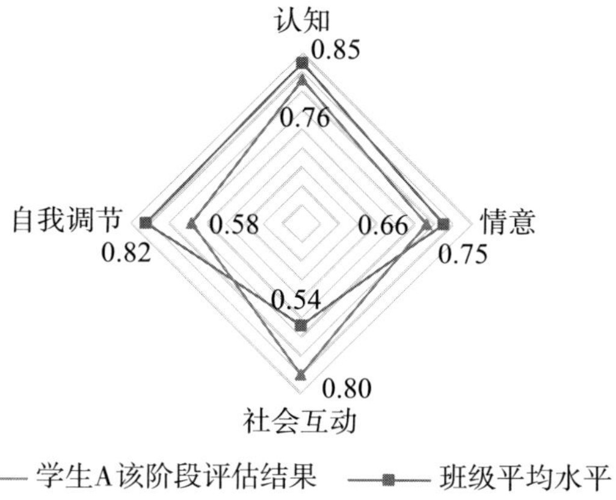

图6-2　学生A四维指标发展水平对比雷达图

（三）分类别呈现评估结果

关于评估结果的呈现，必须结合学生需求，分别定制不同版本的评估结果报告。对学生而言，学习段评估要为其下一阶段学习的改进提供依据，以便学生将评估结果加以运用。为此，呈现给学生的评估结果报告可以分为两种：一种是自比性评估结果报告，另一种是目标参照性评估结果报告。自比性评估结果报告，主要是对比呈现学生现阶段与上一阶段的学习情况，帮助学生了解自己在哪些指标方面取得进步或面临退步。这样的报告，弱化了学生与他人之间的比较，不用多数人的“失败”去衬托少数人的“成功”，有利于学生获得更为积极的学习情绪体验（见下页表6-4）。目标参照性评估结果报告，主要向学生提供现阶段学习水平与目标水平之间的比较结果，帮助学生发现尚未达成的目标，从而调整自己的学习步调。对于政府和公众而言，评估结果的呈现可以重点反映学生的总体水平和各项指标的发展情况，主要满足其问责需要。这样分类别呈现评估结果，有利于不同受众都能从评估结果中获得充足或恰当的信息。

表6-4　评估结果报告案例

我在这一阶段的学习情况		我在上一阶段的学习情况	
认知		认知	
情意		情意	
社会互动		社会互动	
自我调节		自我调节	

我的学习进展图

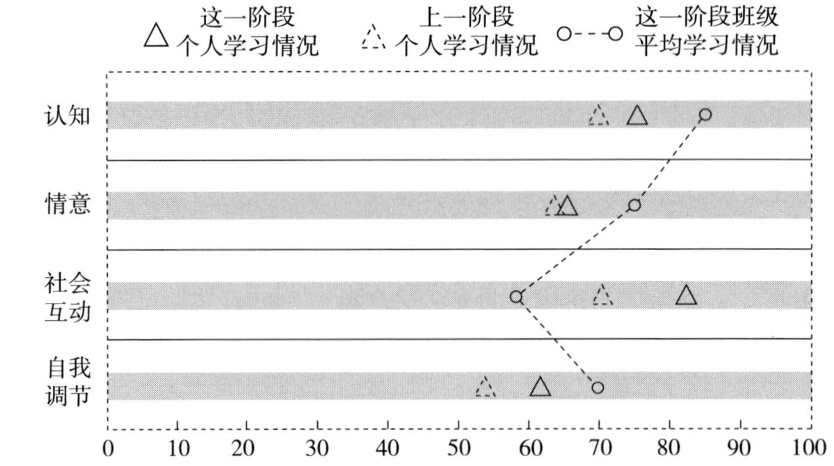

我取得进步的维度：	我还需努力的维度：

教师评语：

我拟在____月____日____时向______老师请教以下内容：
我可以采取哪些策略有效避免在学习过程中分心？
……

六、使用评估结果

在学习段评估中收集到的大量学习证据不仅能用于认证和鉴定，而且能用于进行诊断性和形成性评估，从而有利于充分发挥促学作用。

（一）评估结果的诊断性运用

教师需要对课时、单元、学期及学年末的评估结果加以诊断性运用，以了解学生尚存的不足。在小学、初中及高中毕业时收集的评估结果也需要加以诊断性运用，使教师能据此了解学生的入学起点。教师通过分析学生在前一学习阶段结束时的评估结果，能够了解其入学水平，这有助于制订合适的教学目标、选择恰当的教学内容与方法等，进而从基于经验的教学走向证据支持、经验辅助的教学。终结性结果的诊断性运用，除了能够为教师教学提供指引外，还能帮助学生调整自己的学习策略等。

（二）评估结果的形成性运用

评估结果的形成性运用，着眼于改进师生未来的教与学，学生可以利用评估结果进行自我分析，教师可以利用评估结果来反思和改进教学。

1. 学生运用评估结果进行自我分析

在学习段评估中，评估结果不仅用于为学生提供分数或等级，让学生了解自己在上一阶段的学习表现，更重要的是解读学生学习表现背后的原因，分析其优势与不足，为后续学习提供建议。为了指导学生学会运用评估结果进行自我分析，教师可以在测验或表现性评估结束后向学生提供自我分析工具，如基于评估结果的自我分析表（见下页表6-5）。表格分为两部分：第一部分，学生需要识别测验或表现性任务考查的指标，判断自己是否达成，并根据实际作答情况或任务完成情况分析未达成的具体原因。在对比指标达成信心与指标实际达成情况的过程中，学生能够逐渐提升自我判断的准确性。第二部分，学生根据对测验或表现性任务的分析，总结自己的优势与不足，并制订维持优势与弥补不足的具体计划。借助于表格进行自我分析，学生能够逐渐学会如何从评估结果中获得关键信息并据以改进未来的学习。

表6-5　基于评估结果的自我分析表

<table>
<tr><th rowspan="2">题号/任务序号</th><th rowspan="2">对应的评估指标</th><th colspan="2">达成信心</th><th colspan="2">实际达成情况</th><th colspan="2">原因分析</th></tr>
<tr><th>有信心</th><th>不确定</th><th>对/好</th><th>错/不佳</th><th>疏忽所致</th><th>仍需学习</th></tr>
<tr><td>1</td><td></td><td></td><td></td><td></td><td></td><td></td><td></td></tr>
<tr><td>2</td><td></td><td></td><td></td><td></td><td></td><td></td><td></td></tr>
<tr><td>3</td><td></td><td></td><td></td><td></td><td></td><td></td><td></td></tr>
<tr><td>…</td><td></td><td></td><td></td><td></td><td></td><td></td><td></td></tr>
<tr><th colspan="8">我的强项</th></tr>
<tr><td colspan="4">评估指标（对该指标进行简要描述）</td><td colspan="4">下一阶段维持强项的计划</td></tr>
<tr><td colspan="4"></td><td colspan="4"></td></tr>
<tr><td colspan="4"></td><td colspan="4"></td></tr>
<tr><th colspan="8">我需要加强</th></tr>
<tr><td colspan="4">评估指标（对该指标进行简要描述）</td><td colspan="4">下一阶段加强的计划</td></tr>
<tr><td colspan="4"></td><td colspan="4"></td></tr>
<tr><td colspan="4"></td><td colspan="4"></td></tr>
</table>

2. 教师运用评估结果改进教学

教师对评估结果加以形成性运用以改进教学，主要有两条路径：第一，分析评估结果所提示的问题。基于评估结果，教师可以梳理出本班学生存在的共性问题，据此深入反思教学中存在的问题。比如，教师发现学生普遍不能灵活解决“路程问题”，进而剖析这一问题反映出学生存在哪些方面的不足，接着从每一方面进行追问，分析自身教学可能存在的问题（如下页图6-3所示）。第二，分析学生存在的个别问题，提供个性化辅导。教师除了要解决班内的共性问题，还需要关注学生个体，熟悉每个学生的学业报告，据此分析并探索解决个性化问题的方法。教师可以结合自己对学生的认识与了解，进行有针对性的个别辅导。在教学活动中，也可以考虑尽可能地为不同学生安排适合他们的学习任务。

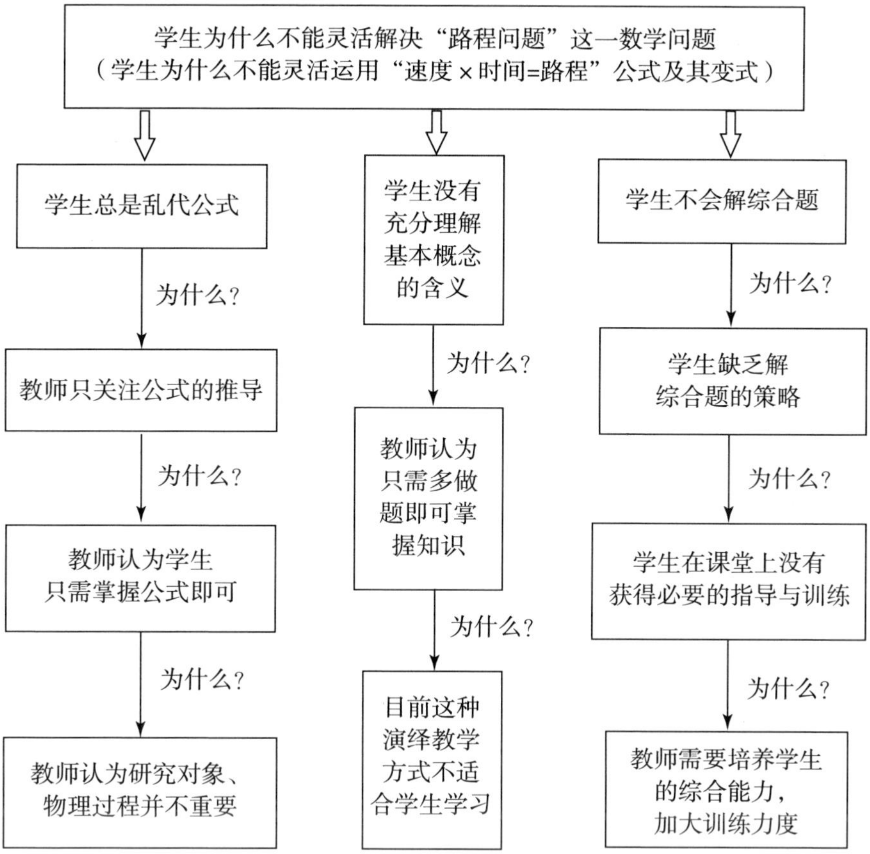

图6-3　分析评估结果背后的教学问题实例

资料来源：刘辉.促进学习的课堂评价结果处理研究［D］.上海：华东师范大学，2010：124.

与传统的终结性评价相比，学习段评估在评估理念上更具创新性和包容性，将评估的终结性作用、形成性作用、诊断性作用有机整合；在评估内容上更为多元化，关注认知、情意、社会互动和自我调节等多个维度；在评估技术上锐意创新，更加注重多样化学习证据的收集、整理和分析。展望未来，如何进一步完善学习段评估指标，如何创编出更新颖有趣的测验题和表现性评估任务从而让学生不再厌恶评估，如何开发出更多评估方法来考查学生的高阶能力，如何灵活运用信息技术在一定程度上减轻批改试卷和评估数据统计分析的负担，如何生成不同版本的评估报告以便满足学生求知、教师教学和家长知情等需要，如何进一步整合发挥学习段评估的终结性、诊断性、形成性的协同作用，值得进一步深入研究。

第七章　学习为本评估的方式论（中）：学习性评估

许多教学活动基本按照“设计—实施—评估”这一顺序开展，评估发生在教学之后，用于检测教学成效和学生学习水平。有些教师打破上述惯常顺序，将评估前置，开发出“前置性评估—设计—实施—评估”的新次序。前置性评估，通常采用课前小测或预习作业单等方式完成，这有利于教师较好地了解学情并根据学情进行有针对性的教学设计。评估前置，突出了在教学之始思考评估问题的重要性。学习性评估不限于此，而是致力于将评估整合到教与学过程之中，贯穿于教与学的全过程。这有助于师生随时围绕现在在哪里、要去哪里和如何到达那里等问题对自身的教与学进行校准、调节和改善，也有助于学生将外在的要求转化为自己内在的宜欲的预期学习目标及配套的评估标准。由此，外在的要求和学生内在的学习目标与相应的学习行动就结合起来了。

第一节　学习性评估何以可能

学习性评估在消解结果测验负面效应的努力中，超越形成性评估，依凭学习价值理性，辨识学生现有学习水平与预期学习目标的最佳差距并加以跨越，使得生成性的学习价值得到彰显。

一、超越形成性评估，聚焦学生学习并凸显过程改善

从形成性评价到形成性评估的蜕变，评估完成了从“学习无涉”到“学习观照”的转型。而学习性评估超越了形成性评估，进一步聚焦学习并凸显学习过程的改善。

（一）聚焦学生学习

学习性评估的缘起，可追溯至由斯克瑞文（Scriven, M.）率先提出并由布卢姆加以弘扬的形成性评价及后续产生的形成性评估。

1958年，美国为1957年苏联人造地球卫星上天而恐慌，颁布了《国防教育法》，开展了一场声势浩大的“新课程运动”。可是，以学科结构课程思想为指导开发的一系列中小学新课程与教材未在学生中试用、试测就开始推广使用，以致脱离实际而没有取得预期效果。通过反思这次失败的教训，斯克瑞文揭示了评价具有终结性和形成性这两种不同作用，区分出形成性的与终结性的课程评价。①不过，他所说的形成性评价，仅仅聚焦于课程方案与教材，还游离于学习之外。

在那个时期，杜威的实验经验主义哲学及其创价思想已经深入人心，②确立了“人类行动”在哲学里的最高地位，作为教育领域特殊行动的学习活动得以彰显。布卢姆深谙其道，揭示了评价地位的变化，即从“划分等级”扩展到了“促进教与学”。他在建构掌握学习的过程中，提出了由诊断性评价、形成性评价和终结性评价组成的评价体系。他倡导的形成性评价虽源自斯克瑞文，但已突破性地将其有用性延伸至教与学领域。他认为：“形成性评价，就是在课程编制、教学和学习的过程中使用系统性评价，以便对这三个过程中的任何一个过程加以改进。”③其后，为了进一步凸显评价对学习的促进功能，新的术语“形成性评估”启用。1976年，有学者专门探讨了形成性评估。④逐渐地，这一术语在教育学术界流行开了。到1996年，威廉和布莱克研究证实，形成性评估确实能够显著提高学生的学习收益。⑤

① SCRIVEN M. The methodology of evaluation [M]. Chicago: Social Science Education Consortium, 1966: 5-6.

② 杜威.评价理论［M］.冯平，余泽娜，等译.上海：上海译文出版社，2007: 译者序1.

③ 布卢姆，等.教育评价［M］.邱渊，王钢，夏孝川，等译.上海：华东师范大学出版社，1987 : 228-229.

④ NEISWORTH J T, KURTZ P D, ROSS A, et al. Naturalistic assessment of neurological diagnoses and pharmacological intervention [J]. Journal of learning disabilities, 1976, 9 (3) : 22-25.

⑤ WILIAM D, BLACK P. Meanings and consequences: a basis for distinguishing formative and summative functions of assessment? [J]. British educational research journal, 1996, 22 (5) : 537-548.

从形成性评价走向形成性评估，实质上是从“无涉学习的评估”转向“观照学习的评估”。而且，伴随着哲学与创价思想确立行动的最高地位，催生了学习中心方式（learning-centered approach）。学习中心，超越了课程中心和教学中心，特别是超越了学生中心。已有的学生中心，其进步意义毋庸置疑，却留下了“将学生抽象化”的陷阱，遮蔽了具体价值选择的必要性和可能性。学习中心方式，则敞亮了一个个活生生学生的学习活动，澄明了其中变动不居的学习条件与学生喜怒哀乐及其即时交互，从而开启了多样化的学习结果的可能性。每一个学生具体的学习价值选择就不仅是可能的，而且是必要的了。这样，学生在学校里与课堂上的学习生活，就获得了成为真实的价值生活的可能性。

（二）凸显过程改善

形成性评估在彰显学习中心的同时，亦遭遇了“学习达标”抑或“学习经验”的具体价值选择难题。20世纪伊始，许多国家希望建立一种科学的、客观的评估机制，开展学习成就的评估，并以测验结果为依据筛选学生。这些外部的期末考试或随堂测验有一个形象的别名，叫“守门员”。[①]为确保守门员尽职尽责，“科学化”的考核方法就越来越得到重视。在行为主义学习理论和测量统计学的支配下，对学习的评估就“科学化”为学习测验，以回答“学习成就是否达标”的外部需要价值问题。这类评估是回顾性的，局限于过去，彰显的是已获得的学习结果，仅仅着眼于已有学习成就的外在价值选择。实质上，评估具有的根本意义在于彰显“所欲的学习结果”，需要回答的基本问题乃是“宜欲的学习结果”是否与如何可能。这必然是前瞻性的，既观照过去又面向未来，强调了生成学习经验的内在价值选择。遗憾的是，许多追求“宜欲的学习结果”的方式，皆沦入“先教，后测；教不会的，测会”或“讲不会，练会；练不会，考会”的泥淖且越陷越深，形成性评估实质上被异化为形成性测验，即频繁开展对学习结果的小测验，通过广泛做题、大量刷

① RORRISON D. Assessment of the practicum in teacher education: advocating for the student teacher and questioning the gatekeepers［J］. Educational studies, 2010, 36（5）: 505-519.

题的方式解决学生学习的问题并弥补漏洞。

对“学生宜欲的学习结果是否以及如何可能”的重视与探讨，对频繁形成性测验误区的反思，使学习性评估得以创生。学习性评估发掘“学习”一词与“教学”一词同宗的意义并加以继承，让评估深入教师教学和学生学习的层面，尤其突出了通过师生和生生之间的互动来获取、分享和解释所获得的信息，从而达到相互促进、共同提高的目标。古代汉语中“学”字和“教”字均为“斆”字，后来才分为两个字。“学”字最初的意思，就涵盖着教。英语中的“teach”（教）和“learn”（学），均派生自中古英语“lernen”，该词则源自盎格鲁-撒克逊语的“leornian”，词干为“lar”，词根为“lore”，“lore”的原意为“learning”或“teaching”，现在则指所教学的内容，特别是指传统事实与信念。①基于以上分析，学习性评估就是基于寻找、收集和解释学生学习证据，觉知学习目标与学生现有水平之间的最佳差距，并通过改进教与学以弥合这种差距。

在形成性评估观照学习的基础上，学习性评估进一步聚焦学习，而且聚焦的是如何改善学习过程及学习经验从而导向“宜欲的学习结果”。由此，学习性评估在聚焦学习的背景中，打破了通过频繁测验促进学习的怪圈，实现了从依靠结果测验向凸显学习过程改善的进步。这也就促成了文化与方法两个层面的转向，即从测验主导的文化到改进教学的文化，从基于心理测验的方法到优化教学活动的方法。通过学习性评估，教师可以决定如何革新课程资源和调整教学过程以更好地帮助学生学习，学生能够明确自己在学习过程中的进展以更好地投入并改进学习。

二、凭借学习价值理性，辨识最佳差距并加以跨越

学习性评估敞亮了课堂上的学习活动图景。在真实的学习经验世界里，教、学、评三者不再像过去是割裂的了，而是一体化的。教师进行学习性评

① 黄甫全.现代课程与教学论［M］.3版.北京：人民教育出版社，2014：66-67.

估，是为了改进自己的教学和促进学生的学习。这就需要找到一种能够代替过去测验文化习惯、引领学生学习生活的向导，这个向导就是“学习价值理性”。学习经验世界，是学生与其学习环境相互作用的世界；是学生生活着、学习着的世界；是学生需要考虑、需要认识的世界；是学生受其影响也通过学习活动影响着的世界；也是没有终极性教育规律的世界，一个变动不居蕴含多种可能的学习生活世界。价值理性的认识对象，就是这种变动不居的学习经验世界中所凭借的既有学习条件与宜欲的预期学习结果及其交互关系。“认识是为了行动。知识是行动的一种媒介和一种工具，它是我们要想把欲望和好变成稳定的、有条理的、可靠的、具有意义的事情的不可或缺的手段。”① 这样，学习性评估中被认识的对象和具有价值的对象之间的关系，就成为现实与可能之间的关系。学习现实，包含着各种已有的学习条件；学习可能，则是一种尚不存在但可以因为现实学习条件的应用和改善而使其实现的学习目的与结果。因此，学习可能对任何既有的学习情境而言，就是这种学习情境的一种学习理想。学习现实与理想的关系，也就是学习现实与可能的关系。学习价值领域实际上就是学习事实领域，学习价值问题实质上就是学习理性问题。从根本上说，学习性评估所依凭的就是学习生活世界所内在的价值理性。

正是这种价值理性，让学习性评估获得了持续诊断反馈的特征。学习性评估强调对学生课程学习的整个进程开展持续性诊断，重视这些诊断信息的反馈对下一步教与学的参考作用。首先，师生合作确定具体可行的学习目标。其次，在学生完成各种任务并达至目标的过程中，教师实施层层评估，不断检测学生的学习任务完成情况以及存在的问题，并据以鉴别和回应不同学生的需求。这样的学习性评估，也可以为家长了解学生学习进展、支持学生的学习提供可靠的依据。不过，这种持续诊断反馈进程的深层次问题是“师生合作确定具体可行的学习目标何以为凭”。研究表明，这种学习目标需要凭借

① 杜威.评价理论［M］.冯平，余泽娜，等译.上海：上海译文出版社，2007：译者序7.

价值理性所认知与建构的最佳差距才能生成。在学习性评估中，围绕学生现在在哪里、应该去哪里以及如何更好地到那里等问题，师生收集和解释证据，其实质在于定位并缩小学生当前学习水平与预期目标之间的差距。这样，了解学生现有成就水平进而决定其与学习目标之间的差距，就非常重要。差距如果适宜，可以激励学生努力缩小差距；差距如果过大，则会导致学生感到无能为力而沮丧自弃。学习性评估的关键在于依凭学习价值理性，辨识学生现有学习水平与预期学习目标的最佳差距并加以跨越。

为此，学习性评估强调，评估并非教师的独角戏，而是师生的“大合唱”，要求学生自觉行使话语权，高度参与其中。比如，师生共享学习意图，即在课程学习或活动展开之前，让学生明确自己要学习什么以及达到什么目标。这就需要教师带领学生将外在的课程目标转变为学生内在的学习目标，并用学生能理解的语言书面表述出来，将其放置于学习环境之中。在此基础上，教师组织学生参与评估标准制订，使其清楚知晓自己学习成功的具体指标以及达成路径，主动开展达标作业，并能够辨别自己的学习成功与否。这是一个学生内化评估标准，再将其外化为语言表征的过程，也就成为学生的一种能动认知活动。从根本上看，“认知本身是实践动作的一种方式而且是使得其他自然间的交互作用从属于我们指导之下的唯一交互作用的方式”①。在学习性评估中，学生把外在参与要求深化为内在心智参与过程。于是，心智不再是旁观者，心智参与到了自然而然的教学活动之内，融为自然而然的学习进步过程的一部分，生长为学习行动的心智。

第二节　学习性评估何以可行

学习价值理性要去认识的对象，是既有学习条件与宜欲的预期学习结果

---

① 杜威.确定性的寻求：关于知行关系的研究［M］.傅统先，译.上海：上海人民出版社，2005：80.

及其交互关系。通俗地说，宜欲的预期学习结果即是学生的学习目标。学习目标的确立及相应评估标准的研制，是学习性评估得以可行的突破口。有了目标及标准，才能通过收集和解释学生的学习证据，研判既有学习条件并找到改善学习过程以探明宜欲学习结果的路径与方法。

一、确立学习目标

学习性评估的开展，需要学生拥有清晰的学习目标。教师可以在根据教育哲学、课程标准、教材和学情等研制出教学目标的基础上，与学生共同确立相应的学习目标，并依据这些目标拟定具体的评估标准，以便指引、规范和改进学生的学习。然而，在教育领域，“怎样研制教学目标及目标达成度如何”等问题备受关注，而“教学目标是否应该及如何转化为学生的学习目标”这一问题却被忽视。事实上，只有将教学目标转化为学习目标，才能深入学生学习的层面以指引和促进学生的有效学习。从教学目标到学习目标，需要教师对目标进行“转译”，学生对目标进行“转化”。

（一）教师的目标“转译”

21世纪初正式启动的基础教育课程改革明确倡导，表述教学目标的主语应该是学生，即教学目标的主体应定位为学生，教学目标应最终体现为学生的变化，而不再以教师过去习惯采用的“使学生……”“提高学生……”和“培养学生……”等方式叙写教学目标。虽然目标叙写方式改变了，但是，许多教师所写的目标实质上还是教师心中的目标。这些目标要进一步成为学生心中的目标，有赖于教师运用多种有效策略对目标进行“转译”。

教学目标不能再仅由教师掌控和把握，教师应使用学生容易理解的方式，促进学生认识与理解相应的教学目标，弄清楚怎样才是成功的学习，这就是目标的“转译”。[①]在学习活动展开之前，教师让学生知道我们要去哪里，即学生需明确自己要学习什么及达到什么目标。这看似简单，却有不少讲究。这实质上是教师在理解把握学习环境中背景的、文化的和社会的实际条件基础上，应用多样化的策略与方法，将教学目标一点一点地系统“转译”给一群个性纷呈的学生。这里的转译，好比翻译（translate），而不同于传递。在真实的教育教学活动中，教学目标中的专门概念或者用词，需要翻译为学生可以理解的意义单位。在将一个短语或者一种思想从一种语言翻译为另一种语言时，译者必须明了受众的理解水平、词语运用的正确性、词语的顺序、文化背景、手势意义以及社会交流中的一些弦外之音，并随时接收与融会受众的表现与反馈。将翻译原则运用到目标转译领域时就会发现，教师必须像翻译者一样，拥有关于学科的、教育学的、背景的和环境的相关知识，从而用恰当的方式表达自己对学生学习结果的期望，并为学生提供合适机会以发现、理解与把握各种具体目标。“传递”只是从教师到学生的单向活动，而“转译”既渗透着教师对学生及其学习情境的持续理解把握，也交织着学生对教师以及教学情境的不断解读与反馈，是一种复杂的多维多向互动。目标转译的有效策略，主要包括以下两种。

1. 适当解释目标

教师不要从现成的课程标准中照搬一些条目呈现给学生，也不要将教学方案中的目标表述直接搬到学生面前，而是要使用学生容易接受的语言将关于目标的想法和建议表达给学生，即需要用户友好型的表述方式。比如，小学作文常见的目标有“清晰地组织文章结构”，可进一步解读为“学生需要

---

① “转译”有一个前提，即教师能够研制出具体、清晰的教学目标。这是多年来一直强调的教师的教学基本功。然而，在本课题的行动研究过程中，发现一些教师在研制教学目标方面存在或多或少的问题，比如，拟出的教学目标较为笼统、不够清晰。在本课题的行动研究过程中也发现，教师和学生一道确立学习目标和制订评估标准这个过程本身，能够反哺教师的教学目标研制能力。因此，本课题组一方面对教师研制教学目标的能力进行专门培训和指导，另一方面在师生共同确立学习目标和制订评估标准的过程之中促使教师反思：为了将教学目标更好地“转译”给学生，为了更好地帮助学生确立自己的学习目标并制订相应的评估标准，我需要在研制教学目标时注意什么？我可以怎样提升自己研制教学目标的能力？这样的举措，取得了较好的成效。

制作一个有条理的结构提纲，说明选择该结构的原因，并使用适当的证据加以论证”。如果教师不能用学生可以理解的词语解释怎样学习才会有效和成功，学生就会失去学习的方向。这需要教师做很多工作。在解释目标的过程中，教师还要帮助学生认识“这个学习目标对我是否适宜”“为什么需要这个目标”和“这个目标与未来学习有何关系”，进而推动学生建构起当下与长远的学习目标之间的关系，积极探索学习活动与个人发展之间的关系。

2. 精要使用象征物

有些目标较为抽象，教师的解释和学生的理解都会面临挑战。对此，教师可以使用一些象征物以便学生掌握目标的要义。比如，要让学生理解目标中“意义建构”这一术语，可以启发学生将其与“飞鹰”联系起来。因为飞鹰翱翔在高空，能看清事物之间的组合，能从很高的地方看到更完整的图景，从而更好地理解世界。意义建构，正是要求学生注重学习的前后连贯性，努力寻找正在学习的内容和已经掌握的内容之间的联系，同时试图去理解所学内容对自身发展的重要性。与之相反的是碎片式学习，仅死记硬背或积累信息，而不将其与自己以前所学知识及自己的信念与价值观发展联系起来。

（二）学生的目标“转化”

教学目标是教师根据教育哲学、课程标准、教材和学生学习实际，对学生学习目标进行的主观规定。学生把教师的主观规定作为自己的学习追求，即从教学目标到学习目标，还需要学生进行目标的“转化”。这是一项有难度的活动，也是一项尚未得到充分关注的活动。“转译”主要是教师促使教学目标成为学生能理解的目标，“转化”则主要是学生让教学目标成为自己愿意达至的目标。说到底，学业成功与否的关键，还在于学生自身，其实是学生自己在真正决定要不要学、重点学哪些知识以及投入多少时间与精力等。“转化”一词隐含着学生对确立学习目标具有自主意识，而不是被外界所强迫的。学生可以在教师指导下，有意识地将教学目标加以转化，使之成为自己的学习目标。

1. 目标的交互性生成

将教学目标转化为学习目标的关键，是要认识到学生会进一步确认什么样的学习目标是值得通过行动加以实现的。这就涉及从“所欲”的目标中选择出“宜欲”的目标，再据此研制出具体的学习目标。“所欲”的目标，在一定程度上可以说带有随心所欲的色彩；“宜欲”的目标，是学生综合考虑“希望达成的理想与愿望”与“自己现有水平及可能拥有哪些条件和手段去达成理想与愿望”之后所提出来的，是基于对可实现条件的思考而对“所欲”的选择或修正。确定学习目标时，往往面临所欲与宜欲的困惑。或许所欲目标是很理想的，但现实条件并不具备，学生也会觉得其过高而放弃，而不将其确定为自己的学习目标；只有考察达成目标所需的各种手段之后选择出的宜欲目标，才是值得追求的。

学习目标的确立，要求改变目标制订主体参与权分配不均的现状，恢复学生的目标制订话语权。这就意味着，师生之间要共同设计、协商拟出目标，教师还要引导学生对制订学习目标主动发声。师生需要共同探索与分析学情、洞察特殊的学习需要。教师要聆听学生的声音，成为学生的良师益友并鼓励学生反思性地实践。学生要能主动、明确地表达自己的学习诉求并认真听取教师的建议。这样，就不再是教师独揽目标制订的话语权、单方控制学生学习的局面，而是凸显了学生的主体性与个性，有助于学生自我了解与自我澄清学习目标，激发自身的内在学习动机。简言之，学习目标是“教师拟订的教学目标”与“学生对自己学习现状和需要的判断”交互调适而生成的。

学生对目标的“转化”，不仅仅是知道“我要学什么，要做到什么”，更深层次的要求是，要建立学习认同感。这正是大部分教学活动中所缺失的。如果教师的教学目标与学生的学习目标之间缺少“认同”这一环节，那么学生就只是机械地执行教师安排的任务或下达的指令。建立学习认同感意味着，学生要反复进行反思性提问“这对学习意味着什么”。此过程与“深层学习即理解”（deep learning as understanding）的隐喻不谋而合。学生不仅从世界中接收智慧，而且试图理解“为什么要接收”。前者是认知层面的表层学习，后者则是意识和理解世界层面的深层学习。

2. 目标的可视化表达

从媒介角度看，师生协作开发一些符号媒介让目标可视化，有利于进一步促进教学目标转化为学习目标。爱因斯坦很喜欢自己曾经就读的阿劳中学，因为该中学信奉裴斯泰洛齐（Pestalozzi, J. H.）的教育思想。裴斯泰洛齐认为，视觉理解是教导如何正确判断事物的重要方法，也是唯一正确的方法。爱因斯坦说：“我写下的文字，或者说出的语言，在我思考问题的过程中好像并不起什么特别的作用。真正对思维起作用的好像是一些符号和一些或清晰，或模糊的图像，它们会自动地在头脑中复制、组合。”[①] 这种视觉化的“思想实验”成为他事业成就的一个标志。[②] 一张可视化的图案，可能无法像文字语言表述那样传达十分精确的意义，却能够激发起人们的直觉思考。这种直觉思考能引发顿悟，帮助人突破思考的瓶颈。教师可以推荐学生运用一些直观形象的方法来制订和表达学习目标。比如，可采用“阶梯式”方法，即由学生将长期和短期的学习目标，按照自我意识到的紧迫性和急切性加以排列（如图 7-1 所示）。对越是紧迫的、急切的短期目标，优先排序为“1”级目标，以此类推，逐步实现长期的“4”级目标。

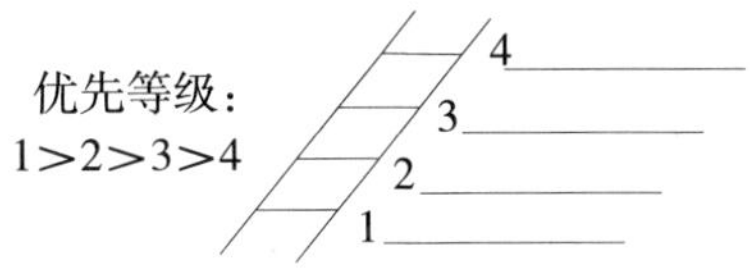

图 7-1　阶梯式的学习目标

学习目标的确立与表达，不能是碎片化的，不是孤立地确定每节课或每次活动的目标。如果师生结合学习段评估指标体系等，确立起各学段、各学期、各单元层层嵌套、环环相扣的学习目标，则更有助于发挥学习目标对学生学习的引领作用，释放学习为本评估的促学功能。

二、开发评估标准

评估标准的开发，主要涉及制订标准和运用标准两方面。评估标准看似

---

① 赫什，约翰-斯坦纳.爱＋恨数学——还原最真实的数学［M］.杨昔阳，译.北京：商务印书馆，2013：56.

② 艾萨克森.爱因斯坦传［M］.张卜天，译.长沙：湖南科学技术出版社，2014：23.

一个小工具，如果开发得当，有利于引发教、学、评的大变革。

（一）制订评估标准

学习目标的确立，能够帮助学生知晓在学习活动结束时，自己应该知道、理解和能够运用什么，简言之，就是自己要从学习活动中获得什么、学习重点是什么。前文所述的目标转译和转化过程，有利于学生专注于学习本身并为自己的学习活动负责，继而产生内在学习动机，监督和调节自己学习的心理与行为，从而努力实现学习目标。这样的过程，也有助于减少学生对教师的依赖。但是，学生怎样才能知道自己是否达到目标及达标程度如何？学生能够使用什么样的策略来达到目标？这就需要制订配套的评估标准。成功标准是与学习目标相连的，学生在理解评估标准之后，就能在一定程度上明白好的学习活动是什么样的，知道自己的学习应从哪些方面被评估以及怎样做才能达到目标。这也有利于学生成长为自主的学习者。事实上，一份好的评估标准，就是指引学生达至相应学习目标的路径或方法。所有学生特别是学习困难的学生，清楚地认识这些路径或方法，是确保他们能够主动学习、成功学习并自我监控和调节自己学习活动的一个关键。而且，在学习过程中，学生依据评估标准规范和调节自己的学习活动，可以让学生意识到自己正在获得成功，从而更好地调动自身的学习积极性。这能使学生在学习困难面前更加有毅力，而且帮助学生自觉认识和掌控自己的学习活动。这样，学生就告别了以往单纯为别人而学或为奖励而学的状况，体悟到为自己而学习，进而确立自己为自己的学习负责的坚定信念。制订评估标准，重点要考虑评估的维度和层级。而且，由师生共同研制评估标准，更有利于评估标准发挥促学功能。

1. 研制评估标准并呈现配套实例

评估标准表可以将学习目标的相应评估标准进行多维度、多层次的可视化。研制评估标准，尤其要注重分解出预期学习结果的具体构成即确定评估维度，同时，清晰地描述评估标准不同维度在每一层级水平上的具体表现。比如“我们城市中社区的变化”一课，每个学生要对过去30年内某市某社区的变化进行5分钟陈述。学生可以任意选择陈述的重点，但必须提出某种论点而不仅仅是按时间顺序表述事件，陈述还要包含相关照片、地图、图表及针对受众的其他视觉辅助工具，据此制订的评估标准参见表7-1。采用这种形式表达评估标准，能够帮助学生清晰地看到容易出问题的地方并在实践过程中加以避免。

表7-1 “我们城市中社区的变化”5分钟陈述评估标准

维度	优秀	合格	有待改进
知识/理解（20%）	陈述采用相关而准确的细节支持论点，表现出对历史的深入理解； 研究透彻而且超出了教师提供的文本内容	陈述所运用的知识总体上准确，只有微小偏差，而且总体上与论题相关； 研究较为充分但几乎没有超出教师提供的文本内容	陈述缺少与论题相关的、准确的信息，甚至没有用到教师提供的文本内容； 几乎没有研究成果
思考/探究（30%）	陈述围绕论点进行，体现了对社会问题的高度认识和优秀构思能力	陈述具备完整结构和中心论题，但分析并不深入，未能完全紧扣论题	陈述不具备完整结构，未紧扣中心论题
沟通（20%）	陈述在传达观点方面富于想象力且效果很好； 陈述人能有效应对受众的反应和问题	陈述技巧能有效传达主要观点，但想象力不够； 未能回答受众提出的部分问题	陈述未能吸引受众的兴趣，需要传达的内容不清晰
视觉辅助工具使用（20%）	陈述采用了适当、简明的视觉辅助工具，而且陈述人在陈述时适当提到并介绍了这些工具	陈述包含适当的视觉辅助工具，但很少且不便使用、难以理解； 陈述人在陈述时未提到并介绍这些工具	陈述未使用视觉辅助工具或视觉辅助工具不适当、太小或太混乱以至于无法理解； 陈述人陈述时未提到这类工具
陈述技巧（10%）	陈述人声音清晰响亮，并通过眼神交流、生动的语调、手势和身体语言来吸引受众	陈述人声音清晰而响亮但往往音调低沉； 有时未能有效使用眼神交流、手势和身体语言	陈述人说话声音太小或言辞模糊，以至于无法让人理解； 未尝试通过眼神交流、手势或身体语言吸引受众

资料来源：史蒂文斯，利维.评价量表：快捷有效的教学评价工具［M］.2版.陈定刚，译.广州：华南理工大学出版社，2014：11.（有改动）

在学生学习伊始，教师可向学生展示已有的优秀成果样例作为学习的榜样与范例，让学生知道经过努力最后得到的成果是什么样的。样例展示能帮助学生在对比中知道自己学到了什么程度，离目标的达成还有多大差距。在必要的时候，教师还可以运用一些反面例子，提醒学生注意学习活动的结果不是什么样的。以上“是什么样”与“不是什么样”的对比，有助于学生深化对目标及评估标准的正确理解。教师还可以更深入一步，启动师生关于学习目标及评估标准的讨论，呈现优秀、良好或较差等各种例子，引导学生将其按水平高低排列，帮助学生明辨其好在何处、有何问题及原因为何，进而强化学生对评估标准的认识。因此，教师平时要注意收集学生的书面作业、汇报材料和音像记录等，以便在适当时候能加以提供和运用。

2. 鼓励由师生共同研制评估标准

迫于教学时间有限等压力，一些教师会有这样的想法：让学生参与进来共同制订评估标准既费时又费力，还不如自己设计好评估标准供学生使用即可。但是，如果教师仅仅将评估标准提供给学生使用，相当于以告知的方式将评估指标下达给学生。与之不同，如果学生参与制订评估标准，学生会通过探究、发现、协商、构建标准，增进对学习目标及评估标准的理解、认同，以便更好地将制订评估标准的活动转化为一种“由现有水平到明确差距再到达标状态”的心智能力发展过程。

师生共同研制评估标准，可以参考以下步骤：（1）教师布置制订评估标准的任务。（2）学生对此进行“头脑风暴”并踊跃发言。在这一过程中，教师不必指出学生的哪些建议不合适，可将学生的建议都写下来，也无须在意建议排列的前后顺序。但是，教师需要寻找机会适当补充自己的观点，特别是补充学生遗漏了的重要内容。（3）对建议进行分类。教师引导学生找出已有建议的一些共同点，予以适当分类。教师的引导力度还可以有所加重，帮助学生反思他们所提的建议是否适用。删掉和修改一些建议之时，评估标准的内容就基本成型了。（4）确定呈现方式，整理誊写公布。教师和学生一起考虑采用什么方式呈现拟好的内容，比如，是列为表格还是制作成精美的图片加以呈现。确定评估标准的呈现方式之后，师生细致整理集体创作的评估标准并予以公布，可以张贴在教室墙上，也可以人手一份，还可以其他更合适的形式公布，只要有利于学生充分利用评估标准来规划、监控和调整自己的学习活动并提高学习质量即可。（5）在试行的基础上对评估标准予以改进。在使用已有评估标准的过程中，教师要记录自己的使用感受，注意收集学生的使用反馈，以便发现已有评估标准的优势和局限，进而在保留已有评估标准优势的同时，针对其局限甚至缺陷进行相应改进。

一般而言，对低年级的学生，教师可以为其提供一些设计好的评估标准。但是，教师要加强对评估标准的解读，增强学生对标准的理解和认同，以便发挥标准指引和规范学习的功能。其实，低年级的学生也可以适当参与评估标准的制订，比如，师生共同设计简洁版的评估标准。图 7-2 是师生合作制作的"飞行前检查单"，作为达成"撰写一篇合格记叙文"这一目标的评估标准。随着学生能力的增长，教师要引导学生在师生共同制订评估标准的基础上自行设计评估标准，从而为自己的学习导航并提升自评能力。

- ❑ 我选择了有趣的主题。
- ❑ 我的开头令人耳目一新。
- ❑ 我开篇就交代人物、事件、时间、地点、原因和做法。
- ❑ 我至少提出了三个论点。
- ❑ 我使用了过去式。
- ❑ 我按照时间顺序进行叙述并运用了连词。
- ❑ 我进行了总结，包括自己对事件的看法和感受。

图 7-2　飞行前检查单

资料来源：曾文婕.从"教学目标"到"学习目标"——论学习为本课程的目标转化原理［J］.全球教育展望，2018（4）：11-19.

（二）运用评估标准

学习性评估运用评估标准的时候，主要是将其定位为促进学生学习的一种工具，而不是作为学生成绩的评定手段。评估标准的运用，有利于学生对学习目标形成更加清楚而深刻的认识，有利于学生明确学习成功的标准和路径，激励自己努力开发出个性化的方式来监控和改进自身的学习。对评估标准，不宜仅做静态化的理解，若仅将标准作为学习结果，就忽视了动态过程，悬置了评估标准在学习之路上的指引作用。从动态与静态整合的角度来看，评估标准涵盖学生现在在哪里（学习起点）、需要去哪里（预期结果）以及如何更好地到那里（能够创造什么条件到那里）这三个子项。可见，基于对评估标准的构建和理解，学生就可以对达成自己学习目标的路径予以把握。这样，外在的评估标准的运用，就成为“设计自己学习路线图”的内在心智能力的发展过程。而且，评估标准的运用，使得学习过程更加凸显，有助于推动评估由测验导向走向学习导向。学生以评估标准来规范和调整自己的学习，就会将更多精力投入积极主动的学习活动和自我改进的过程之中，而不是只盯着最终的分数。学习性评估与教学活动不是割裂的，而是与教学活动相伴随的。运用评估标准，就是将评估标准融入教学，带动教学目标设计、内容选择与组织和实施过程等创新，以便发挥学习性评估促教与促学的作用。

1. 基于评估标准的教学目标设计创新

教学目标为课堂中的教学活动指明方向。然而，如前文所述，许多教学目标存在不够具体等问题，这在很大程度上消解了教学目标的指导功能，使目标流于空泛、沦为形式。基于评估标准的教学目标设计，在目标定位上具有学习化特征，促使教学目标转化为学习目标；在目标分解上具有体系化特征，有助于提升教与学的效率。

（1）目标定位学习化：促进教学目标转译

教师教学，终究要通过学生的学习活动才能发挥作用。鉴于此，教学目标应具备学习化特征，即能够转化为学生的学习目标，为学生的学习活动提供直接的指引。如果师生开发一定的媒介使教学目标得以可视化，将促进目标的转译。评估标准作为一种媒介工具，不仅可以使教学目标可视化，还可以让教师的目标转译和学生生成学习目标的活动同时进行并相互调适。具体而言，教师可以基于评估标准向学生解释教学目标，并适当采用举例和样品展示等方法将目标转译到学生能够理解的程度；与此同时，学生一边接收教师转译的目标，一边思考自己的学习现状和学习需要，并将思考的结果与教师交流，进而帮助教师了解自己的学习需要，使转译更加精准、全面。

（2）目标分解体系化：提升教与学的效率

孤立地设计一节课的教学目标，缺乏对一个阶段内教学目标的高位俯瞰、全程观照和整体掌握，已成为教学实践中的痼疾。评估标准的运用，能在一定程度上推动教师既具体探察就一节课而言，要评什么及如何评，更宏观思考就一个单元、一个学期、一个学段的课而言，要评什么及如何评，还重视如何将一节课的评估标准与一个单元、一个学期、一个学段的评估标准关联起来，以便体现由浅入深、由简单到复杂、由低级到高级的原则，彰显评估标准的连贯性和一致性。当教师带着以上问题来设计一节课的教学目标时，就会更加明确地意识到这节课的目标实现，将保证着单元、学期和学段目标的实现，有望突破每一节课的教学目标碎片式存在的困境，进而构建出每一单元、每一学期、每一学段层层嵌套、环环相扣的教学目标体系。教师和学生在学段、学期、单元和一节课的一系列评估标准支持下也自然地将碎片化的教、碎片化的学升华为整体式的教、整体式的学，进而提升教与学的效率。

2. 基于评估标准的教学内容选择与组织创新

有没有选择纳入合适的教学内容及选入内容是否组织为恰当的单元，决定着相应的教学目标能否达成。基于评估标准的教学内容选择和组织，有利于兼顾认知、情意、社会互动和自我调节等多维度的内容，支持学生全面发展，有利于遵循教学单元整合逻辑，帮助学生实现整体性和系统化学习。

（1）基于评估标准的内容选择：支持学生全面发展

教师不能照本宣科。教材内容仅仅是准备用于课堂教学的主要内容，并非课堂教学实际使用的全部内容。教师在走进课堂组织学生进行教学活动之前，要精心进行教学内容选择。评估标准的运用，为选择课堂教学内容提供了新思路。首先，教师按照有助于达成评估标准的原则，研判教材中哪些内容是关键内容，将此作为重点学习内容。其次，针对评估标准中要求培养但教材中尚缺相关内容支撑的状况，教师需从人类文化精华中加以选择，将其纳入课堂教学内容。从根本上说，基于评估标准的课堂教学内容选择，要求教师“分屏”思考教学内容。评估标准有多少维度，教师头脑中的教学内容思考就得“分为多少屏”，以便考量各维度评估标准的达成有无相应教学内容予以支撑并加以适当补充。如果一项教学内容能够支撑多维度的评估标准达成则更好。评估标准的运用，为教学内容的选择提供了依据和指导，可以促使仅为知识习得与技能训练服务的单维教学内容，转向兼顾认知、情意、社会互动与自我调节等多方面发展的多维教学内容。

（2）基于评估标准的内容组织：重视教学单元整合

过去，教学内容组织大多基于教材的自然单元，编撰教材时为了协调单元内容的均衡性就难以避免对知识进行人为切割，而这会导致知识点、技能点、情意点碎片化等问题。基于评估标准的教学内容组织，主张从“教材单元”走向“教学单元”。具体而言，一学期内主要是依据相应的评估标准来确定分多少个教学单元及其内容构成和相应时长，一个教学单元则可以整合多个教材单元、多科教材单元。按教学单元来组织教学内容，能够有力地支持需要花较长时间以及跨学科协同才能实现的高阶能力和价值观培育。比如，为了达成培养友善这一价值观目标，可以将一学期内语文教材中有利于体现友善价值观的内容集中到一起，同时将本学期数学、艺术教材中的有关内容适当统整起来，再补充一些内容，共同构成一个时间跨度较长的教学单元。简言之，走向教学单元整合逻辑的教学内容组织，更有利于设计出促进学生认知、情意、社会互动和自我调节等多方面发展的网状教学内容。

3. 基于评估标准的教学实施过程创新

教学实施是教师带领学生学习相应内容，以便达成相应教学目标的过程。过去的课堂教学实施过程，经常陷入教师主导、学生被动及教师传授、学生接受的局面，学生的主体地位被放逐和贬抑。基于评估标准的课堂教学实施创新，旨在凸显和发挥学生的自主监控、反思和调节作用。

（1）促进学生自主监控

学生有效开展自主学习的关键在于，学生能够清楚地认识自己的学习过程，掌握和监控自身的学习活动。在传统的教学实施中，学生通常不清楚学习活动的评估标准，不了解自己应该树立何种目标以及实现目标的具体路径，因而难以有效地监控当前的学习是否正朝着目标行进。教师引领学生运用具体、可视的评估标准，可以使学生的自我监控有据可依、有章可循，让整个学习过程转变为在学生元认知监控下的学习。元认知具有元认知知识、元认知体验、元认知技能这三大要素。其中，元认知知识是个体对影响认知过程和认知结果的因素的认识，是个体在经历多次认知活动的过程中积累起来的；元认知体验是个体对认知活动有关情况的觉察和了解；元认知技能是个体对认知活动进行调节的技能，主要包括计划、监测和调整。学生在学习活动中，运用评估标准进行自我监控，有利于获得元认知体验、掌握元认知技能并积累元认知知识。其一，学生运用评估标准监控自己的学习活动，能够获得关于某一学习任务的元认知体验。其二，学生基于评估标准可以对学习活动的全过程进行有效的计划、监控和调整，逐渐掌握元认知技能。其三，学生在多次经历认知活动，获得丰富的元认知体验并反复开展计划、监控和调整活动后，能够将外在评估标准内化为自己的内在标准，同时了解自身的学习特点及达到各项标准的困难等，从而积累起关于某一学习任务的元认知知识。

（2）推动学生自主反思

教师要在帮助学生参照评估标准对学习活动进行自我监控的基础上，推动学生开展相应的自我反思，使学生判断自己的学习是否符合评估标准的要求。这一过程，是促进学生批判性思维发展的重要契机。在教学实施过程中，学生批判性思维的发展主要源自基于评估标准的自评和同伴互评活动。其一，学生参照评估标准对自身的学习活动进行评估，分析和判断自身学习现状与评估标准之间存在的差距。这样的分析和判断过程，需要学生对自己的学习状态、学习行为和学习结果进行批判性反思，长此以往，学生能逐渐形成批判性思考的习惯，发展起批判性思维能力。[1]其二，学生基于评估标准开展同伴互评活动，需要积极思考，批判性地看待他人的学习过程与学习成果，并接受他人对自身学习的反馈。在此过程中，学生同时承担评估者和被评估者的角色。作为评估者，学生对同伴进行评估和反馈，也有利于反观自身。这时，对学生而言，同伴就如同一面镜子，可以照出自身的学习优势与不足。在一定意义上，学生评估他人的过程，也是反思自己的过程。作为被评估者，学生应批判性地吸纳同伴的反馈建议，在众多建议中判断和选择对改进自身学习活动有益的建议。在这样的多角度、多回合的交互反思过程中，学生批判性选择和判断的能力得以提高。

（3）支持学生自主调节

教师在教学过程中除了帮助学生开展自主监控和自主反思，还要鼓励和帮助学生进行自主调节。学生能够进行自主调节的一个重要条件，是自己可以清楚地知道优秀的学习结果是怎样的以及应该如何达成。有了具体、可视的评估标准，学生就拥有了一份清晰的学习指南，可据此明确每一阶段应达到什么目标、需要采取什么策略等，以缓解面对学习任务不知所措而引起的无助感和焦虑，进而感觉到自己能够掌控学习活动且有能力在学习中获得成功。能够自主调节，意味着学生对自己的学习具有可控感，这有利于提高其自我效能感。

展望未来，需要进一步探索如何基于评估标准来开发新型课堂教学模式、如何实现各年段评估标准的有效纵向衔接以及多门学科课程评估标准的横向关联整合等问题，以便为基础教育评估改革及课程与教学改革提供助力。

三、收集与解释学习证据

在确立学习目标和开发评估标准的基础上，学习性评估强调收集学习证

---

① SCHAMBER J F, MAHONEY S L. Assessing and improving the quality of group critical thinking exhibited in the final projects of collaborative learning groups［J］. The journal of general education, 2006, 55（2）: 103-137.

据并加以解释。与没有充分信息支撑的情况相比，这样做出的教学决策更有针对性、更加准确，也更有利于改进教与学的活动。

（一）收集学习证据

收集学习证据，首先需要明确收集哪些学习证据。这就意味着，教师要清楚地认识和理解评估标准的各个维度及其要点。在此基础上，就要考虑如何收集学习证据。学习证据的收集，不能是零星的、偶发的，而是需要教师在每节课和每次活动之前进行有针对性和系统化的设计。除了课堂上和活动中的实时反应，教师也需要注意收集其他时间里学生的学习证据。

在课堂上，教师收集学习证据的一个关键策略就是提问。学习性评估中的提问，需要注意以下几点：（1）考虑问题使用的形式。通常使用“为什么？”结构的问题，更有利于获得真实的学习证据。比如，与“镁是一种金属吗？”相比，问题“为什么镁是一种金属？”更能帮助教师了解学生的思维过程。（2）使用带有比较的提问，要求学生进行解释。比如，与“蝙蝠是哺乳动物吗？”相比，问题“为什么蝙蝠是哺乳动物，而企鹅不是？”更有助于教师把握学生的理解状况。（3）适当使用诊断性问题。教师在一些关键点提出相应问题，了解学生是否已掌握了所学内容，以便决定是继续往前推进教学还是予以必要的补充教学。（4）尽量做到解释性地聆听学生的回答。教师在聆听学生回答问题时，不应只进行评价性聆听，即仅关注学生答案的对错，而要尽量进行解释性聆听，即留意到从学生的回答中可以获得哪些改进教学的信息。（5）在提问后要有短暂的沉默。给学生思考的时间，以便学生做出能充分反映自己掌握程度的回答。（6）创设宽容的课堂氛围，容许学生在回答问题时犯错。学生对给出错误答案的恐惧减少了，不害怕回答问题，更利于学生表达自己真实的想法。可见，教师所设计的问题和对问题的使用，在很大程度上影响着所获学习证据的质量。

在学习性评估中，收集全班学生而不是某些学生的学习证据，非常重要。这样，教师基于相应学习证据做出“我可以继续进行下一步教学吗”的决策时，才是考虑到了全班学生是否准备就绪继续进行下一步的学习了。教师需要开发多种方法实时从所有学生那里获得答案。比如，采用ABCD卡片法。即在课堂上每个学生都有一套标有ABCD或ABCDEFG字母的卡片，教师提问后，要求所有学生通过呈现相应卡片来表达他们对问题的回答。一个问题有ABCD四个答案，其中ABD是正确的。如果每个学生举起的卡片都是ABD，即认为这三个答案是正确的，那么，教师确定学生理解了所教学的内容，就可以进行下一步教学。如果学生只选择了A，那么，教师就得选择就前面的内容进行补充教学，以便学生理解相应内容。然而，最可能的回应就是有些学生的答案是对的，而有些学生的答案是错的或不完全对，这就需要组织讨论。

师生还可以约定一些打暗号的动作作为呈现全班学生反应的游戏，比如“伸拳头张五指”“挥挥大拇指”以及“三色杯”。“伸拳头张五指”，即在一节课结束之时，教师询问学生是否学懂了课上的内容，请学生出示相应手势表示自己的理解程度，拳头表示“完全不懂”，出示的手指个数越多代表理解程度越高，五指全开表示“完全理解”。教师可以请五指全开的学生解释概念、回答问题，或请他们帮助学困生。“挥挥大拇指”的游戏与之类似，学生的拇指向上表示“通晓”学习内容，拇指向下表示“不明白”，拇指左右摆表示对知识点“一知半解”。“三色杯”游戏，即学生出示红色杯表示“遇到问题无法解决，学习无法进行”，黄色杯意味着“出现疑惑，但自己可以尝试解答”，绿色杯则表明学生“没问题”。

除提问外，教师还可以通过观察、作业、对话、展示、复杂的评估任务、模拟、日志和项目调查等方式来收集学习证据。观察，即通过系统观察学生的学习过程，判断其合作学习能力、高阶思维能力和解决复杂性真实问题能力等的发展水平。作业，即检查作业，通过作业发现学生对学习内容的理解程度。对话，即与学生一起讨论，了解学生对学习内容的理解程度及存在的困惑。展示，即为学生提供机会，让学生向不同的人采用不同的方式展示自己的学习成果。复杂的评估任务，即鼓励学生展示他们对各种已学内容建立的联系。模拟，即以角色扮演的方式鼓励学生展示他们对已学的各种概念建立的联系。日志，即记录和描述学生的学习过程。项目调查，即为学生提供机会，让学生通过调查、完成报告或其他类型的作品，呈现他们对已学内容建立的联系及相应的知识运用状况。就认知、情意、社会互动和自我调节等维度的发展而言，许多学习证据不是显而易见的，这就需要教师设计甚至创造出一些评估方法来获得这些比较内隐的学习证据。教师可以创设一些相对复杂的适宜情境，让学生解决相应问题，从而引出学生的一些具体学习表现，以便收集到更多的相关证据。

学习性评估中学习证据收集的质量高低，还取决于教师能否准确地把握学生学习过程中的关键证据。为提高准确度，教师必须运用一系列方法在不同的时间对学生的学习过程和发展进行监控。同时，教师可以考虑与其他教师合作以获得学生在不同课堂里的表现，这也可以为接下来的学生学习证据的解释和使用提供更广阔的视野。而且，教师对学习证据的记录也很重要。教师可以对学生在学习过程中自然表露的行为进行原始的、不带偏见的记录，也可以事先开发检查一览表，拟定出相关的学生行为或结果清单，根据学生是否出现该行为或结果进行勾选。这些详细的记录，有利于教师清晰地描绘出学生的发展变化轨迹，从中总结学生的学习模式，以便教师调控教学，因材施教。

（二）解释学习证据

在收集学习证据的基础上，教师要对这些证据做出准确解释，才能做出改进下一步教学的明智决策。通过证据收集和解释，教师要明确：与预期的学习目标及评估标准相比较，学生现在处于何处？如果学生没有达标，他遭遇的具体困难是什么？比如，是什么错误概念导致的？等等。如果教师不能准确解释学生的学习证据，那么学习性评估就会沦为：教师发现学生未达标，就继续布置新的作业或增加测验，让学生不停地练、不停地测，通过反复练习同一类型题目，形成题海战术，使学生熟悉它，进一步掌握它。同时，教师不断向学生追加作业及抢占时间讲解作业，不断地出试卷、批改试卷和讲解试卷，这事实上已经成为许多教师的日常工作。如果不能成功解释学生证据，那么反复练习和考试就是教师的法宝，学生只能不断被考，学习过程的体验难以改进，学习策略与方法也难以得到深层次的优化。念及学习和考试，学生就提心吊胆甚至感到恐怖。

虽然准确解释学生的学习证据至关重要，但是，这对教师的能力是一个挑战，解释学生未能达标的原因绝非易事，这涉及教师专业知识基础的建构和发展。有学者概括出“专业的关键特征是拥有能够解决专业实践问题的抽象知识体系”①。舒尔曼（Shulman, L. S.）也感慨：“你将认识真理，而真理将让你获得自由。”②其潜在意思是，教师掌握了专业知识之后，就能够在教学领域得心应手。专业知识，不仅让教师知道怎么做，具有熟练做事的能力，而且知道是什么和为什么。③进一步说，专业知识让教师准确解释学生的学习证据成为可能。教师专业知识，是备受关注又历久弥新的话题。人们已从多个角度出发，提出了教师要拥有多种多样的专业知识才有可能成为一名好教师。那么，教师作为从事教学工作的专业人员，究竟应该拥有什么样独特的专业知识，才能为准确解释学习性评估中学生学习证据奠定坚实的知识基础呢？对此，还是要回到舒尔曼提出的“课目教学知识”。

1985年，舒尔曼在他任主席的美国教育研究协会年会报告中首次提出课目教学知识。该报告引发了对教师知识与专业发展不断深入的研究。课目教学知识被视为教师专业知识的关键组成部分。这类知识显著区别于通识知识、课目知识、通用教育学知识和教育情境知识等，是课目（content）知识和教学（pedagogy）知识的特殊结晶，能够保证教师将需要教学的具体课目内容加以有效组织、呈现与改造，转化为学生易于理解的形式。课目教学知识包括以下两种关键成分：一是克服与转化某一课目内容教学困难的策略知识；二是教授某一课目内容最有用的形式，如最有力的类比、例证、实例、解释

① ABBOTT A. The system of professions: an essay on the division of expert labor [M]. Chicago: University of Chicago Press, 1988: 9.

②③ SHULMAN L S. Those who understand: knowledge growth in teaching [J]. Educational researcher, 1986, 15(2): 13.

和演示等。[①]课目教学知识作为能克服某一课目内容教学困难的策略知识，这就意味着教师要能诊断出具体的教学困难有哪些，这也就是在解释为什么学生学习不能达标的教师教学层面的原因了。遗憾的是，教师很难在教学实践中自然而然地调动已有的课目知识、通用教育学知识和实践情境知识等产生交互作用而生成课目教学知识，它是教师的各种已有知识转化生成的一种独特的新型知识，犹如化学里的化合反应。这种化合而生成新型知识的过程非常复杂。职前教师或新手教师不能生成或仅能生成极少的课目教学知识，甚至熟手教师在日常工作环境中都并不能生成明确的课目教学知识。因此，为了提升教师对学生学习证据进行解释的能力，需要配套相应的培训的指导，既推动教师不断加强对已有课目教学知识的理解把握，又促使教师开展反思性实践持续生成新的课目教学知识。

深入分析，课目教学知识主要关注的是课目知识的有效教学化，即具体课目知识与有效教学方式的融合，可以为从教师教的层面解释学生学习证据提供知识基础。因应学习为本的理念，还需要从课目知识的有效学习化即具体课目知识与有效学习方式的融合层面，进一步探察"以什么样的教师专业知识来解释学生学习证据"的问题。在这样的背景下，"课目学习知识"（learnable content knowledge）得以诞生。[②]从"课目教学知识"到"课目学习知识"，意味着研究视角的发展，由关注"教师有效教"的知识，深化至"学生有效学"的知识。课目学习知识，是课目知识和学生学习知识的特殊结晶，其中的关键成分之一是学生关于某一课目内容的理解的知识，即关于学生理解的知识。拥有课目学习知识的教师，能够在深刻理解所教内容的基础上，对学生已拥有的知识进行系统而科学的评估，找出学生遭遇的困难并据此调整教学内容、方式及策略等的设计与开发。

课目教学知识作为对课目知识的有效教学化的加工，主要取决于教师对课目知识的理解和处理。而学生实际学到了什么，取决于其真正体验到什

---

①② 曾文婕.从课目教学知识到课目学习知识——教师专业知识发展的新方向［J］.教育研究，2020（8）：142-149.

么，课目学习知识主要取决于学生对课目知识的理解和教师对“学生对课目知识的理解”的理解和处理。从课目教学知识到课目学习知识，关键在于教师要认识和把握“学生对课目知识的理解”并对课目知识进行有效学习化加工。这样的过程，就是教师作为“识知者”（knower）去识别“学生对课目知识的理解”的识知（knowing）过程。可见，课目学习知识并非静止的，而是动态生成的。它实际上属于“行动识知”（knowing-in-action），与教师作为识知者的特殊识知过程密不可分。所以，教师的课目学习识知过程（learnable content knowing），就成为教师专业发展知识基础的建构过程，也成为教师不断提升从学生学的层面解释学习证据能力的过程。

拥有多少课目学习知识及如何发展课目学习知识，直接关乎教师能否使用课目学习知识来解释学生学习过程中遭遇的困难及其原因。因此，教师迫切需要发展建构课目学习知识。课目学习知识建构，具有多元路径。其中，对职后教师而言，主要可通过校本学习研究创新来开展；而对职前教师来说，主要可通过教师教育课程创新来推动。在这两条路径中，新手教师可以去学习熟手教师反思形成的课目学习知识，更需要在教学情境中通过解决实际问题的识知行动来不断创造课目学习知识。课目学习知识的增长是结果，课目学习知识的识知是取得结果的过程。新手教师应尽可能运用校本学习研究共同体和教师教育课程搭建的脚手架及其他条件开展课目学习知识识知，进而生成自己的课目学习知识并加以验证和明确表达，以便既在共同体之内共享也在共同体之外传播。

四、使用证据改进教与学

获得和解释了学习证据，并不意味着评估活动的结束。学习性评估还有一个关键环节“评估结果的应用”，即师生使用学习证据来改进教与学。这是学习性评估的落脚点。

（一）教师对证据的使用

在收集与解释学习证据的基础上，教师需要使用这些证据来改进自己的教学活动，同时向学生反馈信息，指导学生改进自己的学习活动。

1. 基于证据的教学改进

教师收集到的学习证据不会自动地促进教学，除非这些证据被用于教学决策进而被用于采取措施来改进教学活动。基于课目教学知识和课目学习知识等专业知识对学习证据的准确解释，在很大程度上已经帮助教师挖掘出学习证据背后潜藏的改进教与学的“密码”，为下一阶段的教学改进提供了明确的方向。据此，教师采取相应行动，可以较好地改进自己的教学，以支持学生的有效学习，满足学生的学习需要。

2. 基于证据的多元反馈

在学习性评估中，教师要不间断地梳理和整合学习证据以及对证据的解释所揭示的必须关注的问题和重要的改进方向等，并将这些信息艺术化地反馈给学生、家长、同事和其他利益相关者再与他们深入交流这些信息。对学生的反馈，应避免打击学生的自信心，可以针对学生学习存在问题的症结，提出具体的改进建议，使学生知道接下来努力的方向和方法。这有利于激发学生的学习动机和自信心。开展学习性评估，要重视开发出给予学生描述性反馈[①]的方法，常见的方法有“两星一愿”和“层级式提示语”。

“两星一愿”，是指肯定学生达到学习目标及评估标准的两项成功之处并给出一条改进学习的建议（如下页图7-3所示）。[②]这种反馈不同于往常宽泛而又模糊的评语，如“做得好”“真棒”“继续努力”或“没有交代清楚”等，而是让学生知道自己学习的优点和缺点在哪里，应该如何改进学习。教师给出的两项成功之处，能够增强学生的学习自信心，特别是可以激发成绩暂时不佳的学生继续学习的动机；教师提供的改进建议，能够提醒学生自己仍有进一步提升的空间。两星一愿式的反馈，可以由教师提供，也鼓励学生同伴相互之间提供以及学生为自己提出两处成功和一条建议。

① 描述性反馈与评价性反馈不同。描述性反馈针对不同水平学生的学习状况提出相应策略，使学生知道接下来努力的方向和方式。评价性反馈仅以分数或等级的形式对学生学习进行价值判断。

② Assessment for learning: a practical guide [Z]. Belfast: A CCEA Publication, 2009:30.

收卡人：________同学/小组	
 取得成功	
 取得成功	
 一条建议	
	寄卡人：________同学/小组

图7-3　两星一愿卡

教师还可以为不同水平的学生提供不同层级的提示语，以便有力推进其从当前学习水平走向期望的学习水平。根据提示的多少，提示语包括三种类型：提醒式提示、支架式提示和实例式提示（见表7-2），分别适用于不同水平的学生。比如，教师请学生描述“我在上个月研学活动中认识的一位好朋友”。而学生的描述不尽如人意，教师就可以根据学生的水平提供相应层级的提示语，有针对性地引导学生将“他是我的好朋友”描述得更为具体。

表7-2　层级式提示语

提醒式提示	支架式提示	实例式提示
对于语言表达能力较强的学生，教师只需要稍加提示，即告诉学生“请再跟我们说说你这位好朋友”，学生便可以围绕主题展开更为具体的阐述	对于那些需要教师提供句式或具体描述方向的学生而言，教师要提供脚手架反馈，告诉学生：你能否再具体描述一下你这位好朋友？请你说说怎样才是好朋友？当他……的时候，我认为他能成为我的好朋友？学生基于这些脚手架才能进一步展开深入描述	有的学生则需要更为具体的示范，教师要呈现例子，如他是我的好朋友是因为他从来不说我的坏话，或他是我的好朋友是因为他经常帮助我，抑或为这部分学生提供好朋友特征的选项，让他们从中选出符合自己好朋友情况的条目

（二）学生对证据的使用

学生在学习性评估中享有评估的知情权和参与权。学生基于学习证据，可以明晰自己有待提升之处，进而更好地实现自我监控和自我导向。在学习性评估中，教师可以将梳理和整合出来的学习证据、对证据的解释，以及基于对学习证据的解释而为学生指明的改进思路与方法提供给学生，学生据此开展自我认识、自我反思和自我改进。在这个意义上，学生对学习证据的使用，就是一幅自我认识和自我提升的景象。学生利用教师提供的反馈信息明确自己当前学习水平与预期目标之间的差距以及导致差距的原因何在，并知晓应怎样逐步改进自己的学习策略与方法等来改善自己的学习表现并最终达成预期学习目标。

教师基于学习证据深入分析学生学习表现背后的深层次原因，为不同水平学生的学习提供有针对性的反馈与指导，学生合理运用这些反馈，落实这些指导，有利于获得学习的导向，支持自己的自主学习。这就充分发挥了评估结果的“动力泵”作用。这样的评估，就不再是区分学生优劣的“筛子”，而是激励学生学习与发展的“泵机”，体现出以评促教、以评促学的旨趣。在这样的过程中，学生的批判和辨析等心智习惯得到形塑，同时培育起对已经发生的学习活动加以反思的总结性思维和提前设想未来学习活动中可能出现的各种情形的前瞻性思维。这些习惯和思维，能够支持学生可持续的终身学习。

如果学生不能理解教师的反馈，那么就很难认同和落实教师为他指明的改进学习的思路与方法。这时，学生同伴可以发挥重要作用。学生之间知识和经验更为相近，更能体会彼此的处境，也就可以将教师的反馈与指导转化为同伴更容易理解和接受的语言，而且，同伴还可能从与教师不同的角度提出一些建设性的学习改进方案。因此，在学习性评估中，学生可以从教师那里获得反馈信息，还可以从同伴那里获得反馈信息并与同伴交流如何更好地利用所获得的反馈改进自己的学习。

第八章　学习为本评估的方式论（下）：学习化评估

学习化评估促使学习和评估一体化，让学生成为评估活动的主体。学生对学习活动展开自我评估和同伴互评，随时管理、反思、监控和调节自己的学习过程，在评估过程中获取有效的反馈信息，丰富评估活动经验，增长评估知识与技能，养成可持续发展的评估素养，成长为优秀的自我评估者和自主的终身学习者。具体而言，学习化评估具有以下三个特点：（1）学生主导。学习化评估就是要让学生成为自己最好的评估者，即凸显学生对学习过程自我反思、自我监控和自我调节的重要性。相对而言，学习性评估和学习段评估主要由教师主导，学生只是参与其中，而学习化评估实质上由学生主导。（2）元认知驱动。学习化评估要促使学生积极参与和投入学习活动之中，包括思考和设定学习目标、考虑和选择学习策略、监控和调整学习步调、检视和控制学习过程、开发和使用反馈信息，从而形成新理解，并将这些新理解与已有知识建立起联系进而改进学习目标或策略等。在这个意义上，学习化评估的过程就是学生自我监控和调整学习的元认知过程，也是提升元认知水平的过程。（3）评估和学习交融。学习化评估不是独立于学习活动之外的评估活动，也不是嵌入学习活动的一个环节，而是评估和学习的充分交融，如同硬币的一体两面，缺一不可。这也可以在一定程度上解决学生花费大量本应用于学习的时间去完成评估任务的问题。

第一节　学习化评估何以可能

"所认知的对象是经过有意的重新安排和重新处理过的事前的对象，也是以它所产生的改造的效果来验证其价值的事后的对象。"[①]这种价值主体彰显与

① 杜威. 确定性的寻求：关于知行关系的研究［M］. 傅统先，译. 上海：上海人民出版社，2005：228.

认识主体确立的相互砥砺，推进评估深化为一种认识活动，以促进学生成长为评估主体。于是，学习化评估兴起，评估任务即学习任务开启了自主评估和同伴评估等有效路径，内蕴从特殊认识、价值认识到自我认识的发展逻辑。

一、学习化评估作为特殊认识活动

学习与评估以非常复杂的方式交互产生作用，而非线性的关系。将评估任务开发为学习任务，就将评估转化成一种学习事件。这样，学习化评估就成为一种特殊的认识活动，主要体现为评估即探究和学习即共建知识。

评估即探究，强调评估者即探究者。探究，意为寻找和调查研究。这凸显出评估不为人熟知的方面，如反思、评论、发现、检验、参与和理解等。由此，评估就将学生当成“学习者”而非“表现者”来加以定位和理解，评估也就被视为学习的一个组成部分，成为促使学习产生的信念和探察学习怎样发生的研究，而不像在测验文化里仅仅被当成技术。把评估发展为探究，教师就不能再简单地当“考试管家”，教师要研究学生的学习，学生要反思、研究与交流自己的学习。这样，师生都成长为知识的能动创造者而非被动接受者。

学习即共建知识，主要包括整体关涉、经验反思和参与共同体活动三个维度。教师要全面考虑与把握学生的理念获得、思维及其理解等内在心智活动，使学生从动机、自尊到行动方式整体地投入学习过程。学生是认识主体，要能动地建构自己所在世界的意义，要在借助新鲜经验正确看待事物的方式之间建立起联系。知识并非“存在于那里”等着发现，而是每个学生凭借对自身经验的反思而建构起来的。学习，就是学生作为知识共建共同体的成员协作建设知识的过程。学习一门课目，就是融入一定共同体而成为其一员的过程。个人的自身经验以及知识建构分别为自己和同伴加以探寻、研究与交流，个人知识就奉献给了同伴的成长与整个共同体的发展。

二、学习化评估作为价值认识活动

“评估即探究”和“学习即共建知识”，奠基了师生在评估活动中的研究者角色，也为学习化评估内置了一种动力，促使学生在一定程度上掌控自己的学习与评估。在学习性评估和学习段评估中，教师既是评估者，也是研究者，会使用各种适宜方法探寻与研究学生学习，并借以开发适宜学生个体发展的教学。教师尽管会顾及学生的个别需要，但评估者和学习者毕竟是两类不同的人。学习化评估，则重视开发和使用自主评估与同伴评估，让学习者成为评估者，评估作为一种特殊认识就进一步深化为价值认识。

作为价值认识的学习化评估，首先聚焦“学生具有什么样的学习欲求以及哪些欲求是值得的和适宜的”这一问题，通过学生自主或师生合作研制学习目标，探究和陈述学习的结果价值。接着，聚焦“现实学习条件可以实现哪些宜欲学习目标以及怎样实现这些目标”的问题，选择和使用有效的学习方式。进而，聚焦“尚需哪些可能的学习条件以及怎样用以实现宜欲学习目标”的问题，探究和创造新型学习条件与学习方式。这种价值认识，就让学生主体的前瞻性需要及其满足，既成为反映的对象，又成为建构的对象。

三、学习化评估作为自我认识活动

虽说评估不能等同于自我认识，但它确实属于自我认识。人们评判一个事物时，首先要对它进行认识，将它与主体需要联系起来，看它是否得到主体需要的肯定及肯定到了什么程度。虽说评估主体与价值主体并不是完全等同的，然而，学生作为评估和价值同一的主体，则是可能的，也是合理的。自主评估和同伴评估是评估的特殊形式，它们让每个学生既做评估对象又做评估者。这样，学习者就既是学习需要的价值主体，也是参与和实施评估的评估主体。学生将评估作为一个探究过程，就会持续地反思提问“这对识知意味着什么”，并尝试通过相应的探究式做中学加以回答。这是将评估经验深化为学习经验，促使学生理解把握“这对学习意味着什么”，从而努力开发出个性化方式监控和提升自己的学习过程。基于此，学生不仅评估自己的学习状态，还要思考与实现评估对自己的概念发展和深层理解的功用。这样，学习化评估实质上成为学生一种特殊的自我认识，唤醒了学生自我生成与发展的意识，启动了沉睡中的自然而然的价值创造活动。评估作为自我认识的一种特殊价值创造活动必然是行动性的，它在真实的学生学习生活之中改进学习生活，为学习活动提供明智的指导，让学生作为评估主体与认识主体开展做中学，以实现学生作为价值主体的生成与发展。

第二节　学习化评估何以可行

学习性评估和学习段评估主要由教师主导，教师是关键的评估者，学生只是参与其中。开展学习化评估，学生的自我监控、自我纠正和调节至关重要。学习化评估实质上应该由学生主导，着眼于发展自己的元认知技能，促进自主学习。说到底，学习化评估意味着学生将对我的学习目标是什么、如何达到这些目标、我现在学得如何了、怎样有效判断自己学得如何了、如何更好地学习、如何为自己设计出一条由现有状态达到目标状态的达标之路、如何保持学习动力等问题进行自主思考，并根据这些问题对自己的学习不断进行自我监控和调节，进而使自己更加能够掌控学习，将学习变成自我主导的活动，为自己的学习负责。在学习化评估过程中，教师的作用也不可轻视。

一、分析自身学情

学生分析自身学习情况，可以运用学习状态分析和自我报告等方式和工具。

（一）学习状态分析

学生意识到自己的优势与劣势、需要提升或改进的地方，对开展学习化评估尤其重要。这既是学情认识，也是任务意识，还是对自我概念的深化。学生不断提高对自己学习状态的分析能力，就能够开发出更多的策略去独立解决学习过程中遇到的问题，进而提升自己的自主学习能力。态势分析法（SWOT，strength-weakness-opportunity-threat）比较直观，易于操作。“strength”和“weakness”分别指优势和劣势，是学生对内部学情的分析。“opportunity”和“threat”分别指机遇和困境（威胁），是学生对外部条件的分析。学习决策应综合考虑“能够做”（自己的优势与劣势）和“可能实现”（环境中的机遇和困境）等要素。借助此工具，学生可以对内部学习情况和外部学习条件进行战略分析，探明自己的优势和劣势及面对的机遇和困境（威胁），从而做出相应的学习决策（见表8-1）。

表8-1 SWOT分析实例

优势	劣势	机遇	困境（威胁）
• 个人能力：数学优异 • 个性特点：认真细致 • 人际关系：无大冲突	• 语言表达：不善言辞 • 学习目标：缺乏自主	• 班级方面：班委选举 • 周围资源：优秀同伴	• 家庭：父母辅导不够 • 学校：考试竞争激烈

通过一个表格，学生也能够分析并确定自己对某一知识或技能的掌握情况以及进一步的学习需要。根据学习状况与需要不同，可以区分出四类学习者（见表8-2）。

表8-2 学习状态分析实例

学习者	现状	表现	进一步学习需要
第一类学习者	我根本没有意识到自己并不知道如何开展新的学习	既未能与已有知识经验建立关联，也缺乏对新学习活动的意识。比如，既不知道为什么要学习分数，也不知道使用什么定理去学习分数	应加强对学习目标的认识，特别是明确阶梯式的学习目标

续表

学习者	现状	表现	进一步学习需要
第二类学习者	我已意识到了自己不知道如何开展新的学习	充分意识到了我要学习什么内容以及这个内容有什么意义，但不知道从何着手。比如，知道分数值得学习却不知道如何画图或计算	制订具体而细致的学习计划并寻找优质范例
第三类学习者	我能做好，但我并没有意识到要如何做	能将已有知识经验运用于新的学习活动，却不能清晰地解释怎么做。比如，能将分数化简但并不理解分数化简的原理	应努力训练自己的出声思维，大声地说出和记录解决问题的思维过程和思维产物
第四类学习者	我意识到要如何做，也明白我是如何操作的	这是理想的状态，既认可新学习活动的价值，也能意识到自己是如何完成任务的	可以继续追求在下一轮学习中的卓越表现，或开展新一轮的学情分析与自我诊断

（二）自我报告分析

研究发现，进行自我报告的学习者比没有报告的学习者学习效果更好，知识面更广，学习行为也显著改变。因为自我报告不仅是汇报成果，更是一种反思经历。① 自我报告有多种形式，其中，家校论坛颇受欢迎。该平台展现了学生全身心投入和成长变化的过程，有助于学生分析和掌握自身的学习情况。

在一次学习化评估过程中，有教师给出一份材料清单，请学生准备五种材料并自主设计成“我的学习化评估材料包”，再由学生拟出邀请函，邀请家长参加家校论坛，学生则在论坛上向父母报告学习化评估的心得。材料清单的内容是：学生基于课程目标的自我评估、教师基于课程目标的作业批阅、学生作业的样例、教师和学生对点滴进步的记录、关于家庭作业的信息。② 在家校论坛上，学生与父母分享制作材料包的过程，各抒己见。比如，在自我

① MOUNTFORD B, ROGERS L. Using individual and group reflection in and on assessment as a tool for effective learning [J]. Journal of advanced nursing, 1996, 24 (6): 1127-1134.

② Rethinking classroom assessment with purpose in mind: assessment for learning, assessment as learning, assessment of learning [R]. Winnipeg: Manitoba Education, Citizenship and Youth, 2006:25.

评估中，有的学生认为自己充分理解了分数化简，有的认为自己已掌握了大小排序，还有的认为自己数学思维非常出色；在作业环节，有的学生强调数值计算，有的重视图形关系，有的总是想着还有没有更好的方法。在论坛上，学生成为发言人，他们让父母意识到每个孩子的学习过程都是多么有趣而独特，学习化评估能够使学生更好地掌控学习过程。

二、确立学习目标

学习化评估倡导学生在教师的帮助下（比如参考教师提供的一些优秀范例等），基于对自己学习状态的分析，自主确立学习目标。概括而言，学生确立学习目标主要有教师驱动、课程驱动和未来驱动三种类型。与学习性评估中的确立学习目标相比较，学习化评估更强调学生确立目标的自主性，意在引导学生由教师驱动型、课程驱动型的学习目标确立者转变为未来驱动型的学习目标确立者。

（一）教师驱动型：强调教师期望

教师驱动型是指学生学习目标的确立主要受教师的影响和控制，教师的反馈是学生判断自己学习水平的基准，学生确立的学习目标质量取决于学生的判断是否与教师的期望一致。学生对自己的学习目标的确立、判断和反思，都较为依赖和遵从教师的期望，因而，学生对自身学习目标的自主思考是非常有限的，主要局限于“达到教师要求”或“未达到教师要求”两种选项。

（二）课程驱动型：关注课程要求

课程驱动型是指学生学习目标的确立主要以所学课程的要求为依据。如果学会相应的课程内容，自己的学习目标就实现了。这一类型的目标确立，有利于学生完成课程，但从长远看，并不利于学生的终身学习和可持续发展。首先，学生聚焦于某一课程或某些课程的要求，在一定程度上忽视了课程之外的学习需要，这与终身学习的理念是相背离的。其次，课程驱动意味着学生的学习目标确立在很大程度上是为了达到课程的要求，而非真正自发、自愿、自主地推动自身的持续学习与发展。

（三）未来驱动型：重视持续发展

未来驱动型是指学生学习目标的确立不仅仅依赖教师的期望或课程的要求，而是考虑到自身能否获得可用于未来学习和工作情境的可持续学习与评估能力。换言之，学生可以在吸纳教师期望或课程要求等外部目标的基础上，建立自己的目标，并据此评估、反思和调整自身的学习活动。学生关注超出教师期望及课程之外的学习需要，不断提升自身的学习与评估能力，为未来的学习和工作奠定基础，这是被鼓励的。

教师驱动和课程驱动的学习目标确立及后续的学习化评估活动，虽然鼓励学生对自己的学习进行判断、反思和调节，但是学生的判断依据主要是自己的学习目标、过程和结果是否被教师接受或是否符合课程的要求。这就使得学生对教师或课程要求的遵从主导了学习体验并取代了学习本身。往更深层次看，这也在一定程度上阻碍了学生探索、思考教师或课程要求背后的假设及其局限性。事实上，学习化评估的初衷并不是让学生简单地遵从教师的期望或达到课程的要求，而是让学生能够在吸纳外在目标及与其配套的评估标准的基础上，生成自主学习的目标与标准，并且这种目标与标准也不是固定不变的，而是会随着学生学习水平的变化逐渐调整。相比之下，未来驱动的学习目标确立及后续的学习化评估活动，立足于培养学生的可持续学习与评估能力，帮助学生在判断自己学到了什么和学得有多好之时，能够更多地反思自己还可以学什么和如何学得更好等问题。这就为学生超越教师期望和课程要求来批判性地反思自身的学习与评估实践提供了更多的空间。

三、监控和调节学习活动

在实现学习目标的过程中，学生需要适时监控学习活动并及时改进自己的学习策略等。学生的元认知监控和调节水平越高，就越能对自己的学习过程予以监控和调节。掌握评估标准和运用引导型日志，有利于提升学习活动监控水平。

（一）掌握评估标准

为了更有效地监控自身的学习活动，学生需要掌握并开发相应的评估标准。学生生成内在评估标准的前提，是充分理解外在评估标准，这需要开展一系列将外在评估标准加以内化的活动。主要包括：（1）学生分组讨论教师提供的评估标准。学生先提出自己不清楚的地方，再尝试与更多同伴一起讨论，并记录仍然无法较好理解的标准，最后由教师和全班同学一起集中解决问题。（2）学生用自己的语言表述评估标准。学生可以用一系列问题作为脚手架重新描述评估标准。比如，评估标准共有多少条？每条标准的名称是什么？这些词是什么意思？每条标准如何随着等级水平的不同而变化？如何用自己的话来描述各项标准的各级水平？你的描述和原来的评估标准是一致的吗？在此过程中，教师需要有针对性地进行指导。学生还可以通过做中学的方式，在不同的情境中运用评估标准，以加深对标准的理解，实现对评估标准的内化及自主运用。比如：可以借助信息技术的力量，开发相应的网络化评估平台，将评估标准内嵌于平台系统，通过流程与功能设计，要求学生根据评估标准对自身学习进行评估，并且明确自己的评估依据了哪一条标准。[①] 在内化外在标准的基础上，学生可以根据自主确立的学习目标生成更为个性化的评估标准。

以小学数学中“分数运算”为例，学生可以开发出自我评估标准（见下页表8-3），用以监控自己的学习过程。类似这些标准，能够帮助学生训练和提升自己的学习监控力，使学习活动的监控和调节有章可循，逐步让学生意识到自己的思维过程和识知过程，从而自主地鉴定学习轨迹是否正确。

---

① 齐媛，张生. 学评融合：落实评价改革的重要路径［N］. 中国教育报，2020-10-31（3）.

表8-3 “分数运算”自我监控指标实例

知识	技能	沟通	内省洞察
1. 我是否理解了分数运算，为什么它很重要并值得学习？ 2. 我是否深思熟虑地提问，帮助自己更好地理解相关知识？	1. 我能否运用分数运算（如，加减法）并知道何时加以运用？ 2. 我能否肯定我的作业里没有计算类错误？	1. 我能否清晰而准确地展示我的作业并解说我的思维过程，从而让他人明白？ 2. 我能否以图画、文字、口头解说、数字和符号等形式，说明自己对分数运算的理解？ 3. 我能否恰当运用数学语言？	1. 我能否找到解决问题的另一种方法？ 2. 我是否熟练掌握分数运算，并在新环境下加以运用？

资料来源：Rethinking classroom assessment with purpose in mind: assessment for learning, assessment as learning, assessment of learning [R]. Winnipeg: Manitoba Education, Citizenship and Youth, 2006:24.

随着学生监控和调节学习活动水平的不断提升，外在的评估标准将逐渐内化为学生内心认同和秉持的学习标准，在此基础上，学生的学习才能呈现出自主学习、自由发挥、创造性表现的状态。

（二）运用引导型日志

运用不同类型的引导型日志，有利于学生自主完成学习化评估活动。引导型日志便于学生在完成学习任务的全过程随时反思和记录自己的学习情况，调节和改进学习活动，并在学习任务结束后对日志内容进行分析，进一步找出可以改进的地方。引导型日志主要包括元认知问题框架、反思日志和错误日志等不同类型。

其一，元认知问题框架。该框架有三个维度：（1）我要做什么。主要用于学习任务开始前对学习任务的判断和分析。在学习正式开始前，学生应仔细思考将要完成的学习任务是什么、有什么要求及要达到什么标准等。（2）我要怎么做。基于对学习任务的分析，学生在学习过程中要随时监控自己的学习行为，思考如何才能更好地完成学习任务。（3）下一步怎么做。在学习任务结束后，学生对自己的学习过程和结果进行反思，考虑如何进一步改进和提升（见表8-4）。

表8-4　文章写作的元认知问题框架

问题维度	引导型问题
我要做什么？ （写作前：学习计划）	• 我将要写的是什么类型的文本？ • 故事的目的是什么？ • 一个好故事是什么样的？ • 好故事的特征有哪些？ （1）内容；（2）结构；（3）语言。 • 谁会读这篇故事？ • 我应该为我的读者呈现怎样的写作风格？ • 老师将会如何评估我的故事？
我要怎么做？ （写作中：过程监控）	• 我要写几段？ • 我在第一段主要想表达什么？ • 我应该如何吸引读者的注意力？ • 我应该在故事中提及什么问题？ • 故事应如何结尾？ • 我怎样才能使这些角色栩栩如生？ • 我如何才能生动地描述环境？
下一步怎么做？ （写作后：回顾反思）	• 我是否朝着我之前设定的写作目标前进？ • 我用什么来检查我的写作目标是否达成？ • 我能做些什么来进一步改进下一次的写作？

资料来源：LEE I. Putting students at the centre of classroom L2 writing assessment［J］. The Canadian modern language review, 2016, 72（2）: 258-280.

其二，反思日志。反思日志主要用于学习任务结束后，全面总结自己的学习成果、进步之处和有待进一步改善的地方。相应的，反思日志的设计可以从学习任务回顾、进步之处和待改进之处三方面构建框架（见下页表8-5）。

表8-5　文章写作的反思日志

反思日志 回顾你第一学期写过的文章，并记录你学到了什么。
学习任务回顾 • 文体类型： • 主题： • 我使用得好的表达和词汇： • 我学到的新句式： • 我犯了哪些拼写错误： • 我还学到了哪些写作技巧：
进步之处 比起前一篇文章，我在这篇文章中做得更好的地方有：
待改进之处 在下一篇文章中，我仍然需要改善的地方有：

资料来源：LEE I. Putting students at the centre of classroom L2 writing assessment［J］. The Canadian modern language review, 2016, 72（2）：258-280.

其三，错误日志。为了有针对性地弥补自己在学习中的失误，学生在反思日志的基础上还可以进一步撰写错误日志。错误日志的作用主要在于，使学生能够清楚地看到自己在哪些方面失误最多，进而分析原因并找到改进的方法。例如，表8-6是文章写作中的错误日志。学生按日期对自己在动词、冠词、代词等多方面的错误数进行统计，最后计算出总数。对错误总数，还可以进一步排序，这样就更加一目了然。

表8-6 文章写作的错误日志

错误类型	错误数					
	_月_日	_月_日	_月_日	_月_日	_月_日	总计
动词（时态和形式）						
冠词						
代词						
介词						
数词						
主谓一致						
词语选择						
拼写						

资料来源：LEE I. Putting students at the centre of classroom L2 writing assessment［J］. The Canadian modern language review, 2016, 72（2）：258-280.

四、充分发挥教师的作用

学习化评估由学生主导，学生要承担关键的评估者角色，但这并不意味着否定或轻视教师的作用。相反，教师在学习化评估中要发挥以下八种功能。其一，为学生示范并传授自我评估的技能。其二，引导学生设立学习目标，关注和追踪学生的学习进展。其三，提供能够反映课程目标要求的优质实践和优秀作品，作为学生学习的榜样与范例。其四，与学生合作开发出优质实践的清晰标准。其五，指导学生建构起内部反馈或自我监控机制。其六，定期为学生提供有挑战性的实践机会，帮助学生成长为自信的、有胜任力的自我评估者。其七，监控学生的学习与元认知发展并提供描述性反馈。其八，创设富有安全感的便于获得支持的环境，让学生敢于尝试自我评估。[①]在教师支持下，学习化评估才能更顺利地开展并发挥效用。具体而言，教师发挥以

① Rethinking classroom assessment with purpose in mind: assessment for learning, assessment as learning, assessment of learning［R］. Winnipeg: Manitoba Education, Citizenship and Youth, 2006:43.

上八种功能时，需注意以下要点。

第一，教师可以通过评估标准中的提示性问题，如我在哪个方面的进步最大、我在哪个方面的进展很慢、是我的哪种行为提升了此次表现等，在正式课堂教学和非正式的活动交往中，为学生示范如何对照标准评估自己，帮助学生聚焦于反思和计划。

第二，教师要避免不加解释地将目标内容告知学生，应帮助学生认识“这个学习目标对我是否适宜”“为什么需要这个目标”和“它与未来学习有何关系”，进而帮助学生设立长远和当下的学习目标，积极探索课程标准、教学设计和学习目标之间的关系。

第三，教师要注意收集学生的书面作业、汇报材料、音像记录等范例资源，并在关于反馈或标准的对话讨论中，善于使用优秀、良好、较差的范例资源作为支撑。

第四，评估标准即学习标准，是优质评估实践的原则之一。[①]教师可将评估标准与课程标准相比较，与学生讨论、修订，进而研制出具体课程的学习标准。将评估标准开发为学习标准，更有利于学生改进学习并训练和提升自己的元认知水平。

第五，教师要重视学生的内部反馈或自我监控机制，这有利于学生验证和质疑自己的思维过程，从而应对学习和评估过程中不可避免会遭遇的模糊性和不确定性。当学生按照预期的学习目标和拟定的评估标准监控学习过程时，学生将逐步获得对学习信息的可信的、一致的解释，也将逐步掌握评估标准和自我评估过程所要求具备的元认知知识与技能，并将其运用于对未来学习的调节和监控之中。

第六，教师是学生认可并践行学习化评估的支持者，为最大限度地发挥评估即学习的优势，教师既要指导学生将外部的课程目标、评估标准与自己的阶段性学习结果加以比较，也要指导学生将自己内在思维习惯的前后变化

① NORTON L. Using assessment criteria as learning criteria: a case study in psychology［J］. Assessment & evaluation in higher education, 2004, 29（6）: 687-702.

加以对比。

第七，当教师提供的描述性反馈，帮助学生认识到影响学习的认知、情意、社会互动和自我调节等因素时，学生的主体性、自主意识将得到强化。具体来说，教师需要支持、探索、聆听学生的学习需要。支持，是与学生共同面对困难和挑战；探索，是分析学情、洞察学生的特殊学习需要；聆听，是成为学生的良师益友，鼓励学生反思性地观察。

第八，学习化评估为教师创设深度学习的课堂提供了一个新框架，使教师获得推动自身专业发展和教学创新的机会，也为学生开展深度学习提供了一条新路径，使学生能够通过多样化策略去探索评估任务和学习任务的关系，深度认识自己的学习与未来发展的关系。但是，在实践中存在教师不相信学生能够自主评估等问题。而且，在传统的评估模式中，学生常扮演被动角色，将教师视为评估的权威，导致一些学生较难接受自身作为评估主体的转变。在这样的背景下，形成合作、信任、相互尊重和允许犯错的学校和课堂氛围，就显得尤为重要。这有利于学生真正关注自己真实的学习需要，而不仅仅是为了满足教师的期待或达到课程的要求，也有利于学生改变以往等待他人评估的被动习惯，主动对自己的学习进行设计、反思、管理和调节，从而在实施学习化评估的过程中不断总结经验，逐渐成长为自主的终身学习者。

学习化评估既有对当下学习活动的评估，也有对下一阶段学习活动的导向和建议；既是一种判断式的回顾，也是一种学习导向的前瞻。说到底，学习化评估要求学生建构与发展起一套伴随学习过程的自我评估系统，能够依据一定的学习目标与评估标准，对自己的学习活动及结果自觉进行深情的关切、深刻的反思和深入的改进完善。在学习化评估过程中，学生可以将从多渠道获得的评估经验加以有效而综合的运用，从而将评估活动转化为重要的学习活动。比如，学生将一门课程中学习化评估的经验作为连续体的一端，多门课程之间学习化评估经验的异同点作为连续体的另一端，建构起自己独特的认识脉络和知识空间。在这个空间内，通过经历和获取不同课程领域中的评估经验，学生可以超越表层的分数，进入一个深层的、精致的、抽象的层次，既学会在日常学习中熟练运用多种评估规则、方法和词汇开展自评和互评，又学会整合各种评估反馈进行下一步学习活动的决策和规划。在一定意义上可以说，学习化评估的设计和实施就是一幅学生自我认识和自我提升的景象。通过诊断自身学情，学生决定确立何种学习目标和评估标准以及何时何地使用何种学习策略，有针对性地提升学习质量；经由过程性的监控与调节，学生能检查自身的学习计划执行情况和学习组织策略；借助终结性的结果反思，学生可验证自我监控和自主反思的有效性与合理性。

第九章　学习为本评估的策略论

学习为本评估，主要是通过学习段评估、学习性评估和学习化评估三种方式来实施。为了进一步提升评估成效，需要将这三种方式加以平衡和整合以形成一种整体结构形态，并将学习为本评估融入日常教学，促使师生从教学目标研制、情况分析、策略选择、效果考查及改进路径等方面开展创新。学习为本评估的实施，有利于在较大程度上推动学校育人方式的变革。

第一节　学习为本评估的结构生成策略

在文化发展过程中，人们不断地"力图把所有这些零乱的东西、把过去的杂乱无章的支梢末节熔合在一起，综合起来浇铸成新的样态"[①]。学习为本评估融汇学习段评估、学习性评估和学习化评估三种方式，生成了整体性的结构形态。学习为本评估整合这三种评估方式，不仅要对三者进行具体区分，以便帮助师生更加明确其定位、特点和适用范围，更要对三者进行深入整合，并在此基础上进行有效应用与开发。

一、涵括学习段评估、学习性评估和学习化评估

在学习为本的理念引领下，为了更好地发挥评估促进学习的作用，学习为本评估涵括了学习段评估、学习性评估和学习化评估三种方式，使之既相互促进、彼此关联，又各有特色、各具价值，其意义、目的、特点、师生角色、奖励机制、启示和关键词的比较见下页表9-1。

① 卡西尔.人论：人类文化哲学导引［M］.甘阳，译.上海：上海译文出版社，2013：304.

表9-1　学习为本评估中的学习段评估、学习性评估和学习化评估比较

比较项目	学习段评估	学习性评估	学习化评估
意义	一个学习阶段结束时进行评估，特别注意通过数据分析、解释和反馈，改进学生下一阶段的学习	评估的首要目的是能够促进学生学习	学生积极参与对自己的评估，成为最好的自我评估者
目的	确认学生知道了什么，能够做什么，判断他们是否达到了课程目标，在同伴中处于什么水平，以及下一阶段应该做什么、怎么做	为教师和学生提供调整教与学的信息	聚焦于学生作为评估与学习之间关键连接者的角色，进而发展学生的元认知
特点	一个学习阶段评估结果的诊断性和形成性运用，多元化的评估内容，真实性任务设计，多样化的数据处理技术	师生围绕“学生现在在哪里”“需要去哪里”和“如何最好地到那里”这三个问题收集和解释证据，并基于此做出下一步教学决策	学生主导，元认知驱动，评估和学习交融，反馈作为前馈
教师角色	评估方案设计者，学习段评估指标体系研制者，数据分析者，学习证据管理者，前馈使用者	学生学习目标确立的协助者，学习证据收集者，基于课目教学知识与课目学习知识等专业知识的学习证据解释者，教学改进者，评估信息反馈者	自我评估技能示范与传授者，学习目标设立引导者，学习榜样与范例提供者，优质实践标准合作开发者，内部反馈或自我监控机制建构指导者，挑战性实践机会提供者，描述性反馈提供者，安全环境创设者
学生角色	数据分析者，前馈使用者	享有评估知情权和参与权，开展一定的自我评估和同伴互评活动	学习状态分析员，学习目标自主制订者，学习过程监控者，学习活动负责人

续表

比较项目	学习段评估	学习性评估	学习化评估
奖励机制	学生主要因学习结果得以提升而获得奖励	学生主要因更加了解自己的知识水平、学习方法与策略以及能够运用反馈以提升达标情况而获得奖励	学生主要因受元认知驱动的自主学习和自主评估能力提高而获得奖励
启示	为相关人员、机构提供学生学习成就的证据，让公众意识到学生的学习怎样影响着学生的未来；基于系统、科学的测试和表现性评估进行数据分析，提出教学改进建议	教师清楚地掌握每个学生的学习情况，据此决定怎样促进学生的学习，提供什么样的描述性反馈，如何分组，如何选择教学策略和资源	重视学生自主学习，视评估为发展学生元认知的过程，使学生成为批判性的评估者，能理解评估信息，并将其与先前知识经验相联系，还能将其运用于新的学习情境
关键词	分类和分等，常模参照，高风险测试，协同评估的终结性、诊断性和形成性作用，反馈	形成性评估，反馈作为前馈，标准参照，辨识最佳差距并加以跨越	自主学习，自我评估者，元认知，评估活动即学习任务，标准参照，自定标准（超越外在评估标准）

二、平衡学习段评估、学习性评估和学习化评估

在涵括学习段评估、学习性评估和学习化评估的基础上，学习为本评估对这三种方式加以平衡，强调运用评估调节教学实践对提升学生学习质量具有重要意义，而且重视为学生创造评估机会，让学生清楚地了解自己的学习状况，自我监控并调整自己的学习活动，而不感到焦虑或受到责难。从根本上看，学习为本评估侧重学习化评估和学习性评估，学习化评估占据基础和主导地位，学习段评估仅用于少数必须进行终结性判断的时候。这三种评估方式的关系形成了一幅梯田示意图（如下页图9-1所示）。

促进学习	主要目的	参照点	关键的评估者
学习段评估	判断学生的现有水平，促进学习进步	其他学生	教师
学习性评估	为师生的教与学决策提供信息	外在标准或期望	教师
学习化评估	学生的自我监控、自我纠正和调节	学生个人目标和外在标准	学生

图9-1　平衡学习段评估、学习性评估和学习化评估的梯田示意图

从根本上说，学习段评估和学习性评估要起到促进学生学习的作用，特别是要对学生的终身学习产生作用，还得依靠学生自己开展的学习化评估。学习段评估和学习性评估由教师主导，所获得的信息主要用于改进教师的教，但教师教了，学生不一定产生学。学习段评估和学习性评估的信息及其带来的教师教的改进，只有进一步深入学生学的层面，才能带来学生学习的优化。学生的学习及其优化，最终还得依靠学生自己才能完成，谁都替代不了。学习为本强调深入学生学习的层面来分析问题，为了将评估活动的焦点转向以学习为本，必须处理好学习段评估、学习性评估和学习化评估三者的关系，保证学习化评估占据基础和主导地位。这样，评估才融入了教师的教，也才融入了学生的学，教、学、评才经由学生这一关键角色真正融通起来并产生以评促教、以评促学的作用，在此基础上，教、学、评得以实现一体化。而且，保证学习化评估占据基础和主导地位，有助于学生深度反思学习的价值，丰富相应的价值体验，从而赋予自身学习以责任感和意义感。有了对自己学习活动价值的深刻认识和认同，学生的学习信心才不会受到打击，才不易陷入意义感迷失之中，才能建立当下学习与未来人生发展之间的联结，透过日常的琐碎观照“学以成人”这种更宏大、更深邃的价值愿景，对学习活动产生更为深沉、更加智慧的理解和感受。这样的价值信念、行动和习惯将迁移到今后的学习、工作与生活之中，创造出富有价值的蓬勃向上的人生。

而且，学习化评估致力于发展学生的元认知，有利于提升学习段评估和学习性评估的成效。比如，元认知的发展能够提升学生接收教师反馈的有效性。在学习段评估和学习性评估中，学生接收到的反馈大部分来自教师。元认知水平越高的学生，其对自己学习过程的了解、掌控程度越高，就更能提取出教师反馈中的有效信息，据此调节自己的学习过程。而且，元认知的发展能够提升学生向教师反馈的有效性。教师为了改进教学，必须收集学生学习的信息。在过去的评估中，这些信息一般来自纸笔测验和作业，均为间接的信息获取途径。而具有一定元认知水平的学生，能在了解和反思自己学习过程的基础上，将自己的学习需求直接向教师表达。这样，教师能通过学生的积极反馈来深度了解学生的学习状况，以此调整自身的教学方法和策略。

三、整合学习段评估、学习性评估和学习化评估

学习段评估、学习性评估和学习化评估的整合，主要表现为目标共建、标准共通和证据共享。

（一）目标共建

在学习段评估和学习性评估中，教师是评估的主导者。教师需要将评估目标及相应的评估指标逐级分解，具体化为各个阶段的教学目标、学习目标和配套评估标准。而学习化评估要求学生主导，强调学生若要成为优秀的自我评估者和终身学习者，必须在不断的评估实践中学会根据自己的学习需求自主制订学习目标和评估标准。但是，一些学生可能不清楚自己究竟要获得什么知识、技能和能力，要发展哪些情意、社会互动和自我调节维度的素养，进而盲目确立目标，忽视目标完成的质量和效率。在这种情况下，学习段评估、学习性评估和学习化评估三者在评估目标和指标上不能相互孤立，而要基于学生的学习与发展，在教师教学和学生学习双边需求的协调之中共同加以构建。

学习化评估可以提升学生的目标转化和生成能力。学习段评估和学习性评估，都要求教师用适当方式与学生分享教学目标和评估标准。一般来说，学生当前的学习水平存在一定差异，即使面对同一学习任务，每个学生需要达到的目标和标准也是不同的。当师生分享与学习任务相关的目标和标准时，

具有一定元认知水平的学生能够积极对比自己当前学习水平同目标和标准之间的差距，进而主动分解目标和标准，区分出自己在以往的学习中已经达到的目标和标准以及通过接下来的学习需要达到的目标和标准。由此，学生才算真正地将教师制订的教学目标和评估标准转化为自己的学习目标和评估标准。而且，元认知水平越高的学生，越能知道自己已有什么及还缺什么，对目标和标准的转化程度也就越高，越能够生成个性化的学习目标和标准。根据调整后的目标和标准，学生将选择适合自己的学习方法来开展学习活动，这也提高了完成学习任务的可能性。

（二）标准共通

学习段评估、学习性评估和学习化评估主要是通过影响教师和学生的判断和反思过程来改进学生学习的，评估主体的判断和反思深刻影响了评估的可靠性。教师能够准确识别学生当前的学习水平并分析学情吗？教师是否能准确识别学生的进步？教师是否具有足够的专业知识来促进学生的进步？如果把评估权力移交给学生，那么学生是否对要达到的目标足够理解？是否能准确定位自己和同伴的学习？是否能有效改进自己的学习？这些问题的解决，都离不开学习段评估、学习性评估和学习化评估标准的共通。

评估标准的共通，让处于同一情境中的师生相互知道评估标准，这能有效遏制评估过程中的盲目与不公平现象，减少友谊和性别等各种主客观因素对评估结果可靠性的影响，提高评估的信度和效度。而且，学习段评估标准适当转化为学习性评估标准，有利于发现学生现有水平与一个阶段结束时要达至水平之间的差距，进而通过日常的教学有针对性地缩小差距。学习段评估和学习性评估标准适当转化为学习化评估标准，可以让评估透明化，减少黑箱效应，使学生可以依据相应评估标准来自行判断和改进学习。这里的评估标准是“共通”而非“共同”，学生可以根据自己的实际情况，基于学习段评估和学习性评估标准生成自己的学习化评估标准。简言之，标准共通，既能帮助学生明确自己学习活动中的各种能力要求，判断和调节自身学习，又能帮助教师判断学生的学习质量并据以设计与改进教学。

（三）证据共享

学习段评估可以提供定量的学习证据，描述学生从低到高的能力水平，体现学生可以进步的幅度，主要回答的问题是“学生取得了多大的进步”，提供学生学得怎样的证据。但是，学习段评估的重心不是将学生按能力高低加以排列，这在一定意义上会导致学生采取表层的、急功近利的学习策略并逐渐失去学习动力。学习段评估重在提供对学生学习表现的解释，主要包括：代表学生能力水平的定量数据携带了哪些信息；学生具备这样的能力水平意味着什么；哪些因素影响着学生达到这样的能力水平。通过定量数据及相应的有效解释，教师、学生、校长、家长乃至社会的注意力得以指向当下学习活动和学生终身可持续发展的重要目标。

学习性评估主要用于描述学生学习之间质的差异，体现了学生在认知、情意、社会互动和自我调节等方面学习水平和学习需要的不同，主要解决的问题是“如何帮助每一个学生取得进步”，提供如何促进学生学习的证据。了解学生的特点，是实现个性化教与学的关键。

基于学习段评估和学习性评估的教师反馈，是学生获取自己学习结果信息的重要来源。在学习化评估中，学生获取信息的来源主要是学生自己的内部反馈，这种内部反馈所获取的信息往往包含教师无法根据学生外部表现而获取的信息，未经他人主观意识的加工，对学生来说是最直接的反思材料。但是，受教师评估与表达能力以及学生心理机能发展水平等多方面的局限，教师不能完全准确、全面地总结学生表现水平，学生也不能完全将内部和外部反馈转化为有助于调节自己学习活动的信息，从而使反馈成为低效反馈甚至无效反馈。因此，学习段评估、学习性评估和学习化评估的证据共享尤为重要，三者可以互补。学习化评估能够使学生获得有关自己学习过程的第一手资料，尽量减少关键信息在以教师为主体的评估过程中的流失；学习段评估和学习性评估能够为学习化评估保驾护航，弥补学习化评估的疏漏，有助于每一个学生确定自己的发展状况及目前的整体水平，进而更全面地反思自身的学习并明确下一步努力的方向。

学习为本评估，主张师生基于促进学习的共同责任，获取所依赖的资源，发挥并提升自身能力，构建起学习段评估、学习性评估和学习化评估共存互补的功能整合的评估网络。这样的整合，需要学习段评估、学习性评估和学习化评估在一定程度上走向相互渗透与相互融通。比如，学习化评估、学习性评估要对接学习段评估，需要关注和运用学习段评估提供的大量数据和解释；学习段评估和学习性评估要“抚育”学习化评估，需要考虑在学习段评估和学习性评估中发展学生的元认知，甚至需要考虑将由教师主导的学习段评估和学习性评估在一定程度上过渡为由学生驱动的学习段评估和学习性评估。整合一词，既带有动词词性（integrating），又带有名词词性（integration）。学习段评估、学习性评估和学习化评估的整合，既指三者之间的动态作用过程，又指三者结成一种较为稳定的整体状态。当前，学习化评估因为高度强调学生自主，在教育一线实践起来相对困难。如果学习化评估不能调节好与学习性评估和学习段评估的关系，不仅达不到理想的效果，反而会对学生的学习成就产生负面影响。因此，不断协调学习化评估与学习性评估、学习段评估的关系，持续探索如何在教学实践中将三者合理结合，互相补足，有利于进一步实现学习为本评估促进所有学生学习的目的。

四、学习为本评估的基本结构形态

根据以上分析，可以对学习为本评估的基本结构形态做出描述。学习为本评估实质上是一种新型的整体性评估形态，需要以鼓励自主学习的创新性学习环境为支撑，综合运用学习段评估、学习性评估和学习化评估等多种评估方式，优化师生对评估的理解和体验，改进师生的教与学，并通过发展学生的元认知促进学生的学习。学习为本评估的基本结构形态如下页图9-2所示。

学习为本评估具有鉴别已有学习成就、优化当下学习与助力终身学习三大目的。这三大目的相互补足，在一定的张力中达成平衡，不仅判断过去的学习状况，也顾及当下学习的优化，还展望学生整体生命的可持续发展，为学生的终身学习助力。这就不是局限于从此时此地的短期狭隘趋向来考虑评

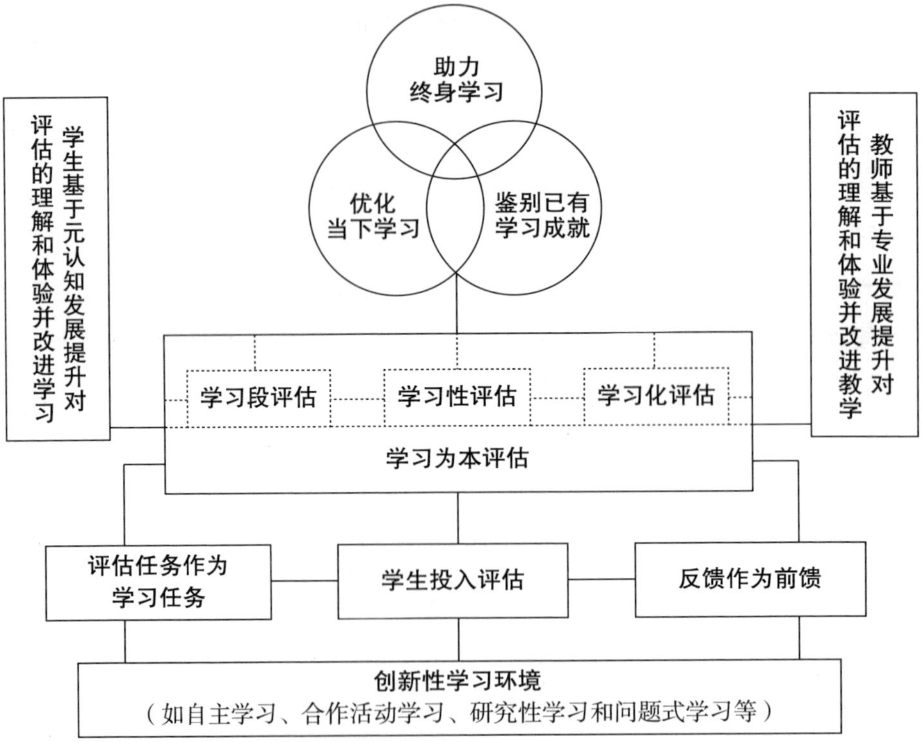

图9-2　学习为本评估基本结构形态示意图[①]

估的意义，不仅仅将评估的意义理解为注重当下、眼前、近期的现实效益。在三大目的的引领下，学习为本评估形成了两类机制以及相应的环境基础。

（一）学习为本评估的两类机制

学习为本评估具有学习机制和教学机制相互交织和整合的运行系统。

1. 学习机制

为了使学生的学习更富有成效，学习为本评估鼓励将评估任务作为学习任务、倡导学生投入评估并重视将反馈作为前馈。

其一，评估任务即学习任务。将课程目标、内容和评估有效统一起来，学生完成评估任务的过程，就是获得深刻的学习体验、提升自己学业水平的

① 该图为笔者在综合学习为本评估有关研究成果的基础上，结合自己的思考和实践而绘制。参考了：CARLESS D. Learning-oriented assessment: conceptual bases and practical implications［J］. Innovations in education and teaching international, 2007, 44（1）: 57-66.

过程。这样的评估任务应当反映课目内容在真实世界中的运用，应当将眼光放长远，关注学生学习的可持续发展，而不能仅仅关注学习的短期效果或者仅仅看重对很快就会忘掉的知识的考核。

其二，倡导学生投入评估。通过让学生参与学习目标和评估标准等的研制并与教师取得共识，提升整个评估过程的透明度，促进学生对学习目标和评估标准有更深入的理解，从而更积极地投入达成目标的活动之中。

其三，学生获得及时的适当反馈以作为进一步学习的前馈。反馈本身不能促进学习，除非学生接受它并据此改进学习活动。因此，保证反馈的及时性和前瞻性，促进学生吸收和运用反馈，就十分重要。教师可以适时提供反馈，也可以通过精心设计促使学生成为同伴学习的反馈提供者。对这一学习阶段的反馈，可以作为下一阶段的前馈。学习为本评估力争将反馈和前馈都融入学习段评估、学习性评估和学习化评估之中，而且，强调让反馈成为未来新的学习活动的前馈。

2. 教学机制

学习为本评估促进教师的教学，可以通过教师的有效专业发展来实现。通过教师的有效专业发展，可以强化教师支持学习为本评估的角色。（1）教师要成为创新性学习环境的开发者，为学习为本评估建立扎实的基础。（2）教师要成为有效的评估设计者，让学生积极主动地参与到学习段评估、学习性评估和学习化评估之中。（3）教师要成为学生学习动机、学习投入、学习过程和学习结果的研究者，要掌握课目教学知识和课目学习知识等专业知识以便能够准确解释各种学习证据，进而使反馈更有效地变成前馈，促进学生当前和未来的学习。

（二）学习为本评估的环境基础

学习为本评估强调，教师要尽力创造出相应的创新性学习环境。图9-2底层所示的创新性学习环境，是学习为本评估的基础。开发出创新性的学习环境，能够提升师生有效建构和运用学习为本评估的成效。这里的环境，既指整体性的环境，也包括多种小环境。这些环境要为每个学生的学习提供必备的条件，要有助于开展合作活动学习、自主学习、研究性学习和问题式学习等。这些环境决定着师生个体或群体如何与所处环境的不同要素进行互动，决定着师生能否重视使用自主学习等更有利于支持学习为本评估的学习方式。

学习为本评估强调学习化评估和学习性评估，就意味着必须凸显自主学习。自主学习是图赫（Tough, A.）于1966年提出的，诺尔斯（Knowles, M. S.）1975年将其界定为学习者在他人帮助下，诊断自己的学习需求、制订学习目标、选择人力和物质等学习资源，并评估学习结果的过程。[①]众所周知，在知识爆炸的时代，自主学习的能力是人们在未来必备的核心素养。学生在未来工作中所需要的一些知识与技能，在今天还没有被创造出来。因此，未来的课程、教学和评估不能仅仅着眼于让学生学会教师传递的知识，其核心使命是使学生在获得知识的基础上发展出创造知识、管理知识和迁移应用知识的能力，是让学生学会自主学习和自主评估。自主学习既具有社会性、文化性，又具有个体性，需要合作活动学习、研究性学习和问题式学习予以辅助。鼓励自主学习，推进学习为本评估的深化，需要教师开发出一系列新型学习环境来予以支持。

五、智能型学习为本评估的基本结构形态

人工智能是打开“学习黑箱”的强大工具，它促进了人们对学习何时以及如何发生的更加深入、细致的理解。随着人工智能的快速发展，一场颠覆人类学习理念和方式的智能革命正悄然兴起。人工智能进入教学、学习和评估领域，导致教学、学习和评估系统各要素和过程各环节及其关系发生变革。这样的变化，也给学习为本评估带来机遇和挑战，催生了智能型学习为本评估。智能型学习为本评估，是指在人工智能时代，开发智能技术的评估代理主体能力与介导作用，有效地改进教学策略，更好地实现学习为本评估理念，进一步促进学生的学习。其结构形态如下页图9-3所示。

---

① KNOWLES M S. Self-directed learning: a guide for learners and teachers［M］. Chicago: Association Press, 1975:18.

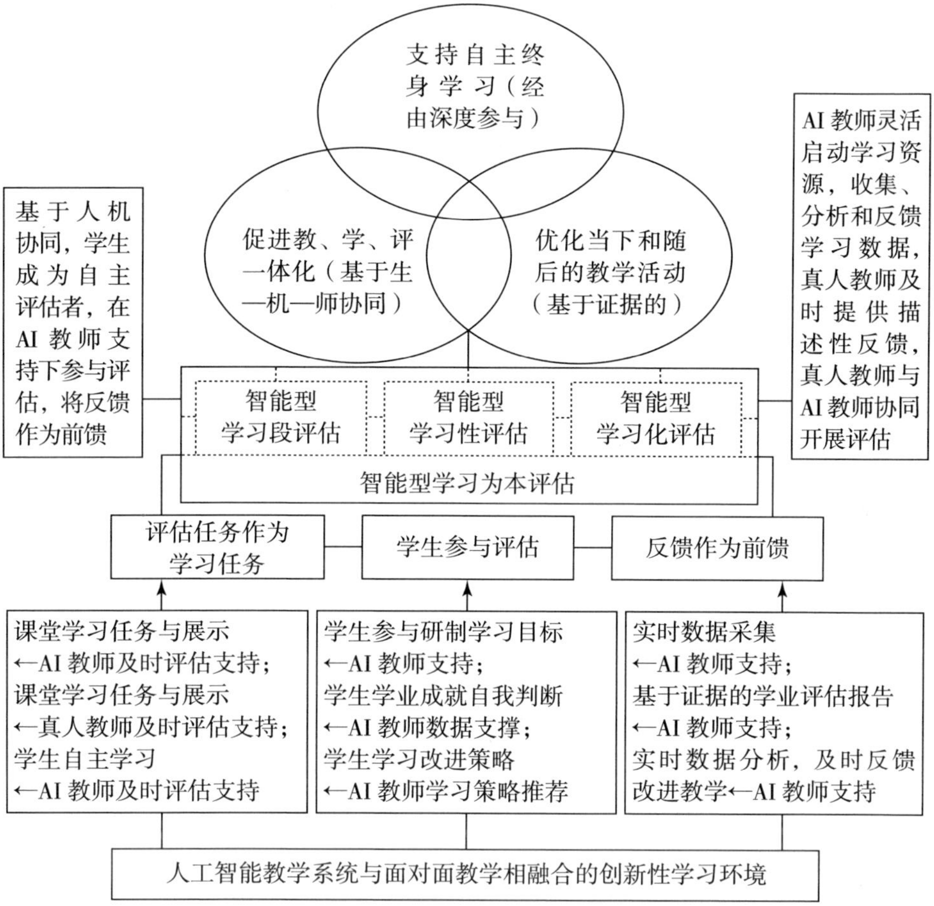

图9-3　智能型学习为本评估结构形态建构示意图[①]

---

① 近年来，我国不断推进智能时代教育改革。2017年，国务院印发《新一代人工智能发展规划》，提出利用智能技术构建新型教育体系。2019年，中共中央、国务院印发《中国教育现代化2035》，将“加快信息化时代教育变革”列为十大战略任务之一，指出要“统筹建设一体化智能化教学、管理与服务平台”。同年，党的十九届四中全会强调，发挥网络教育和人工智能优势，创新教育和学习方式，加快发展面向每个人、适合每个人、更加开放灵活的教育体系，建设学习型社会。如何应用人工智能优化教育教学活动，已成为教育研究的热点问题，引起很多教育工作者的关注和思考。在这样的背景下，以本课题组成员为骨干的研究团队创建了华南师范大学校级科研平台“德育神经科学与人工智能实验室”，深入研究人工智能如何与课堂教学深度融合，探索出“AI教师主讲课堂开发”的新路向并在省内中小学试用，助推智能化教学改革与发展。本课题组对智能型学习为本评估结构的建构，依托了“AI教师主讲课堂开发”的研究与实践，重在探索以AI教师为代表的人工智能进入课堂后所带来的学习为本评估结构创新。

（一）智能型学习为本评估的三大目的

新兴的“代理主体实在论”（agential realism）认为，以往总是认为只有人才具有某种行动能力或者主体能力，而忽略了物质性要素的参与。[①]随着人工智能技术的发展，教育机器人被赋予了AI教师的角色，可代理真人教师的部分主体能力，即智能代理主体（intelligent agent）。代理主体“agent”，其词源为拉丁文“agens”，意为作用者、行动者。在英文中有动力、施动者、驱动者和可以产生作用或效应的东西等含义。[②]在人工智能中，它指的是能感知环境并对环境做出反应和反映的自主实体。[③]AI教师在一定程度上具有代理真人教师主讲课程内容、根据学生的反应进行评估等能力。同时，AI教师可发挥评估代理主体的介导作用，多维度激发评估促进学习的机制。研究表明，环境系统所使用的媒介形式越丰富，越能调动学习者多感官参与，学习者的积极性越高，学习更加投入。[④]AI教师的声音系统和动作系统，配合多媒体动画、视频等，能创设出给予学生多感官刺激的学习环境，AI教师的语音、动作、视频、音乐等均可成为促进学习的媒介，发挥介导作用，通过感官刺激激发学生的思维。未来的人机将共存，由人和物理世界构成的二元空间将转变为由人、物理世界、智能机器、虚拟信息世界构成的四元空间。AI教师是具有教学服务功能的实体智能机器人，连接着虚拟世界，并在与师生交互过程中承担一部分教学任务和评估任务。智能型学习为本评估具有基于证据优化当前和随后的教学活动、通过“生—机—师协同”促进教、学、评一体化和经由深度参与支持自主终身学习三大目的。

第一，基于证据优化当下和随后的教学活动。基于证据的评估注重评估的有效性和可靠性。具体而言，就是在评估中强调证据的作用和价值，注重

---

① 孟强. 作用实在论：超越科学实在论与社会建构论［J］. 科学学研究，2007（4）：604-609.

② 高新民，张文龙. 自主体人工智能建模及其哲学思考［J］. 自然辩证法研究，2017（11）：3-8.

③ FELIJAKOWSKI K, KOSINSKI R. Opinion formation and self-organization in a social network in an intelligent agent system［J］. Acta physica polonica B, 2014, 45（11）：2123-2134.

④ 乔纳森，兰德. 学习环境的理论基础［M］. 2版. 徐世猛，李洁，周小勇，译. 上海：华东师范大学出版社，2015：229.

证据的收集、分析和利用，在充分占有、分析相关证据信息的基础上，提供高质量的反馈，并将反馈发展为前馈，优化当下和随后的教学活动。

第二，通过“生—机—师协同”促进教、学、评一体化。在智能增强时代，人机协同将成为新常态。AI教师可满足真人教师的诸多需求，如实时数据收集和分析、信息检索和教学资源推送等，分担真人教师的认知压力；真人教师可基于AI教师提供的数据和资源，创新性地设计课程与教学内容。真人教师和AI教师协同共教、优势互补，能够提升教学的效率和效果。就学生而言，基于AI教师收集的学习证据，结合真人教师和AI教师的反馈，可以随时审视自己的学习过程，做到边学习、边评估、边改进。这种“生—机—师协同”过程有助于实现教、学、评的整合。

第三，经由深度参与支持自主终身学习。人工智能的迅速发展，加速营造了人人皆学、处处能学、时时可学的学习环境。学生在人工智能技术支持下，深度参与评估过程，包括监控、判断、反思自己的学习活动有无偏离学习目标，运用AI教师的反馈信息改进学习策略，基于学习证据判断自己处于何种水平及规划下一阶段的学习。评估促进学习的可持续性得以彰显，不仅满足当下学习需要，也强调未来学习的优化。学生在参与评估的过程中实现自我管理和自我调节，成长为自主的终身学习者。

（二）智能型学习为本评估的三种方式

在智能型学习为本评估这里，学习段评估、学习性评估和学习化评估三种方式发展为智能型学习段评估、学习性评估和学习化评估，体现出一定的智能化特征。

1. 智能型学习段评估

智能型学习段评估，实现自然状态下对学生学习证据的实时采集和分析，以便鉴别学习成就和优化教学活动。

其一，在AI教师支持下生成基于证据的学业评估报告，提高评估的可靠性。在传统课堂中，学生学习结果信息的收集多是通过测验、自我报告、人工观察手动编码等方法，存在主观性强、费时费力、所获样本量小等缺点。

智能学习环境为这些问题的解决带来了契机。有研究将学习过程中可能使用的证据分析进行了分类，包括：文本分析、话语分析、笔记分析、草图分析、动作和手势分析、情感状态分析、神经生理标记分析、眼睛凝视分析、多模态整合和多模态界面分析。[①]利用人工智能技术，师生可以更为全面且及时地收集学习过程的数据，能够有效提高评估质量。

其二，借助AI教师实时数据收集和分析的优势，将反馈发展为前馈，改进师生的教学活动。一方面，AI教师根据收集存储的大数据，形成优秀教师参照系统和先进理论教学优化参照系统，[②]系统中的优秀教师教学范例和先进的教学理论知识成为前馈信息，为优化教学设计提供依据。另一方面，AI教师实时采集学生的全过程学习数据，运用教育大数据中的关联规则、深度学习等算法对学习活动进行诊断和预测，在教学过程中及时提供改进建议。[③]真人教师对所收集的数据进行准确解释，提供描述性反馈，从而帮助学生明确下一步的学习计划，这时的反馈就成了前馈。智能型学习段评估虽有鉴别学习成就的功能，但更关心的是基于收集的评估信息为教师的教和学生的学提供指导，使反馈发展为前馈，以便更好地促进学生后续的学习。

2. 智能型学习性评估

智能型学习性评估，基于个性化学习资源推荐和学习策略干预，帮助学生缩小现有学习水平与学习目标之间的差距，彰显鉴别学习潜能和改进学习过程两大功能。

其一，鉴别学习潜能，让学生知道“自己需要去哪里”，即确定具体可行的学习目标。学习目标需要凭借价值理性所认知与建构的最佳差距，才得以生成。了解这种差距，需要先判断“自己现在在哪里”。人工智能评估系统，

---

① BLIKSTEIN P, WORSLEY M. Multimodal learning analytics and education data mining: using computational technologies to measure complex learning tasks [J]. Journal of learning analytics, 2016, 3 (2): 220-238.

② 尹睿，黄甫全，曾文婕，等. 人工智能与学科教学深度融合创生智能课程［J］. 开放教育研究，2018 (6): 70-80.

③ 沈阳，田浩，黄云平. 智能增强时代推进新一轮学习革命——访中国科学院院士吴朝晖教授［J］. 电化教育研究，2020 (8): 5-10.

能够收集学生学习成绩、情绪状态和学习动机等数据，通过数据分析形成学习者模型，既可帮助教师了解学生的学习现状，也可激励学生反思改进自己的学习策略。①学生基于AI教师生成的学业评估报告了解自身学习状况，如知识掌握程度、学习习惯、高阶能力发展等，为制订适宜的学习目标提供依据，进而确立“可以到哪里”的标杆。

其二，改进学习过程，帮助学生“如何更好地到那里”，即学生明确知道可通过哪些策略达成学习目标。无论是传统教学还是在智能化学习环境下，尽早发现学生学习过程中存在的问题并提供及时指导都是非常重要的。有学者提出了基于人工智能的个性化学习推荐技术，可以及时对学生的学习提供支持。个性化学习推荐技术主要包括三个部分：学生个人分析模型、学生行为分析和个性化学习策略推荐。②还有研究者指出，利用基于大数据训练的智能引擎，可以实现AI教师辅助的自我训练与学习。如在外语学习过程中，帮助学习者及时识别并纠正错误发音；在写作训练中，帮助学习者及时改正书写中的错误等。③这些智能技术的发展，使对学生的学习情况进行及时评估、反馈成为可能。真人教师根据自身的判断及AI教师的报告，对学情的掌握将更为细致，给学生提供的反馈也会更加精准。

3. 智能型学习化评估

智能型学习化评估，实现学生在AI教师支持下完成自主学习，做到评估和学习真正融为一体，不断成长为自主的终身学习者。

学生在课堂上展示学习成果，AI教师在优秀教师教学参照系统支持下给予学生具体反馈，真人教师根据具体情况补充反馈内容，学生在此过程中反思自身思维过程和识知过程，不断提升学习监控力。例如，学生基于AI教师

---

① LUCKIN R. Towards artificial intelligence-based assessment systems [J]. Nature human behaviour, 2017, 1 (3) : 1-3.

② SHMINAN A S, OTHMAN M K. Dynamic student assessment to advocate personalized learning plan [C]. Bandung: International Conference on information Techonology Systems and Innovation, 2015:1-6.

③ 沈阳，田浩，曾海军. 大数据时代的教育：若干认识与思考——访中国科学院院士梅宏教授 [J]. 电化教育研究，2020 (7) : 5-10.

收集的数据，精准分析自己的学习状态，了解自己对哪一类型学习任务花费时间较多，对哪一部分的学习内容更感兴趣等，再结合真人教师的指导，能够有意识地适时调整学习策略。这种“生—机—师协同”的评估过程也是学生的学习过程，有利于实现教、学、评的一体化。

学生在AI教师的支持下有能力自主学习，随时审视和反思“我现在在哪里”“我应该去哪里”“我怎么去那里”“如何确信自己已经到达那里”和“怎么帮助自己到达那里”，对自己的学习负责。有研究者开发了人机协同英语作文协作教学模型①：借鉴比较成熟的英语作文自动评分系统的评估标准，结合英语课程要求，构建了英语作文评分指标体系，学生运用评估标准指导写作。智能系统采集学生的写作学习数据，实时提供数据分析报告。教师根据分析报告，了解学生的学习成效并精准定位学生的薄弱点，进行精准辅导。学生根据分析报告，开展自我反思，有针对性地自主进行专项写作练习。这样，学习目标、学习内容与评估标准有效地统一起来，在持续的评估—反馈—矫正中不断提升学生的自主学习能力。智能型学习化评估，实现评估任务与学习任务融为一体，学习者就是评估者，进一步凸显了学生在评估中的主导角色，使学生能够评估自己的学习，支持终身学习。

（三）智能型学习为本评估的两类机制

智能型学习为本评估也具有学习机制和教学机制相互交织和整合的运行系统。

1. 学习机制

在智能条件下，需要思考AI教师如何发挥其强大的数据收集与分析等优势，如何更好地协助学生提高学习成效。智能型学习为本评估要发挥促进学习的作用，以下三点尤为关键。

其一，基于人机协同，让学生成为自主评估者，评估任务和学习任务融为一体。AI教师在课堂教学环境中扮演着教师的角色，但对于学生个体而言，

① 杨华利，郭盈，黄涛，等. 人机协同支持下的小学英语写作教学研究［J］. 现代教育技术，2020（4）：74-80.

亦可称为AI学伴。作为AI学伴，通过人—机一对一的协作方式，AI学伴所收集的数据更加个性化，能够为学生提供更加精准的反馈和学习资源推荐。

其二，学生在AI教师支持下参与评估。（1）基于AI教师的数据，学生知道“现在在哪里”。AI教师可以收集有关学生的教育背景、学习需要、学习时间表、过往考试成绩等资料，积累关于学生学习的历史信息。学生可基于这些数据的可视化呈现，评估自身学习情况，进而制订下一阶段的学习计划。（2）AI教师可以提供学习策略和学习资源推荐，帮助学生知道“怎样到那里”。个性化学习高度关注学生的个人需求，承认学生有自己的学习风格、兴趣，支持每个学生以自己独特的方式学习。为此，教学策略需要适合每个学生的需要，通过在学习过程中收集的学生兴趣和学习模式等数据，AI教师会为学生推荐个性化的学习资源。

其三，反馈成为前馈。在AI教师支持下，实时数据采集成为可能。学生的姿势和面部表情等非语言反馈，帮助教师了解学生接受和理解的水平。还有研究通过采集学生学习时的瞳孔大小，评估学习任务的难度以及学生的认知负荷情况，进而判断学习任务的难易以及学生对学习内容的掌握程度。①基于多维度的实时数据采集，教师可以为学生的学习提供更有效的反馈和更精准的指导建议，有利于学生将相应反馈转化为下一步学习活动的前馈，更好地开展接下来的学习活动。

2. 教学机制

人机协同下的“双师课堂”（AI教师和真人教师联合执教）更能促进教师开展学习为本评估活动。其一，AI教师可以灵活启动学习资源，记录学生的学习过程，收集大量数据并进行基于数据的实时反馈和分析。其二，真人教师将一部分教学任务分配给了AI教师，会有更多时间观察学生，收集更加全面的信息，及时提供描述性反馈。其三，真人教师和AI教师可以协同开展评估。真人教师可以向AI教师发送“了解学生实时学习进度”等需求，AI教师

① KAKLAUSKAS A, VLASENKO A, RAUDONIS V, et al. Student progress assessment with the help of an intelligent pupil analysis system［J］. Engineering applications of artificial intelligence, 2013, 26（1）: 35-50.

根据收集到的学生数据，进行处理分析之后呈现给真人教师。AI教师可以为真人教师提供班级的整体学习报告，帮助真人教师了解每类学生的知识掌握情况。

（四）智能型学习为本评估的学习环境

智能型学习为本评估要求开发出人工智能教学系统与创设面对面教学相融合的创新性学习环境，主要要求有：第一，AI教师作为物理实体机器人，在设计上要融合机器人技术和人工智能技术。比如，能够识别学生，并在课堂管理、社会互动、在场感和能动性等方面发挥重要作用。第二，AI教师承担一部分教学任务，特别是真人教师需要花很大精力而AI教师可以在短时间内完成的任务。第三，AI教师与智能化环境相配合，能够提供和呈现多种学习资源。第四，AI教师和真人教师发挥各自优势，为学生开展自主评估提供支持。展望未来，人机共生的学习环境将进一步优化，随着“生—机—师协同”不断深化，自主性的终身学习会逐渐成为主流。

第二节　学习为本评估融入教学的策略

学习为本评估的推进，不是要求师生否定常规教与学而采用另一种教与学模式，而是将评估融入师生常规的教与学活动。学习为本评估融入教学的策略主要有建立“大评估观”、重视逆向思考、强调整体取向、关注深度学习、凸显学生视角以及构建评估文化。

一、建立“大评估观”

学习为本评估说到底是为了改进教与学而诞生的，是从评估的角度切入探讨有效学习和有效教学的路径。学习为本评估极力扭转课程与教学领域存在的教、学、评三者割裂以及评估主要甚至仅仅发生在学习结束之时及以考代评等局面。力图重建三者的关系，倡导和践行以评促教和以评促学，将评估完全融入教与学活动之中，力争做到学习为本评估过程始终伴随着教与学的过程发生并推进，教与学的过程即成为评估过程。换言之，要从“小评估观”走向“大评估观”，从评估作为一个环节“嵌入”教与学活动走向评估适当“融入”教与学的各个环节。

评估融入日常的教与学活动，意味着所有教与学的环节都内蕴“评”的理念，回应“评”的核心问题。教师在设计和实施教学的过程中，应始终思考学生的现状如何，如何判断或证实学生达到了各项评估标准、掌握了相应的内容，学生的哪些表现或行为可以作为推断的证据，什么样的任务或情境能有效引发学生的这些表现，什么样的方式和工具能全面收集到这些表现等问题。学生在规划和开展学习活动时，应始终思考“我现在处于什么水平，如何判断或证实我达到了评估标准、实现了学习目标，我该用什么样的方式和工具收集学习证据”等问题。

学习为本评估融入日常的教与学活动，在一定程度上要求教师与学生都成长为教、学、评一体化的实践者。在初始阶段，为了操作的清晰与便利，教师可在教、评整合上多下功夫，以此为基础促进学生的学。学生则借助教师的指导在学、评整合上多下功夫。师生成为教、学、评一体化实践者的状态，可借用“多模态”这一术语加以表达。模态是可对比和对立的符号系统，多模态可以分解为同时表达意义的两个或两个以上的单模态。就教师而言，在教学过程中除了担任“教学者”的角色，还承担“评估者”的角色。教学者角色不断与评估者角色互动，这两个角色在互动过程中就使用了多模态。就学生而言，在学习过程中除了担任“学习者”角色，还承担“评估者”的角色。学生多模态践行学习目标，在一定程度上就不必依赖于教师对其学习活动的监督。学生作为评估者主要体现为：其一，学生在学习过程中，随时运用评估量规、评估脚本等包含评估标准的工具，监控、判断、反思自己的学习活动是否正朝目标行进或遇到了什么困难。其二，学生在与同伴互动时，根据评估标准帮助同伴判断其是否及在何种程度上达成目标、具有哪些优势、存在哪些问题并提供改进建议。其三，学生基于平时收集的学习证据，结合教师反馈和同伴反馈，审视自己某一阶段的学习成果和学习过程，判断自己是否达到了目标、在同伴中处于何种水平及下一阶段该怎么做。师生个体的多模态角色互动，有利于认识和调控自身的教与学过程。同时，师生在同伴交互中也扮演互助者的角色，师生可以监控同伴的教与学活动是否正按同伴自己所设定的教与学目标行进并及时予以帮助。

教、学、评一体化，可以概括为“一个中心”“一个转换”和“三个基本点”。“一个中心”指以达成教与学目标、促进学生学习为中心。“一个转换”指评估视角转换。过去，评估被当成一种独立于教与学之外的判断工具，从而导致了教、学、评分离，促学效果不足且导致师生为之付出大量精力。在学习为本评估中，评估可以有机整合进师生教与学的活动之中，随时成为教与学的有效调节器，向师生反馈信息，调整教与学的进程。“三个基本点”指边教边评、边学边评与即评即调整。前二者指师生运用元认知让教与学的整个过程都受到自己元认知的监控和评估，即评即调整是指评估之后要立即反馈和进行调整。学习为本评估倡导教、学、评一体化，不仅在于转化师生的评估意识、学校的评估氛围及所用的评估方式等，更重要的是提高教与学的水平，使之获得发展、提升。

二、重视逆向思考

过去，教师教学的大致流程是先确定教学目标，再设计教学内容，接着进行教学实施和评估。逆向思考通俗地说就是倒推法，是从“最后要帮助学生达到什么样的发展状况，使学生各方面有什么样的表现”倒推回来，看教学实施、教学内容和教学目标要怎样构建，每一个时间节点要做什么，做到何种程度。也就是说，要从评估特别是从对学生学了什么和学会了什么的评估入手加以考虑。这意味着教师的教学在起始阶段就要明确从哪些方面去评估成效，要知道评什么、谁来评、怎么评以及用什么工具来评。过去的一些评估主要局限于学生的考分、学生获得了多少学科竞赛奖、教师获得了多少教学类奖项，虽然这也是教学评估的一种体现，但是，评估还需要更深入、更系统，为分析学生的学习是否发生及已发生到何种程度提供更多维度、更多层次的证据，以便循证做出改进师生教与学的决策。其中，评估指标要清晰、可教、可学、可评。清晰，要求容易理解。可教和可学，是指所提出的评估指标是教师和学生通过努力可以达成的。可评，要求通过评估，教师可以掌握判断学生是否真正学会了、学生的学习究竟有没有发生及发生到什么程度的方法。在实践过程中，很难保证评估指标百分之百清晰、可评。这可以理解为一种努力的方向。

反观现实，许多学校对教学最终要呈现出什么效果，并没有做到胸有成竹之后再加以反推，以形成相应的教学目标序列。比如，许多课程里都有一条教学目标是学生通过学习能够形成友善价值观，学习为本评估所说的逆向思考，要求在制订教学目标时，就要思考清楚从哪些方面评估学生是否形成了友善价值观或者学生的友善水平发展到什么程度了。一旦这样思考问题，就必然要思考友善价值观由哪些子要素构成，这些子要素是否清晰、可教、可学、可评以及要怎样评、由谁来评等问题。

从评估出发的逆向思考，有利于教学目标的具体化、序列化，也有利于教学内容和教学实施指向目标的达成。在上述例子中，相应的教学目标表述可以不再只是较为空泛的“学生能够形成友善价值观”，而是进一步从可评估的角度思考，将“友善”分解为与己友善、与人友善、与环境友善三个一级评估指标。其中的与己友善又可以细化为自我认同、自我健康、自我发展、自我安全与自我决策五个二级评估指标，每个二级指标还可以再具体化，形成更细化的三级评估指标。从评估出发有利于建构出清晰的友善价值观的目标序列。如果教师不知道友善价值观由哪些要素构成，要从哪些方面评估学生是否形成了友善价值观，仅仅停留在“说话要怎样”或“与父母相处要怎样”等较为笼统、泛化的理解层面，不仅易造成评估难以操作，也很难梳理清楚要从哪些方面选择教学内容和设计教学活动等。

三、强调整体取向

整体取向的第一层意思是教师对所教课程的教学目标、内容、实施和评估加以整体考虑。但在现实情境中，仔细对一门课程的教学目标、内容、实施与评估进行分析，可能会发现它们之间存在脱节甚至矛盾的情况，并未真正做到统筹谋划与布局。比如，教学目标并非简单记忆，更重要的是意义理解、学以致用，但实施方式却往往缺少体验、探究，更多的是背诵；同时，评估时过于注重学生在认知维度表现如何，缺乏对学生理解和践行层面的关注，未能充分关注判断学生是否已经能理解和践行以及能理解和践行到什么程度的方法。“学生应该到哪里”是让教学目标可视、可评，基于此考虑“学生现在在哪里”“如何帮助学生到达那里”以及“如何确信学生已经到达那里”。“如何确信学生已经到达那里”是难度比较大的问题，不能光凭感觉，也不能仅仅依靠考试，在很多时候，通过纸笔测验很难考核非认知领域的发展状况。如何判断学生是否达到目标，进而找到方法帮助没有达到目标的学生达标，也是整体取向的题中之义。

整体取向的第二层意思是统筹考虑多门课程甚至学校所有课程，使之形成体系，以便进一步提升学生的学习成效。比如，要思考学校的总体育人目标是什么，如何将总体目标分解为具体目标，学校所设置的多种课程是否相互补足、形成了有机联系，共同指向目标的达成。带着这样的意识来分析学校的课程，会发现一些值得斟酌和改进的现象。比如，对一些育人目标，是学校里的许多课程都不关注或者没有落实的。

四、关注深度学习

从纵深维度看，学习活动主要有两种：一是表层学习，基本由外在动机诱发，动机水平低，重点在于死记硬背，缺乏深度理解，通常仅仅致力于达到课程的最低要求。二是深度学习，源自对学习内容本身的内在兴趣或好奇心，强调概念的理解及思考多种观点、新旧内容之间的联系并建构其意义，重视基于已有知识进行批判、融合、联系、迁移与决策，要求学以致用并注重反思。学习为本评估要促进学习，但不是要促进表层学习，而是要促进深度学习。深度学习强调高阶学习、整合学习和反思学习。①

其一，高阶学习重视高阶思维的运用，高阶思维突出批判性、关怀性和创造性。②批判性思维关注理性分析和判断。这意味着不全盘吸收或全盘否定，要从理性分析的角度看待问题。比如，学习友爱和诚信并非要求记住其概念，关键是要明白为什么要友爱、为什么要诚信。关怀性思维注重在相应情境中产生情感共鸣。比如，学生会为不正当的行为感到愤怒或羞耻，会为符合道德的行为感到愉悦。创造性思维鼓励新的想法和观点，体现着自我超越。因此，教师需思考要将学生的批判性思维、关怀性思维和创造性思维培育到何种水平，如何判断学生相应思维的发展水平，如何就三种思维开发出清晰、可教、可学、可评的评估指标，自己的教学有没有创设情境来促进学生运用高阶思维，做出适宜的分析、判断和选择。

其二，整合学习涉及引出想法、增加想法、辨别区分不同想法、归纳整理想法等一系列整合过程。③主要体现为让学生充分表达自己的观点，引导学生将新问题与已有经验建立联系，并对不同观点进行辨别和区分，进而结合自身经验和分析将多种观点整理成系统的想法。整合学习，要求学生的学习能够容纳、吸收他人的不同观点，整合不同来源的想法可以把接触到的内容纳入自己原有的知识、能力和价值观体系当中，而非搭积木式的、拼盘式的学习。这就要求教师创设具有认知冲突的问题情境，学生在解决问题过程中与已有经验建构联系，提出解决方案，实现整合学习。这样的情境，也可以引发学生的相应表现，便于教师判断学生的整合学习是否发生及已发生到何种程度。

---

① NELSON LAIRD T F, SHOUP R, KUH G D. Measuring deep approaches to learning using the national survey of student engagement [C]. Chicago: The Annual Meeting of the Association for Institutional Research, 2005:15.

② LIPMAN M. Moral education higher-order thinking and philosophy for children [J]. Early child development and care, 1995, 107 (1): 61-70.

③ 赵国庆，张丹慧，陈钱钱. 知识整合教学理论解读：将碎片化知识转化为连贯性想法——访学习科学国际著名专家马西娅·C·林教授 [J]. 现代远程教育研究，2018 (1): 3-14.

其三，反思学习包括描述性反思、对话性反思和批判性反思。[①]描述性反思是指在对某一事件进行叙述的基础上按照自己的思维和判断进行解释或论证；对话性反思要求与自己或他人对话，多角度分析事件发生的原因，并思考是否有替代方案及其产生的结果；批判性反思是指不仅能够多角度而且还能结合历史、环境等背景因素对某一事件进行综合性评估、分析和阐释，进而形成新的经验。通过反思学习，学生也可以学会评判自己是不是符合相应的要求而不是一味地等着教师或家长来评判，学会反思自己是不是将相应的要求真正内化于心、外化于行，学会换位思考，从他人的角度来考虑问题。学习段评估、学习性评估和学习化评估都重视学生的反思学习，通过提供一系列反思工具和机制，诸如提供及时的反馈和明确改进学习的脚手架等，促进学生元认知知识的增长和自主调节能力的提升。

五、凸显学生视角

以上四条策略多是从教师教的角度来谈教师应该怎么做，关键还需要学生将教师的意图和要求转化为自己的发展目标。教师要认同：学生是一个自主的人、一个可以自我决定的人，学生愿意通过学习优化自己的生命。在此过程中，教师要帮助学生明白自己应该去哪里、怎么去、如何确信自己已经到达那里、如何帮助自己和还没有到的同伴到达那里，这就是学生视角。以教学目标为例，教师心中的目标并不一定能直接成为学生心中的目标，所以要将前者加以转译，使之成为学生认同和践行的目标。教师怎么使用学生熟悉的语言来表述目标、怎么让学生认可目标，这是需要深入思考的。如果学生认同了目标，那么学生既是学习者也是监控者，自己会评估自己的学习水平如何，会承担起自我发展的责任，并学会寻找发展的方法，创造发展的条件和机会。

如果每一个学生都知道应该去哪里，并随时反思自己现在在哪里、应该

① HATTON N, SMITH D. Reflection in teacher education: towards definition and implementation[J]. Teaching & teacher education, 1995, 11(1): 33-49.

如何更好地到那里去，那么，学生的每一次学习活动，都可以指向相应的目标，进而指向自己要成为什么样的人。评估，就不再只是评学生现有的水平，更是引导学生主动积极地去认识自我、规划自我、发展自我、激励自我、反思自我，以便持续促进自己的学习，促进自己不断地学以成人。

六、构建评估文化

学校里的评估活动，可以划分为三个发展阶段。一是管理性评估阶段，评估被作为一种判断工具来使用，主要用于向外部展示成果，师生可能只是勉强接受评估，甚至对评估带有抵触情绪进而排斥、否定评估。二是进步性评估阶段，评估不仅为外部要求而做，也开始考虑解决师生教与学活动中遇到的问题，师生逐渐理解评估带来的益处并主动参与评估，但师生还没有因为评估而获得实质性的发展。三是转化性评估阶段，评估为师生反思和改进教与学提供证据和策略，评估、教学和学习等得以整合，评估结果用于系统反馈和重塑教学与学习活动以提升成效，可以带来学校教育教学质量的持续提高和转化。在这一阶段，师生协作开展评估，并为促进转化而合作，评估走向制度化，成为师生的一种生活方式（见表9-2）。根据这样的分析框架来看，学习为本评估融入教学需要力争发展至转化性评估阶段，使学习为本评估成为一种文化，以便真正发挥评估的促教与促学作用。

表9-2　评估活动的发展阶段比较

比较项目	管理性评估阶段	进步性评估阶段	转化性评估阶段
评估目的	评估作为一种判断工具来使用，评估的终结性运用始终占据主导地位。评估是为了满足考核机构的要求，用于向外部展示成果，而不是为了师生教与学水平的提高	评估不仅为外部要求而做，也开始考虑解决师生教与学活动中遇到的问题。重视形成性评估	评估为师生反思和改进教与学提供证据和策略，评估、教学、学习、生活、社会等得以整合。重视反馈、配套资源和相应的行政支持

续表

比较项目	管理性评估阶段	进步性评估阶段	转化性评估阶段
数据收集与分析	数据比较容易收集，一般是量化的，特点是数量多	评估数据的收集范围扩大，考虑到学生能力等的评估，如关注学生多个维度批判性思维的发展。鼓励反思式地分析数据，用新方法来分析旧数据或得出新启示	数据多样且来源广泛，能够解释教与学的目的、过程与结果。关注学生独特的学习目的，考查学生多方面的素养发展。数据分析的形式灵活，采用简洁、精确的方式呈现评估结果
评估结果运用	评估与学习和教学相对独立，很少或没有具体反馈，没有明确的计划来应用评估结果以改进师生的教与学活动	分析得出的结果用于为教师教学和学生学习提供反馈和改进指导，但没有相应的机制来激励这种运用，在运用反馈和具体改进上也不尽如人意。学校及师生还没有因为评估而获得实质性的发展	评估结果用于系统反馈和重塑教学与学习活动以提升成效，可以带来学校教育教学质量的持续提高和转化
评估主体感受	评估主体对评估目的没有共同的理解。师生只是勉强接受评估，甚至对评估带有抵触情绪进而排斥、否定评估	师生逐渐理解评估带来的益处，并主动参与评估	师生协作开展评估，并为促进转化而合作，评估走向制度化，成为师生的一种生活方式

资料来源：曾文婕，宁欢. 从评价走向转化——论转化性评估的缘起、特征与应用[J]. 教育发展研究，2016(24)：17-23.

为了构建学习为本评估的文化，需要灵活运用以循证文化为基础、以元认知为导向、以共同体为支柱和以评估素养发展为动力等策略。

第一，以循证文化为基础。循证强调基于证据、遵循证据，倡导在最佳证据的基础上做出更科学的决策。学校形成循证文化有利于学习为本评估的开展，建立循证意识、循证档案并优化证据是建构循证文化的有效方法。循证意识，意味着明确让证据通达课堂及凭证据改进教与学的认识。教师尤其要发挥专业智慧，挖掘、收集、分析和呈现多种证据，使之发挥提升学生学习效果的功能。学生也要主动收集信息或使用教师提供的反馈信息来管理并改进自己的学习，使自己的学习最优化。学校可以开发和建立专门的循证档案，用于收集和汇总全校师生教与学的各类表现性证据。同时，要注意对各种证据挖掘和筛选进行优化，终结性证据与过程性证据并重，通过智能化工具或人工操作绘制图表，形成直观的反馈信息。

第二，以元认知为导向。在思维惯性的影响下，人们往往根据自己长期形成的经验和习惯来开展教与学的活动，而学习为本评估要真正能够产生转化即转变与优化教与学，还有赖于师生的元认知。元认知水平高的师生，能更好地基于数据做出改进下一步活动的决策，并依据这些决策来调节自己的活动。特别是元认知水平高的学生，会十分重视教师的反馈，并将其运用于自己的学习过程之中。在这个意义上，学习为本评估的过程就是师生自我监控和调整相应教与学的元认知过程，也就是提升元认知水平的过程。

第三，以共同体为支柱。共同体支撑着学习为本评估的发展，共同体建设需要注意以下五点：（1）建立共同的信任。最好是花一些时间让共同体成员分享经验，如成功的评估案例，用以说明每个人都能做出贡献，让成员体验到自己受到尊重和重视，感受到这个共同体是有价值的，因为有值得同行的团队。[①]（2）拥有共同的目标。在日常教学中师生是有目标的，但很多情况下这些目标是有问题的，因为不能很好地与同伴的目标相匹配。比如，教师关注他们要教的内容，而不是学生要学的东西，而学生则通常将目标聚焦于考试，共同体成员之间的目标又各自为政。拥有共同的目标，即所有成员对总的评估目标、过程和结果达成一致意见，以便促进学生学习、优化教师教学和提升整个学校的士气。建立共同目标的过程中，可以让共同体每位成员针对要解决的问题写下自己认为最好的解决方案，然后大家共同讨论，选出最得人心的方案。（3）使用共同的语言。即用共同体成员都能明白的语言

① ANGELO T A. Doing assessment as if learning matters most［J］. AAHE bulletin, 1999, 51（9）: 3-6.

来描述如何实施评估，这样才不会造成误解和隐性冲突。比如，要评估批判性思维，所有成员都要明白这个术语的含义及其核心要素是什么。（4）确立共同的指导原则。开发一个研究型的指导原则简表，对共同体成员所关切的多种问题予以解答，如什么样的标准和原则是重要的，个人如何知道学校及教与学的活动是沿着正确的方向在前进，等等。[①]（5）发展共同的合作。学生的学习是无所不在的，课堂上、课堂外都发生着学习。如果没有广泛的合作，想要更多地了解学生的学习情况是不可能的。这就需要更多的人参与评估，为评估提供更丰富的证据。学习为本评估鼓励各部门、各群体通力合作。为了加强合作，需要增加机会，让大家交流如何克服合作中的障碍，并营造氛围深化成员间的情感。

第四，以评估素养发展为动力。学习为本评估的成效如何，还取决于评估共同体的素养发展水平。教师的评估素养决定其能否合理使用证据和做出反馈，能否将反馈恰当整合进教学活动，能否指导学生有效运用反馈等。学生的评估素养决定其能否基于评估结果和教师反馈做出合理调整与改进自己学习的决策，能否确立学习目标和掌握评估标准并明确目标和标准之间的关系，能否使用多种方式处理评估信息，能否持续并准确地评估和优化自己的学习活动，能否在同伴互评时公平评判同伴的学习投入、学习过程和学习结果等。

第三节　基于学习为本评估的师生教学创新策略

推进学习为本评估的一个关键在于，将评估融入教学活动，促进师生成长为教、学、评一体化的实践者。将评估活动融入已有的教学活动，就意味着师生在教学目标研制、情况分析、策略选择、效果考查及改进路径等方面需要开展一系列创新。这样，可以更好地落实和深化学习为本评估。

---

① WEHLBURG C M. Promoting integrated and transformative assessment: a deeper focus on student learning[M]. San Francisco: Jossey-Bass, 2008:37-38.

一、基于学习为本评估的教学目标研制创新

基于学习为本评估的教学目标研制创新，启发教师围绕“学生应该到哪里”“如何让教学目标可视、可评”等问题深入思考：在提升学生的认知、情意、社会互动和自我调节等方面有哪些具体目标？以上方面需要提升到何种程度？学生达到相应水平会表现出哪些特征？学生则围绕“我应该去哪里”“如何将教师的教学目标转化为自己的学习目标”等问题深入思考，基于学习为本评估来推进学习目标确立的创新。

需要注意的是：（1）教师拟定教学目标时带有较大的随意性，针对此问题，教师要将教学目标落实为具体的评估标准，不仅要明确学生的学习目标，还要确定可以判断学生是否达到预期学习目标的评估标准和依据。换言之，教师要确定一系列的评估标准和方式，以便把握学生是否达到了预期学习目标，证明学生是否掌握和理解了相关内容，进而根据相应的有效反馈信息来调整教学进程。（2）学生则要将教师的教学目标转化为自身的学习目标，进而转化为评估自身学习的标准及指引自己走向学习成功的路径。（3）师生要避免教学目标和学习目标过于笼统模糊，无法发挥具体的指引和导向作用，导致目标无法实现。

二、基于学习为本评估的教学情况分析创新

基于学习为本评估的教学情况分析创新，启发教师围绕“学生现在在哪里”等问题，深入思考怎样设计开发学习工具能让学生现在在哪里的具体状况自然地呈现出来，从而将对学生学情的分析交融于整个教学过程中，自然而然地随时掌握学情。学生则围绕“我现在在哪里”等问题深入思考，基于学习为本评估来推进学习状态分析的创新。

需要注意的是：（1）教师一定要打破“教完再评”的习惯，确保在整个教学实施过程中随时观察学生学习的成效（即“学生现在在哪里”），并调整具体的教学活动以便帮助学生达成学习目标。这样，教学活动始终以预期的学习结果为中心，避免偏离方向。（2）学生要打破“学完再评”的习惯，要

不断地根据学习目标反思、调节自己的学习活动。（3）教师要系统地设计学生学习证据的收集方式。证据的收集不能是随意的、零散的、偶发的，这就需要教师在每节课前进行有针对性的设计，围绕教学目标设计能反映学生思维过程的一系列观察清单、提问方式等。这不等同于教完之后进行的测验，而是真正将评估活动融入教学，在教学中通过评估发现学生潜在的学习困难和误解以便及时纠正错误，不用等到课外批改完学生作业或单元测验后再来点评和纠正学生的错误。（4）教师可以围绕教学重点和难点设计收集学生学习证据的方式，如在教学前，围绕要学习的关键概念设计问题，由学生分小组对问题进行讨论，让学生在讨论和回答问题中将对此概念的个性理解和共性错误表现出来。

三、基于学习为本评估的教学策略选择创新

基于学习为本评估的教学策略选择创新，启发教师围绕“如何帮助学生到达那里”等问题，深入思考“我能运用并创造哪些策略帮助学生到达那里”“什么样的学习任务或者教学情境能有效地达成教学目标并引发学生出现评估标准中所列的表现或行为”，尽力为学生提供丰富的有针对性的学习资源，为学生提供一些支架性的材料。学生则围绕“我怎么去那里”等问题深入思考，基于学习为本评估来推进学习策略选择的创新。

需要注意的是：（1）教师要根据相应的目标来选择教学策略，如教学目标要求培养学生的批判性思维，就得有相应的教学策略来予以保证。（2）根据学生的认知规律等，精心组织和编排教学环节，确定先做什么后做什么的进程。

四、基于学习为本评估的教学效果考查创新

基于学习为本评估的教学效果考查创新，启发教师围绕“如何确信学生已经到达那里”等问题，收集能够表明学生学习和理解到何种程度的证据，知道学生有没有真正发生学习活动、发生到什么程度了。学生则围绕“我如

何确信自己已经到达那里”等问题深入思考，基于学习为本评估来推进学习效果反思的创新。

需要注意的是：（1）过去，教学效果考查主要依靠考试或测试，而学习为本评估要求教师善于运用多种方式和手段（如学业表现任务、要点小测验、提问和作业样本观察、对话、学生自我评估等）来收集相应信息。（2）教师收集学生学习发生的证据，即随时注意学生的哪些表现或行为可作为推断学生达到了相应评估标准的证据。（3）教师注意如何识别和理解学生在特定任务情境下的具体表现，由此合理推断其在所欲评估的相应目标维度上的表现水平。（4）教师开展循证反思，基于收集到的表明学生学习的证据进行教学反思，思考如何反馈以便改进教与学。

五、基于学习为本评估的教学改进路径创新

基于学习为本评估的教学改进路径创新，启发教师围绕“怎么帮助未到达的学生到达那里”等问题，利用网络学习平台生成个性化的学习检测情况分析图，明确已经掌握和要进一步达成的目标，为学生推送个性化学习资源作为进一步学习的支架，再适时进行个性化学习成效评估。学生则围绕“我怎么帮助未到达的自己到达那里”“我怎么帮助未到达的同伴到达那里”等问题深入思考，基于学习为本评估来推进自我改进和同伴互助的创新。

需要注意的是：（1）教师的反馈、辅导，不能打击学生的学习积极性，要让学生知道下一阶段应该怎么学习。（2）教师所提的进一步学习要求，要让学生感到自己能够胜任，进而愿意开始下一阶段的学习。

六、基于学习为本评估的教学创新整体框架

概括来说，基于学习为本评估的教学创新要求教师在自己的常规教学活动中随时想着以下几个问题：学生应该到哪里？学生现在在哪里？如何帮助学生到达那里？如何确信学生已经到达那里？怎么帮助未到达的学生到达那里？学生在自己的常规学习活动中随时想着以下几个问题：我应该去哪里？

我现在在哪里？我怎么去那里？如何确信自己已经到达那里？怎么帮助未到达的自己到达那里？怎么帮助未到达的同伴到达那里？师生基于学习为本评估可以在教学目标研制、情况分析、策略选择、效果考查及改进路径等方面开展一系列创新，其整体框架如图9-4所示。

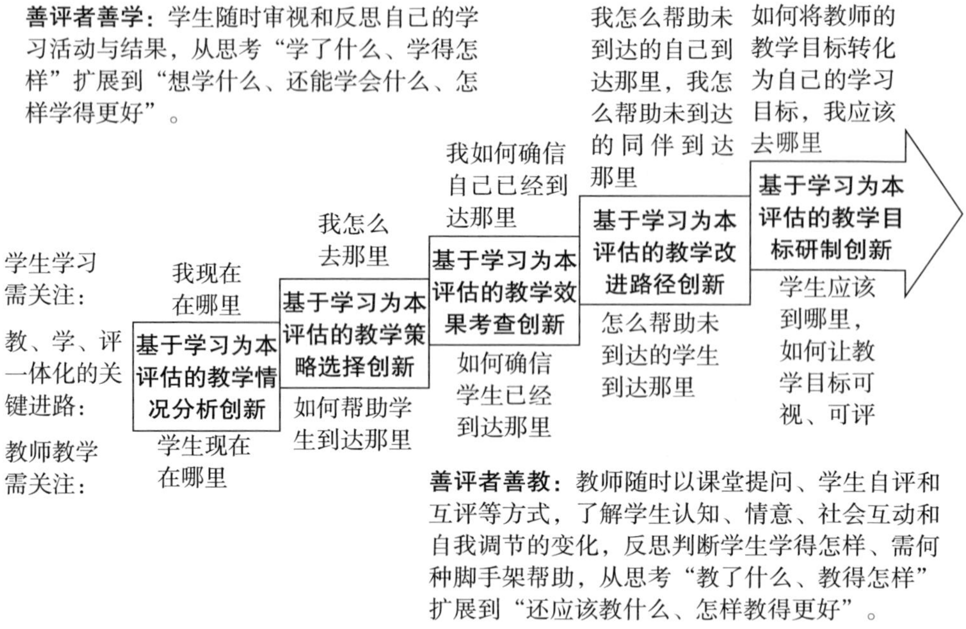

图9-4　基于学习为本评估的教学创新框架图

第四节　推动育人方式改革的学习为本评估策略

2019年6月，国务院办公厅印发《关于新时代推进普通高中育人方式改革的指导意见》(以下简称《指导意见》)，指出要健全立德树人的落实机制，满足学生全面而有个性的发展需要，为学生适应社会生活、接受高等教育以及未来职业发展打好基础。科学且合理的评估，对于高中提升育人水平、落实立德树人根本任务具有至关重要的作用。学习为本评估作为在超越测验文化的过程中不断彰显评估促进学生学习的价值而创生出的一种整体性的评估形态，融汇了学习段评估、学习性评估和学习化评估三种方式，有利于改进已有的终结性评价和形成性评价，在较大程度上促进学校从“育分”回归“育人”、学生培养从“趋同化”走向“个性化”、学生学习状态从“要我学”转向“我要学”，进而推动普通高中育人方式改革。

一、育人方式改革的主要目标

改进学生学习评估，有利于高中育人方式改革部分目标的达成，主要包含回归育人目标、尊重个性发展以及鼓励自主投入。

（一）改变对育分的过度关注，回归育人目标

《指导意见》指出，普通高中要深化育人关键环节与重点领域改革，扭转片面应试教育的倾向，切实提高育人水平。这实质上是要求高中教育回归育人目标，改变对育分的过度关注。多年来，不少高中表现出重育分的倾向，将焦点放在高三学生的升学率上。[①]本应指向学生全面发展的教育活动被有限的、重复的知识学习和应试策略训练替代。为此，高中亟须构建起支持德智体美劳全面发展的育人体系，高度关注学生人格健全、性格滋养与品格完善等。

（二）避免学生培养单一趋同，尊重个性发展

《指导意见》强调深入推进适应学生全面而有个性发展的教育教学改革。这要求高中关注和尊重学生的个性与差异，满足每个学生的学习需求。长期以来，高中阶段学生培养的单一趋同倾向明显，主要表现为：学校的培养目标较为单一，追求升学；课程设置相似，内容较为单调；教学方法和进度趋同。[②]对学生学习的评估，表现出评估主体与评估方法单一化倾向。[③]高中需要对育人的各环节加以改进，学生学习评估如何更有针对性和个性化值得深

---

① 顾明远，秦春华，高淑英. 从“升学”转向“成人” 重新定位高中教育［N］. 光明日报，2016-12-06（15）.

② 霍益萍，黄向阳，李家成. 多样、开放、灵活：普通高中教育体系的构建［J］. 教育发展研究，2009（18）：15-18.

③ 辛涛，张世夷，贾瑜. 综合素质评价落地：困顿与突破［J］. 清华大学教育研究，2019（2）：11-16.

入思考和探索。

（三）减少盲目被动学习，鼓励自主投入

《指导意见》明确要求帮助学生树立正确理想信念，提高学生对未来发展方向的自主选择能力，培养学生形成终身发展的必备品格。高中教育引导学生自主学习、主动投入学习，已是当务之急。近年来，高中生盲目被动学习的问题突出，学生缺乏适宜的学习方法。[①]调查研究表明，随年级升高，学生的学习方式趋向单一和被动。[②]为达成鼓励自主投入的目标，就评估而言，需要帮助高中生既作为被评估者又成长为评估者，从而自主确立目标并为之主动投入，对自我的发展与成长负责。

二、从“育分”回归“育人”：改造终结性评价，走向学习段评估

在改造终结性评价基础上建构的学习段评估，有利于促使学校从过度关注育分回归关注育人。

（一）终结性评价重鉴别与筛选，促使学校关注育分

终结性评价考查学生“已经做得如何”，主要发挥鉴别与筛选的功能，在实践中呈现出评价形式与内容单一、评价结果分析与反馈较为乏力等特征，促使高中关注育分。

其一，评价形式与内容单一，师生追求分数提升。长期以来，学校习惯了以考试成绩高低论学生成败。[③]高中很重视终结性评价的使用，其中，考试和测验是终结性评价最主要的实施形式。但是，学生的思想道德水平、合作学习能力、高阶思维能力和解决复杂性真实问题的能力等，很难通过传统形式的考试评测出来。评价形式单一，已经严重制约了评价内容的拓展，难以回应《指导意见》中扭转片面应试、回归育人的要求。因此，需要丰富评价

① 张倩，何依儒.“衔接”什么？何以“衔接”？——基于自主学习理论对学段衔接问题的分析与建议［J］.课程·教材·教法，2020（1）：75-81.

② 张亚星.自主·合作·探究：学生学习方式的转变［J］.华东师范大学学报（教育科学版），2018（1）：22-28.

③ 程龙.综合素质评价与高考招生“硬挂钩”的困境及其突围［J］.中国教育学刊，2017（7）：19-23.

形式、拓展评价内容。

其二，评价结果分析与反馈较为乏力，阻碍育人功能实现。终结性评价结果往往只包含分数和名次等量化内容，评价反馈较为欠缺或时效性较差。分数和名次拥有对学生学业成就解释的主要话语权，导致教师为了更好地应对测验而教，学生为了提高自身分数与名次而学。测验与分数侵占了原本属于教育性的空间，短期的育分价值被放大，而长期的育人价值却被忽视。因此，需要改进评价结果的分析与评价反馈的提供。

（二）学习段评估重解释与改进，提升学校育人成效

学习段评估是指在某一学习阶段结束时，运用多种形式收集学生学习结果信息，并对这些信息进行深度分析，以达成鉴定的终结性目的和改进教学的形成性目的。相较于终结性评价，学习段评估致力于让评估内容和方式更为丰富并注重对评估结果的解释和运用以提升育人成效。

其一，评估内容与方式更为丰富，全面观照育人成效。在评估内容方面，就全校整体性的学习评估而言，学校可以结合校情将学生的思想品德、学业水平、身心健康、艺术素养和社会实践等发展水平都纳入评估，研制出学习段评估内容框架，以便通过评估促进学生德智体美劳全面发展。就学科教学而言，教师可以结合学科实际设计具体的评估内容框架。例如，一所中学的英语教师从目的、观点、组织、格式、语言和写作机制六维度评估学生英文记叙文写作。[①]在确定评估内容的基础上，就可以进一步明确每一学习阶段结束时（如毕业、学年末、学期末和单元末）学生在各内容维度需要达到的水平和具体表现。

在评估方式方面，学校现阶段不可能完全摒弃测验，但有必要改进传统的纸笔测验。命题立意要更多关注学生的高阶能力。题目情境要多元化，以便评估学生问题解决能力。缺乏情境的试题，更容易局限于对双基的评估。国际大规模评估项目（如PISA等）的一些试题，创设了与日常生活、科技、

---

① LAM R. Portfolio assessment for the teaching and learning of writing［M］. Singapore: Springer, 2018:48.

环境和自然等相关的情境，可借鉴参考。[①]命题形式要注重开放性试题的使用，以便评估学生的思维发展。同时，要补充使用表现性评估。运用表现性评估需注意三点。第一，任务紧扣评估内容展开。教师要关注纸笔测验难以观照的评估内容，不能仅仅用活动的外壳来包装传统纸笔测验，使评估内容实质还局限于基本知识与技能。第二，任务创设力求真实。设计符合学生实际生活、鼓励创新和探索、可以接受重复检验、允许寻求资源支持的评估任务，引导学生整合性地调动相关知识、技能及情感完成任务。第三，任务完成时间充裕，让学生有时间深度思考。

其二，评估结果分析与反馈充分，有效提升育人成效。学习段评估重视对评估结果加以深入分析，使师生从关注评估结果走向关注结果产生的原因，还强调基于深入的评估结果分析为下一阶段教与学的改进提供有效反馈，以提升育人成效。

首先，师生要协同对评估结果做深层次的解释并呈现在评估结果报告中。学习段评估收集的数据量较大，教师可以使用Excel和SPSS等工具，分别生成班级和学生个体在各学习维度的得分表或雷达图。据此分析班级和学生个体存在的优势与不足，追问背后的原因。例如，教师发现学生不能较好地解决函数相关的数学问题，原因之一在于学生找不到解决问题的最优方法如求值域只会使用分离常数法。进一步追问，可以发现学生未能掌握所有解题策略，策略使用的灵活性不足。因此，教师在后续教学中需要选取典型案例讲解解题策略并澄清适用条件。加拿大安大略省高中的成绩报告单就不仅包含学生所获分数或等级，还包含各科任教师撰写的评分或赋等的具体原因。[②]这种做法为师生改进教与学提供了参考。

其次，师生运用获得的充足反馈作为前馈以优化下一阶段的教与学。就

① 王俊民，卢星辰，唐颖捷. 国际大规模科学学业评估的试题情境比较研究——基于情境类型学的量化分析［J］. 中国考试，2019(2)：32-40.

② 颜莹. 加拿大高中学生学业成就评价方式及特点——以加拿大安大略省高中为例［J］. 基础教育课程，2020(1)：67-76.

学生而言，可以依据反馈填写自我分析与规划表。表格第一部分，由学生根据评估结果报告自我判断是否达到了预期的目标。表格第二部分，由学生制订维持优势、弥补不足的具体计划。就教师而言，需要分析班级学生共同存在的不足，补充相应的教学内容，调整下一阶段采用的教学方法和策略等。除了关注班级整体情况，教师还需要重视分析和解决学生的个性化问题。

三、从“趋同化”走向“个性化”：基于形成性评价，建构学习性评估

建构学习性评估能吸取形成性评价重视学生学习过程的优点并在一定程度上弥补其不足，支持学生个性化发展。

（一）形成性评价重视学习过程，但难以突破学生培养趋同困境

形成性评价在实践中往往易沦为频繁测验和作品收集，难以突破学生培养趋同的困境。

其一，形成性评价若流于频繁测验，则导致学生朝着整齐划一的目标前进。很多教师将形成性评价理解为“形成性”测验，[①]通常采用频繁测验的方式来发现学生学习存在的不足。这种频测节奏，让学生倍感压力，学生的个性与特长发展屈从于寻找提高分数的最佳路径。而且，每个学生都参加相同的测验，评分标准趋同，使得高中生朝相同目标前进，难以突破高中教育千人一面的困境。

其二，形成性评价成为作品收集，缺乏及时分析与个性化指导。在一些学校，形成性评价被理解为收集学生的作品。教师为作品收集花费了大量时间和精力，却未能根据学生的现有学习水平制订个性化的评估标准，未能及时对这些作品进行深入分析，也就难以做出有针对性的个性化指导。长此以往，教师逐渐意识到收集学生的海量作品成效甚微，便不再持续推进。

（二）学习性评估关注学习过程，尊重学生发展的个性化差异

学习性评估主要聚焦于围绕每个学生“现在在哪儿”“要去哪儿”和“如

① 丁邦平. 从“形成性评价”到“学习性评价”：课堂评价理论与实践的新发展［J］. 课程·教材·教法，2008(9)：20-25.

何更好地到达那里”这三个问题展开，为学生提供反馈并推动教学改进，使评估真正能够促进学生的个性化学习进而支持学生的个性化发展。

其一，学习性评估超越形成性评价，重视反馈改进。从形成性评价转向学习性评估，师生不能再停留于做判断，而需要重视提供、获取反馈和改进表现。在学习性评估中，教师不仅是学习证据收集与分析者，还必须成为反馈提供与解释者和教学改进与优化者，学生则要承担课堂评估参与者、反馈提供与运用者和学习改进者等角色。

其二，学习性评估关注三个问题，支持学生个性化发展。第一，判断学生“现在在哪儿”。在学习过程中，师生可以通过课堂问答和撰写日志等互动交流形式了解学生学情。为保障上述方法的信效度，教师要注意根据学生的个性特征判断其回答的真实性和准确性，为学生创设安全的互动环境并帮助学生意识到真实反映个人学情的必要性。①通过互动交流，教师能够及时分析学生学情并提供反馈进而改进教学，学生则能够参与评估活动、提供和获取反馈并改进学习。

第二，指引学生“要去哪儿”。这主要有两种策略。一是教师设计评估标准，划分出学生在“仍需努力”“达标”和“成为典范”等不同水平的具体表现，学生自主选择期望达到的水平作为学习目标。教师版本的评估标准要转译为学生版本的评估标准，具体方法包括用“亲学生型”的话语表述标准，用学生熟悉的象征物解释较为抽象的标准，呈现精选案例帮助学生了解最终的成果应是什么样的。二是教师依据学生特征分组，针对不同小组订制个性化目标。例如，北京市十一学校根据学生的自主学习能力水平，将学生分为不同小组。自学组从自学诊断、学习任务完成和理解质疑维度设计学习目标，讨论组从参与小组讨论、回答问题和理解质疑维度设计目标，辅导组从聆听、

① 斯蒂金斯．促进学习的学生参与式课堂评价［M］．4版．国家基础教育课程改革“促进教师发展与学生成长的评价研究”项目组，译．北京：中国轻工业出版社，2005：199-200.

完成作业和回答问题维度设计目标。[①]由此，每一类学生都能朝着适宜的目标努力。

第三，帮助学生“如何更好地到达那里”。教师鼓励学生以自我为参照，通过同过去自己的学习状态和成效相比，发现自己近期采取的学习方式是否有效、是否有必要加以调整。这样，学生能更多地进行内部归因并提升学习动机，教师则能了解每个学生的学习进展并帮助其生成个性化学习路径。教师还可以鼓励学生以目标为参照做比较，找到自己学习现状与学习目标之间的差距。教师要引导学生减少与他人的横向比较，避免学生因为他人的进步而盲目否定自我。教师也要注意运用课堂提问和反馈等方式，指引学生“如何更好地到达那里”。例如，广东实验中学的英语教师通过提问引导学生表达困惑，进而精心提供类型适宜、时机适切和个性化的脚手架，支持学生顺利解决问题。[②]

四、从“要我学”转向“我要学”：倡导学习化评估，促进学生自主学习

学习化评估旨在促使学习和评估一体化，帮助学生成长为优秀的自我评估者并由此促进其自主学习，以改变高中生盲目被动学习的现状。

（一）学习化评估的价值：学生作为评估者对学习负责

如果教师过度帮扶学生，忽视学生的自主学习，那么，学生离开学校之后，容易陷入不知为何和如何学习的困境。学习化评估的主要价值在于，引导学生深度参与评估、积极投入学习。学习化评估追求“评估即学习”，促使学习与评估一体化，鼓励学生作为评估者为自己设定学习目标、选择学习策略、调整学习步调、监控学习过程并运用反馈信息，以便提升学生自我评估和反馈的意识与能力并强化学生的内部学习动机。在这样的过程中，学生逐

---

① 于晓静，郭学军. 教室分区、学生分类：基于学生差异需求的初中数学指导［J］. 上海教育科研，2017（3）：49-52.

② 莫影春，曾文婕. 浅议英语教学中学习性评估的有效策略——以高中定语从句语法教学为例［J］. 基础教育参考，2018（17）：44-47.

渐学会为自己的学习负责。

（二）学习化评估的实施：教师助力学生实现学评融合

学习化评估既不是独立于学习活动之外的，也不是嵌入在学习活动之中的，而是与学习活动充分交融为一体的。教师可以为学生提供必要帮助，以应对实施学习化评估带来的挑战。

其一，教师帮助学生基于自我系统制订学习目标。学生成为评估者要具备自主制订学习目标的能力。根据马扎诺的教育目标分类学，学生的自我系统（self-system）会影响其决定是否选择从事某项任务以及计划为之投入的精力多少。[①]因此，学生需要高度关注和优化自我系统，由“要我学”转向“我要学”。

具体而言，自我系统主要执行以下活动。[②]一是任务重要性检查。学生判断完成该任务对个人的重要程度。二是自我效能检查。学生判断自己是否能完成任务。三是情绪反应检查。学生判断自己对完成某任务的情绪感受。四是动机检查。学生综合考虑任务的重要性、自我效能感及情绪反应，判断完成任务的动机水平。据此，教师可以提供以下四类问题帮助学生自主制订学习目标。一是制订哪些学习目标对学生来说是重要的？它们有助于学生未来哪些方面的发展？二是学生可能实现哪些目标？学生需要获取哪些资源来帮助自己实现这些目标？三是制订哪些目标能让学生感到快乐和满足？四是学生迫切想要达成哪些目标？基于对上述问题的深思熟虑，学生将制订自愿追求的目标，而非被动接受他人给予的目标。对这些问题进行深思熟虑的过程，事实上也是学生对自己的学习状态和学习目标进行评估并加以反思和调整的过程。

其二，教师引导学生绘制学习进展图来反映个人学情。学生除了要学会自主设定学习目标，还要学会时常了解自己的学习情况，进行自我监控与调节，保障自主学习成效。教师可以引导学生绘制学习进展图，以形象的方式

①② 马扎诺，肯德尔. 教育目标的新分类学［M］. 2版. 高凌飚，吴有昌，苏峻，译. 北京：教育科学出版社，2012：49，49-52.

反映目标达成过程。以英语写作为例，进展图包含两部分：第一部分为学生基本信息、设定的目标和为了达成目标制订的计划；第二部分为复合统计图，横轴为学情分析时间，纵轴为分数。学生根据评估标准对目的、观点、组织、格式、语言和写作机制六个维度进行自评，绘制柱状图并叠加折线图（如图9-5所示）。

姓名：＿＿＿＿＿＿　　　　学习内容：＿英文记叙文写作＿

我的起始分数为＿＿＿＿分；截至＿＿月＿＿日，我的目标是达到＿＿＿＿分

为了达到目标，我采取的具体措施为：＿＿＿＿＿＿＿＿＿＿＿＿＿＿＿＿

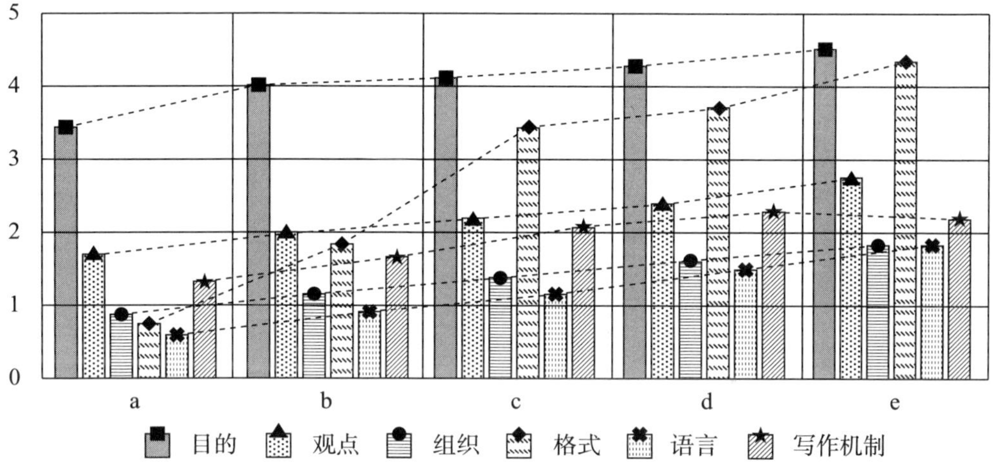

a. 9月5日　　b. 9月10日　　c. 9月15日　　d. 9月20日　　e. 9月25日

图9-5　英文记叙文写作学习进展图示例

与通过文字记录学习进展的方式相比较，绘制进展图更加有趣且节约时间，能直观反映学生在各维度的学习进展情况，吸引学生坚持关注个人的学情和开展自我评估。当折线出现下滑趋势时，学生会产生危机感并寻找合适方法解除危机。当折线持续上升时，学生采取的学习策略得到肯定从而激励自己继续投入学习。

其三，教师支持学生应用学习工具开展反思调节。教师可以开发一些学习工具，帮助学生学会将学习与评估融合，不断进行自我反思和调节。例如，

教师向学生提供作业完成流程单。①主要涉及七个方面：完成作业前，先用五分钟复习所学；做作业时保持专注、独立；完成作业后进行检查，对照答案认真订正；向同伴请教困惑之处，标记仍未解决的问题；分析错误类型和错题原因并撰写提醒事项（见表9-3）；对错题进行整理，统计各类型错误出现的频率，据此进行自评和小结；将作业提交给教师，教师根据订正和反思情况提供反馈。借助该流程单，学生自主完成作业书写、批改和错题分析活动，在学习活动中发展评估能力，在评估活动中加强对错误类型的认识从而有效避免出错以提升学习成效。学生可以基于教师提供的通用式流程单，进一步开发出适用于其他学习活动的个性化流程单。

表9-3　错题分析表

错误类型（可使用不同颜色标记，便于统计）	错题	错题原因	订正	提醒注意
书写不当				
审题不细				
概念不清				
…				

综上，改进对学生学习的评估，是推进普通高中育人方式改革的重要一环。学习段评估、学习性评估和学习化评估并非彼此排斥，而是能够共存共促，协同推动高中育人方式改革（如下页图9-6所示）。

① 张丰.学习设计与作业设计：融汇“教”“学”全过程［J］.人民教育，2019(23)：47-51.

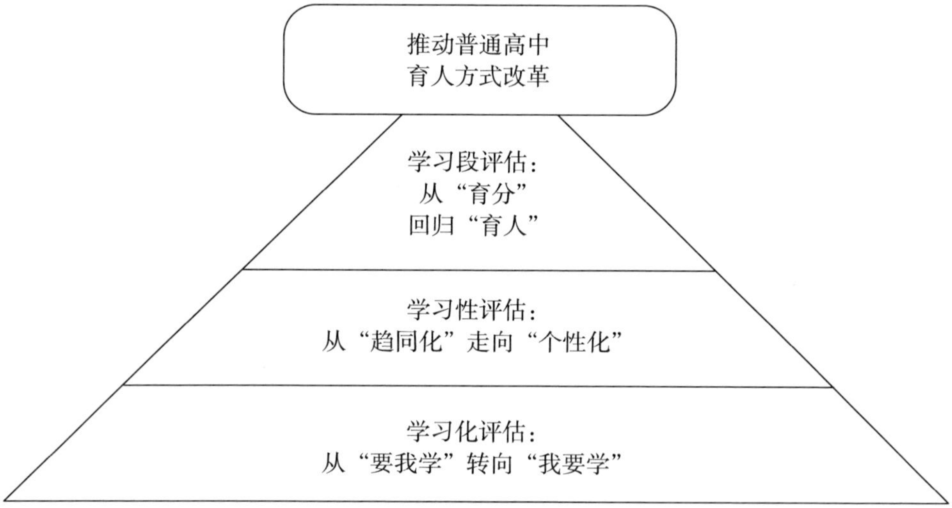

图 9-6　推动育人方式改革的“学习为本评估”策略示意图

其中，学习段评估通常在某一学习阶段结束时进行，学习性评估关注学生的学习过程，学习化评估鼓励学生积极开展自我评估以实现学评融合。学习段评估、学习性评估和学习化评估，分别在回归全面育人、走向个性化培养和促成学生主动学习这三方面各具优势，三者亦可整合运用。例如，学习化评估不仅能够促进学生自主学习，也能通过指引学生从德智体美劳五方面制订学习目标促进高中回归育人，还可以支持每个学生结合个人兴趣、特征和现有学习水平制订适宜目标促进自身个性化发展。从学生的终身可持续发展来看，高中尤其需要重视学习化评估的使用，让学生在不感到过于焦虑的情况下积极开展自我监控和调节，成长为优秀的自我评估者。学习段评估，则只在必须进行阶段性判断时实施。展望未来，需要进一步开展行动研究，积极探索学习段评估、学习性评估和学习化评估在高中各学科教学中的具体操作策略，以便有效助力高中育人方式改革。

主要参考文献

一、中文图书

1. 布卢姆，等. 教育评价［M］. 邱渊，王钢，夏孝川，等译. 上海：华东师范大学出版社，1987.

2. 布莱克，等. 促进学习的考评：付诸实践［M］. 吴维宁，高凌飚，译. 北京：人民教育出版社，2020.

3. 陈佑清. 学习中心教学论［M］. 北京：教育科学出版社，2019.

4. 崔允漷. 学校课程实施过程质量评估［M］. 上海：华东师范大学出版社，2017.

5. 杜威. 评价理论［M］. 冯平，余泽娜，等译. 上海：上海译文出版社，2007.

6. 弗林斯. 舍勒思想评述［M］. 王芃，译. 北京：华夏出版社，2003.

7. 卡西尔. 人论：人类文化哲学导引［M］. 甘阳，译. 上海：上海译文出版社，2013.

8. 莱夫，温格. 情境学习：合法的边缘性参与［M］. 王文静，译. 上海：华东师范大学出版社，2004.

9. 李鹏程. 当代文化哲学沉思［M］. 北京：人民出版社，1994.

10. 马扎诺，肯德尔. 教育目标的新分类学［M］. 高凌飚，吴有昌，苏峻，译. 2版. 北京：教育科学出版社，2012.

11. 史蒂文斯，利维. 评价量表：快捷有效的教学评价工具［M］. 陈定刚，译. 2版. 广州：华南理工大学出版社，2014.

12. 斯蒂金斯. 促进学习的学生参与式课堂评价［M］. 4版. 国家基础教育课程改革“促进教师发展与学生成长的评价研究”项目组，译. 北京：中国轻工业出版社，2005.

13. 谢弗勒. 人类的潜能：一项教育哲学的研究［M］. 石中英，涂元玲，译. 上海：华东师范大学出版社，2006.

14. 曾文婕. 学习哲学论：学习型社会建设的深化路径研究［M］. 北京：人民教育出版社，2017.

二、中文论文

1. 丁邦平. 从“形成性评价”到“学习性评价”：课堂评价理论与实践的新发展［J］. 课程 · 教材 · 教法，2008(9)：20-25.

2. 李建会，于小晶. “4E+S”：认知科学的一场新革命？［J］. 哲学研究，2014(1)：96-101.

3. 马利红. 国外批判性思维开放题测评的发展及启示［J］. 中国考试，2018(3)：48-53.

4. 马婷. 表现性评价的设计与实施——基于浙江省小学考试评价改革的实践案例［J］. 基础教育课程，2018(21)：74-79.

5. 沈阳，田浩，黄云平. 智能增强时代推进新一轮学习革命——访中国科学院院士吴朝晖教授［J］. 电化教育研究，2020(8)：5-10.

6. 辛涛，张世夷，贾瑜. 综合素质评价落地：困顿与突破［J］. 清华大学教育研究，2019(2)：11-16.

7. 杨启亮. 为教学的评价与为评价的教学［J］. 教育研究，2012(7)：98-103.

8. 曾文婕，黄甫全，余璐. 评估促进学习何以可能——论新兴学本评估的价值论原理［J］. 教育研究，2015(12)：79-88.

9. 赵明仁，黄显华. 建构主义视野中教师学习解析［J］. 教育研究，2011(2)：83-86.

10. 郑东辉. 深度学习分层的教育目标分类学考察［J］. 全球教育展望，2020(10)：13-26.

三、英文图书

1. CARLESS D, et al. How assessment supports learning: learning-oriented

assessment in action [M]. Hong Kong: Hong Kong University Press, 2006.

2. FURTH H G. Knowledge as desire: an essay on Freud and Piaget [M]. New York: Columbia University Press, 1987.

3. ILLERIS K. The three dimensions of learning: contemporary learning theory in the tension field between the cognitive, the emotional, and the social [M]. Malabar: Krieger Publishing Company, 2004.

4. JONES N, SAVILLE N. Learning oriented assessment: a systemic approach [M]. Cambridge, UK: Cambridge University Press, 2016.

5. MOK M M C. Self-directed learning oriented assessment: assessment that informs learning & empowers the learner [M]. Hong Kong: Pace Publishing, 2010.

四、英文论文

1. CLARK I. Formative assessment: assessment is for self-regulated learning [J]. Educational psychology review, 2012,24 (2): 205-249.

2. PASTORE S, ANDRADE H L. Teacher assessment literacy: a three-dimensional model [J]. Teaching and teacher education, 2019,84 (8): 128-138.

3. SFARD A. On two metaphors for learning and the dangers of choosing just one [J]. Educational researcher, 1998,27 (2): 4-13.

4. SHULMAN L S. Those who understand: knowledge growth in teaching [J]. Educational researcher, 1986,15 (2): 4-14.

5. SHUTE V J, RAHIMI S. Review of computer-based assessment for learning in elementary and secondary education [J]. Journal of computer assisted learning, 2017,33 (1): 1-19.

6. STIGGINS R. From formative assessment to assessment for learning: a path to success in standards-based schools [J]. Phi Delta Kappan, 2005,87 (4): 324-328.